《国学经典藏书》丛书编委会

国学经典藏书

聊斋志异

郑红翠　译注

吉林大学出版社
长 春

图书在版编目（CIP）数据

聊斋志异 / 郑红翠译注 . — 长春：吉林大学出版社，2021.6
（国学经典藏书）
ISBN 978-7-5692-8587-1

Ⅰ . ①聊… Ⅱ . ①郑… Ⅲ . ①笔记小说 – 中国 – 清代 ②《聊斋志异》– 译文③《聊斋志异》– 注释 Ⅳ . ① I242.1

中国版本图书馆 CIP 数据核字（2021）第 145898 号

国学经典藏书：聊斋志异
GUOXUE JINGDIAN CANGSHU: LIAOZHAI ZHIYI

作　　者：郑红翠 译注
策划编辑：魏丹丹
责任编辑：田　娜
责任校对：蔡玉奎
装帧设计：蒋宏工作室
开　　本：880mm × 1230mm　1/32
字　　数：217 千字
印　　张：10.25
版　　次：2021 年 6 月第 1 版
印　　次：2023 年 7 月第 2 次印刷

出版发行：吉林大学出版社
地　　址：长春市人民大街 4059 号（130021）
0431-89580028/29/21
http://www.jlup.com.cn
E-mail:jdcbs@jlu.edu.cn
印　　刷：河北松源印刷有限公司

ISBN 978-7-5692-8587-1　　定价：40.00 元

编者的话

经典是人类知识体系的根基,是人类的精神家园,是我们走向未来的起点。莎士比亚说过:“生活里没有书籍,就好像没有阳光;智慧里没有书籍,就好像鸟儿没有翅膀。”21 世纪中国国民的阅读生活中最迫切的事情是什么?我们的回答是阅读经典!

中国有数千年一脉相传、光辉灿烂的文化,并长期处于世界文化发展的前列,尤其是在近代以前,曾长期引领亚洲乃至世界文化的发展方向。长期超稳定的社会发展形态和以小农生产为基础的、悠闲的宗法农业社会,塑造了中华民族注重实际、过分地偏重经验、重视历史的文化心理特征。从殷商时代的“古训是式”(《诗经 · 大雅 · 烝民》),到孔子的“述而不作,信而好古”(《论语 · 述而》),可以清楚地看出这种文化心理不断强化的轨迹。于是,历史就被赋予了神圣的光环,它既是人们获得知识的源泉,也是人们价值标准的出处。它不再是僵死的、过去的东西,而是生动活泼、富有生命力,并对现世仍有巨大指导作用的事实。因而就形成了这样一种固定的文化思维方式,也就是“以铜为鉴,可正衣冠;以古为鉴,可知兴替;以人为鉴,可明得失”(《新唐书 · 魏徵传》)。中国的文化人世代相承,均从历史中寻求真理,寻求“修身、齐家、治国、平天下”的崇高理想模式。

这种对于历史所怀有的深沉强烈的认同感，正是历史典籍赖以发展、繁荣的文化心理基础。历史上最初给历史典籍的研究和整理工作涂上政治、道德和伦理色彩的是春秋时期的孔子。当时的孔子因感“周室微而礼乐废、《诗》《书》缺”，于是乃删订了《诗》《书》《礼》《乐》《易》《春秋》等“六经”（见《史记·孔子世家》），寄托了自己在政治上“复礼”和道德上“归仁”的最高理想。孔子以后，历史典籍的编撰无不遵循着这一最高原则。所以《隋书·经籍志》总序中就说：“夫经籍也者，机神之妙旨，圣哲之能事。所以经天地，纬阴阳，正纲纪，弘道德，显仁足以利物，藏用足以独善……其王者之所以树风声，流显号，美教化，移风俗，何莫由乎斯道？……其教有适，其用无穷，实仁义之陶钧，诚道德之橐籥也。……夫仁义礼智，所以治国也；方技数术，所以治身也。诸子为经籍之鼓吹，文章乃政化之黼黻，皆为治国之具也。”（《隋书·经籍志一》）由此可见，历史典籍的编撰整理工作，已不仅仅是文化技术问题，更重要的是它还负有“正纲纪，弘道德”的政治和道德使命。于是，在两千多年的历史发展过程中，先人们为我们留下了汗牛充栋的文化典籍。这些宝贵的精神财富，不仅是我们中华民族的骄傲，也是全人类的骄傲，并已成为世界文化宝藏的重要组成部分。

中国的先哲们一向对古代典籍充满崇敬之情，他们认为，先王之道、历史经验、人伦道德以及治国安邦之术、读书治学之法等等，都蕴藏于典籍之中。文献典籍是先王之道、历史经验、人伦道德等赖以传递后世的重要手段。离开书籍，后人将无法从前朝吸取历史经验，无法传承先王之道。在日新月异的当代，如何对待这份优秀的文化遗产？毛泽东同志早就指出：“中国的长期封建社会中，创造了灿烂的古代文化。清理古代文化的发展过程，剔除其封建性的糟粕，吸取其民主性的精华，是发展民族新文化、提高民族自信心的必要条件。……中国现时的新文化也是从古代的旧文化发展而来，因此，我们必须尊重自己的历史，决不能割断历史。但是，这种尊重是给历史以一定的科学地位，是尊重历史的辩证法的发展，而不是颂古非今。”（毛泽东《新民主主义论》）古代典籍，不仅对中华民族的形成与发展历史地发挥了巨大的凝聚力作用，而且在当今中华民族伟大复兴中，依然会发挥无可替代的重要作用。

在科学技术迅猛发展的当代社会，人们的生活、观念正在发生着巨大而深刻的变革，面对蓬勃发展的现代科技和汹涌而至的各种思潮，人们依然能深切地感受到中国传统文化无所不在的巨大力量。人们渴望了解这种无形的力量源泉，于是绚丽多姿的中华典籍就成了人们首要的选择。它能够使我们在精神上成为坚强、忠诚和有理智的人，成为能够真正爱人类、尊重人类劳动、衷心地欣赏人类的伟大劳动所产生的美好果实的人。所以，在今天，我们要阅读经典；当数字化、网络化带来的“信息爆炸”占领人们的头脑、占用人们的时间时，我们要阅读经典；当中华民族迈向和平崛起和民族复兴的伟大征程时，我们更要阅读经典。因此，读经典，这个我们习以为常的平凡过程，实际上就成了人的心灵和上下古今一切民族的伟大智慧相结合的过程。但由于时代的变迁，这些经典对现代人来说已是谜一样的存在。为继承这份优秀的文化遗产，帮助人们更好地利用这些经典，在全国学术界诸多专家学者的支持下，我们策划了这套“国学经典藏书”丛书。

丛书以弘扬传统、推陈出新、汇聚英华为宗旨，以具有中等以上文化程度的广大读者为对象，从我国古代经、史、子、集四部典籍中精选50种，以全注全译或节选的形式结集出版。在书目的选择上，重点选取我国古代哲学、历史、地理、文学、科技、教育、生活等领域历经岁月洗礼、汇聚人类最重要的精神创造和知识积累的不朽之作。既注重选取历史上脍炙人口、深入人心的经典名著，又注重其适应现代社会的人文价值趋向。丛书不仅精校原文，而且从前言、题解，到注释、译文，均在吸收历代学者研究成果的基础上精心编撰。在注重学术性标准的基础上，尽量做到通俗易懂。我们相信，本丛书的出版，对提高人们的古代典籍认知水平，阅读和利用中华传统经典，传播中华优秀文化，提高人们的民族自信心和文化自豪感，进而为中华民族伟大复兴做贡献，均将起到应有的作用。高尔基说："书籍是人类进步的阶梯。""要热爱读书，它会使你的生活轻松，它会友爱地帮助你了解纷繁复杂的思想、感情和事件；它会教导你尊重别人和你自己；它以热爱世界、热爱人类的情感，来鼓舞智慧和心灵。""当书本给我讲到闻所未闻、见所未见的人物、感情、思想和态度时，似乎是每一本书都在我面前打开一扇窗户，并让我看到一个不可思议的新世界。""每一本书是一级小阶梯，我每爬一级，就……更接近美好生活的观念，更热爱这书"（《高尔基论青年》，中国青年出版社1956年版）。流传千年的文化经典，让我们受益匪浅，使我们懂得更多。正如德国著名作家歌德所说："读一本好书，就是和一位品德高尚的人谈话。"的确，读一本好书，就像是结交了一位良师益友。我们真诚希望，这套经典丛书能够真正进入您的生活，成为人人应读、必读和常读的名著。

陈　虎

庚子岁孟秋

前　言

蒲松龄生活在清代，颇受儒家思想影响，沉湎于科举考试，但屡屡不中，失意之中创作了《聊斋志异》，为我们留下了宝贵的精神财富。《聊斋志异》是中国古代文言小说的顶峰之作，其中大多数作品兼具浪漫主义诗意与现实主义批判，通过谈狐说鬼、寻仙访道、生死轮回等虚构情节和艺术表现，塑造了众多的人、鬼、妖、仙等深入人心的经典形象，建构了一个奇幻绚丽的多彩世界，赞美了世间至情，呼唤了人间真爱，抨击了社会时弊，抒发了作者的一腔孤愤，也寄托了他的政治理想与平生抱负。

一、蒲松龄及《聊斋志异》的创作与传播

蒲松龄(1640—1715)，字留仙，一字剑臣，别号柳泉居士，世称聊斋先生，自称异史氏，现山东省淄博市淄川区洪山镇蒲家庄人。蒲松龄出生于一个没落的地主家庭，在当时社会风气的影响下，他十分热衷于功名，因其天资聪颖、刻苦勤奋，自 19 岁时应童子试后，便考取了县、府、道三连冠，文章深受山东学政施愚山的赏识，名声大振。但此后他便屡试不第，生活贫困潦倒。31 岁时应同乡友人孙蕙邀请，在扬州府宝应县做了一年幕僚，

但刻板无聊的应酬文案与书记让他颇为不满，官场中的腐败与黑暗也让他十分痛恨和无奈，于是辞幕回家，以教书、代拟誊抄文稿养家糊口。自此至70岁，蒲松龄在本县做塾师，过着“十年贫病出无驴”（《草庐》），“终岁不知肉味”（《喜迁莺》）的艰苦生活。然而，蒲松龄在如此窘境中依旧不忘求取功名，他边教书边应考，科场的弊端、官僚的腐败和平民的疾苦激发了他的创作灵感，《聊斋志异》中的大部分篇目也是主要在这一时期陆续创作出来的。在清代文字狱横行、毫无言论自由的历史背景下，他不得不借妖狐鬼仙申诉不满、揭露黑暗、企盼光明、歌颂美德。几十年如一日的应考，蒲松龄从未中第，直至70岁方才“撤帐归来”，72岁时援例成为岁贡生。在他74岁时，妻子刘氏因病去世，蒲松龄悲痛欲绝，备感人生苦短，感叹世间悲凉，两年后，蒲翁在故居聊斋与世长辞。一代文学大师走完了他坎坷而抱憾的人生，留给了后世一部永不磨灭的文学巨著——《聊斋志异》。

在《聊斋志异》诞生之前，我国文言短篇小说经历了两段发展时期。一是魏晋南北朝时期的笔记小说。此时期的作品讲述了各种神鬼仙怪和名人逸事，但大部分粗浅生硬，仅有一个故事梗概或人物轮廓，甚少体现出文学性与艺术性，只是初具小说雏形。二是唐代的传奇小说。此类小说情节结构完整，笔触生动细致，想象细腻丰富，形象鲜明传神，内容反映现实，已经具备了小说的各种要素，超越了魏晋笔记小说的浅薄无味，标志着古代文言小说趋向成熟。但传奇小说的作者一般为封建文人，多为显露才华、夺名争利而创作小说。《聊斋志异》汲取了笔记小说与传奇小说的优点，并填补了二者的缺憾。蒲松龄用传奇的手法来建构虚无缥缈的奇幻世界，又在这鬼魅神怪的世界中寄托了自己的理想、愤慨与忧思，带着强烈的社会目的去塑造众多的妖怪精灵，极尽讽刺腐朽黑暗的封建官场，十分同情穷苦的百姓和受压迫的人民，倾心赞美世间的真情、善良和美好。“子夜荧荧，灯昏欲蕊；萧斋瑟瑟，案冷疑冰。集腋为裘，妄续幽冥之录；浮白载笔，仅成孤愤之书；寄托如此，亦足悲矣！”这段《聊斋自志》中的肺腑之言实是《聊斋志异》的创作之魂。这本“孤愤之书”中的优秀篇目不但叙事严谨、文字生动、形象传神，而且主题鲜明、内容现实、思想深刻，具有极高的艺术水准和社会现实意义。

蒲松龄一生怀才不遇，有志难酬，科场上屡屡奋战却又屡屡失意，考取功名成了他终生的心结所在，极大地影响了他的世界观、人生观和价值观，他满怀抑郁不平，慨叹“仕途黑暗，公道不彰”(《与韩刺史书》)，这些思想沉淀在了《聊斋志异》当中。坎坷的功名之路使他对科举考试有了深刻的认识，很多作品中对科举考试的弊病进行了直白的揭露和尖锐的抨击。一年的幕僚生活也让他对官场生活有了亲身体验，更让他看清了其中的污浊黑暗、腐败肮脏、虚伪凉薄，对其进行了辛辣的讽刺和无情的鞭挞。长期的读书、教书生活拓展了他的人际交流圈，他通过接触贫苦大众、缙绅名流、地方官员等社会各个阶层，真实地反映了当时的社会风貌，塑造了一大批贴近生活的人物形象。与此同时，他也广泛搜集民间传说，为《聊斋志异》积累了大量的创作素材，融合了众多的野史逸事，使小说更具可读性与吸引力，也更拉近了与广大民众的距离，为其广泛传播提供了有利条件。

蒲松龄于康熙十九年(1680)完成了《聊斋志异》的创作，却因资金匮乏而无法刻印出版。不过，他所写的故事逐渐传播开来，许多人竞相传抄，在他去世后，抄本更是广为流传。蒲松龄故去51年后，赵起杲、鲍廷博根据抄本编成16卷在浙江刊刻，收录故事431篇，称为“青柯亭本”。20世纪60年代，张友鹤整理了一部全校全注全评本，共12卷，收录故事491篇，称为“三会本”。18世纪中期，《聊斋志异》开始流传到国外，19世纪时已被多国人民了解。从日本、朝鲜、越南，到俄国、英国、法国，《聊斋志异》的传播范围越来越广，并且出现了多语种译本，主要有英、法、俄、日等，是迄今为止中国古典文学作品中译成外文语种最多的一部小说。《聊斋志异》是中华民族文学艺术的瑰宝，也是世界文学宝藏中的明珠，其在世界各国中的传播与接受将中国古代的文学、文化、文明做了丰富的展示，赢得了很多海外读者的喜爱，增进了国外对中国古代文学艺术的认识，为中华民族优秀文学走出去开拓了前进的道路。

二、《聊斋志异》的主要内容与思想价值

《聊斋志异》内容极为丰富、驳杂，大部分作品主题鲜明，思想进步，歌颂了生活中的真、善、美，抨击了社会上的假、恶、丑。既有批判科举弊端、揭露官场黑暗、讽刺世态炎凉的愤慨之作，也有歌颂美好爱情、纯真友情、感人亲情的温馨篇目。蒲松龄将传统的道德伦理和美好善良的人性通过各种奇闻异事、妖狐鬼怪演绎出来，寄托了他对人生的领悟和对世事的慨叹。在众多的故事当中，描写科举、爱情和友情的篇目最能够彰显《聊斋志异》的丰富思想内涵。

（一）科举篇

《聊斋志异》中，集中反映科举考试主题的作品有20余篇，涉及科举的文章100余篇，代表性作品有《司文郎》《叶生》《贾奉雉》《王子安》《三生》《考城隍》《考弊司》《于去恶》等。这些科举故事是书中基调最沉重、最能打动人心的篇章。蒲松龄40余年的科考历程占据了他生命的大部分时间，他特有的坎坷人生和无数次的科场失意，让他对科举制度存在特别的感悟和独到的见解，他所塑造的众多士子形象性格各异，遭遇不同，源于现实而又富于想象，这些人物身上都有作者的影子，映射了作者在科考征途上的血泪史。在《聊斋志异》有关科举的故事中，多为描写名士怀才不遇、穷困潦倒、走投无路和官宦不学无术、营私舞弊、贪污受贿。蒲松龄的科举情结使得这些篇章在描绘科场众生相的同时，也揭露和批判了清代科举考试制度的弊端、腐败和黑暗，批判了清代封建科举对人的摧残和毒害，也讽刺了清代科举制度下因热衷于功名而丧失了自我的儒生群体。

《聊斋志异》中科举篇章对科举的揭露和批判主要体现在以下两方面：

一是对科举功名的畸形迷恋。《甄后》中的刘仲堪，“淫于典籍”，“恒杜门攻苦，不与世通”；《凤仙》中的刘赤水，“闭户研读，昼夜不辍”；攻苦到近于痴迷的莫过于《书痴》中的郎玉柱，他“昼夜研读，无间寒暑”，“见宾亲不知温凉，三数语后，则诵声大作”，并深信书中真有金粟美女。郎玉柱对书的痴迷是一种被异化的病态的典型。他远离社会生活，不懂人情世故。他的

“痴”可以看作“科举”对士子人性的扼杀，使整个人完全没有自己的思想，身心都受到了极大的伤害和扭曲，这样的人除了笔墨纸砚，连最基本的生活常识、谋生手段都一窍不通，是真正的书呆子。这些士子大都生活艰苦，家境贫寒，他们坚持刻苦读书，希望将来能够取得功名利禄，扬名立万。《叶生》的主人公叶生“文章辞赋，冠绝当时”，但后来乡试失利，直至抑郁而终。死后不能继续参加考试，他将生前不能完成的心愿，寄托在丁公之子身上，用灵魂教授恩人丁公之子，使其由“时年十六，尚不能文”到连中三元，证明了自己的实力。叶生对功名至死不渝的执着与痴迷，简直就是蒲松龄的生命写照。《冷生》中的主人公头脑迟钝，由于潜心举业，得了一种狂易病（精神病的一种）。每逢作文，必先“闭门枯坐”，而后“哗然大笑”，文思才得开启。即使身在考场，也非做此大笑不可。后来因此被学使除名。蒲松龄用虚幻的构思手法，对科举制度下士人追求功名利禄的病态精神做了深刻而独到的反映。

二是对科场“舞弊”与“捐纳”之风的揭露和批判。明清时代，科举制度根深蒂固，人们认为只有通过科举才能登上官位，光宗耀祖。其中不乏一些认真做学问、真正有才华、有抱负的有志青年，但也存在一些只求名利、投机取巧的人，这些人为了取得功名，想方设法通过旁门左道营私舞弊，从而获得高官厚禄。应试的士子数目庞大，但登第的机会却微乎其微，这必然导致科考的压力不断增大，备考过程也变得越发艰辛。于是，为达目的，科场中士子舞弊之风大炽。蒲松龄为人正直不阿，不屑于贿赂考官，更耻于弄虚作假，他将自己屡次落第的主要原因归于考场的不正之风。为了揭露和抨击当时考场的污浊之气，蒲松龄将丑陋不堪的科场现实写入故事中，讽刺了封建科举制度藏污纳垢、葬送人才的实质，表达了对科举考场舞弊的深深厌恶与憎恨。《聊斋志异》中描绘了众多丑态百出的考官形象，他们有的收受贿赂、敲诈勒索，有的渎职放任、平庸无能。如《考弊司》中，蒲松龄讽刺朝廷命官的不学无术、爱财如命，凡拜见考弊司的皆要割髀肉为见面礼。在这样的考官管理下，不学无术的庸才往往高官厚禄，才华横溢的名士常常明珠暗投。叶生"文章辞赋，冠绝当时"，王子安乃"东昌名士"，但他们都和《贾奉雉》中的贾奉雉一样，虽"才名冠世，而试辄不售"。多篇作品还揭露了士子"捐纳"之风。《周克昌》中顽钝的周克昌，被恶人拐卖而去，某鬼冒名顶替他而应考中举，使得周克昌白捡了一个功名，反映出当时科考顶替之风的流行。《任秀》中的任秀，经商致富后"援例入监"。《某乙》中的梁上君子某乙，家暴富后"为子纳粟"。《丑狐》中的丑狐嫁农人于氏后，于氏家暴富，亦"援例纳粟"，作者借阴写阳，暗讽世之捐纳之风。

（二）爱情篇

《聊斋志异》中的爱情篇章近百篇，约占全书的四分之一，是蒲松龄歌颂真挚情感、寄托美好愿景的集中体现。故事情节更加吸引读者，人物形象更加生动活泼，思想内容更加积极进步。代表性作品有《聂小倩》《阿宝》《娇娜》《莲香》《连城》《小谢》《晚霞》《香玉》《葛巾》《凤仙》《黄英》等。这些作品塑造了一系列多彩多姿、超凡脱俗的女性形象，她们勤劳、善良、淳朴、热情，而且勇于冲破封建礼教的束缚，大胆追求甜蜜的爱情，实际践行恋爱自主、婚姻自由。其中，最有进步意义的是一些描写知己之爱、至情之爱的作品，突出知己、志趣、情感在爱情中的重要性，重视情投意合，珍视两情相悦，褒扬经历生死劫难、万般阻挠而初心不改、至死不渝的纯洁爱情。《瑞云》中，瑞云变丑后，贺生并不嫌弃，依旧娶她为妻，其缘故则是"人生所重者知己，卿盛时犹能知我，我岂能以衰故忘卿"。《连城》中乔生和连城的爱情产生于人品心灵的相敬相爱。连城的《倦绣图》和乔生的题诗是他们心灵碰撞、心灵沟通并由此相知相赏的契机，他们经历了生生死死的考验，达到了"士为知己者死"的爱情境界。《晚霞》中，晚霞与阿端之恋以共同的志趣和各自娴熟的舞蹈艺术为基础。《连琐》中，连琐与杨于畏的莫逆之交产生于对诗词的共同爱好。《香玉》《阿宝》中渲染了情之至极至痴，点明了至情之爱和彼此的真心能够焕发出巨大的力量。这些爱情故事通过叙述青年男女相知相爱、同生同死的真挚感情，讴歌了争取婚姻自由、打破门阀观念、挣脱封建制度的反抗精神，超越了以"郎才女貌""才子佳人"为俗套的风月小说，具有积极的社会意义。

《聊斋志异》中还有一些爱情故事描述了落魄书生得到了美貌多情、温柔贤淑的女子青睐，这些书生多是品性优良、刻苦攻读的落魄世家子弟，女子多为神女下凡或花妖狐仙。故事走向一般为：书生夜读，聪慧美丽的女子主动俯就，自荐枕席，晨去夜来，无须迎送。她照顾书生起居饮食，赠送盘缠进京赶考，毫不苛求名分地位，若遇险境施法相救等。这些人物设置满足了男性对女性的所有期待，书中的女性不吝温情给予男性生理和心理上的慰藉，给予爱情、家庭、功名、子嗣，能够解决男性遇到的所有困境，是标准的贤妻良母孝妇。典型篇章有《红玉》《小谢》《莲香》《白秋练》《神女》《聂小倩》《青凤》《青梅》《伍秋月》等。这些故事在一定程度上成为现实生活中落魄男性的心理补偿，也在某种角度上将女性物质化、玩物化、工具化，残存了一些封建糟粕意识。

（三）友情篇

《聊斋志异》中描写或涉及友情的作品70余篇，赞扬了人与人、人与非人之间的真挚情谊。《王六郎》《司文郎》《于去恶》《陆判》《雷曹》《褚生》《王兰》等写的是人与鬼神的深厚情谊，《余德》《彭海秋》《白于玉》《刘海石》等写的是人与仙客的殷殷情分，《娇娜》《酒友》《刘亮采》《马介甫》《狐嫁女》《胡四相公》等写了人与狐精的倾心交往，《黄英》《香玉》等写了人与花妖的生死友谊，《石清虚》《橘树》《鸲鹆》写了人与通灵的石头、橘树、八哥的不解之缘……

很多关于友情的篇章描绘了相知相契、重情仗义的知己之情。《王六郎》中，六郎是无所归依的溺水鬼，许姓渔夫也只是小人物，但他们彼此认可欣赏，以心相见。《司文郎》中，为了悉心照料在京城报国寺结识的好友王生的学业和生活，本应去阴间文昌府任职的司文郎宋生几番滞留阳世。《于去恶》中的陶圣俞与于去恶、方子晋两鬼结为好友，“三人行”的友谊格局十分清透坦荡，他们心灵相通、互相帮扶，都得到了美满的结局。

《胡四相公》则别具一格地写了书生张虚与一只出声而不露面的狐友胡四相公的交往，两人每每“酬酢议论，意气颇洽”。《黄英》中，马子才和陶生都因酷爱种菊而成为知交。《成仙》中的成生与周生“少共笔砚”，成生贫而周生富，周生性躁而成生沉稳，两人相知日深，互相关爱，遂为“杵臼交”。《贾奉雉》中贾奉雉和郎生是知己之交，在贾奉雉的人生浮沉中，郎生始终关注他、陪伴他、指引他。在《聊斋志异》的友情故事中，女子之间的友情同样具有震撼人心的力量，《青梅》《小谢》《莲香》《香玉》等中的弱女子因共同的命运结成知己，历生死磨难而友情不泯。这些肝胆相照、情同手足的感人友谊寓意隽永、格调朗阔，它深植于现实主义的沃土，又具有浓郁的积极浪漫主义色彩，形成了打动人心的独特艺术魅力。

三、《聊斋志异》的语言艺术成就

《聊斋志异》的语言含蓄隽永、言简意赅，以崭新的风貌卓立于文言名作之林，创造了文言小说的艺术典范。

《聊斋志异》的语言艺术中最为突出的是人物对话的摹写，那些曲尽世情的场景、意象主要由人物对话构成，对话往往是作品的精彩所在。《镜听》中，婆婆带着两个儿媳妇在炎热的中午烙饼，此时老大的科考喜报来了，婆婆就对大媳妇说：“汝也凉凉去！”不一会儿，老二的科考喜报也来了，这时二媳妇把擀面杖一摔，说道：“吾也凉凉去！”两句口语，把婆媳三人的心理、神态刻画得生动传神，人物性格鲜明突出、跃然纸上。《狐梦》中姊妹戏语，《阎王》中叔嫂斗口，《翩翩》中两女闲话，《青蛙神》

中夫妻斗气,《司文郎》中书生争锋,《邵九娘》中媒婆进言等,这些篇目语尽其妙,绘声绘色,人物活灵活现,场景如临其境。

《聊斋志异》的语言艺术还表现在它灵活运用日常口语,以文言为基调,让不同身份的人使用深浅程度不同的口头文言或半文言,恰如其分地展现人物的情感与思想,体现人物的身份与地位,富有浓郁的生活气息,拉近了与读者的距离。它不追求与生活语言完全一致,不追求对话的高度形似,而是在融入白话口语的同时,大力发挥文言的长处,以高度熟练的技巧把文言与白话以不同的比例融合在一起,努力写出生动传神的人物语言。如婴宁与王子服的花园对话,将婴宁的率直天真和王子服的真挚委婉表现得十分到位。《席方平》中席方平对冥王质问的回答简明扼要、坚定有力,突出了席方平威武不屈、刚直不阿、大义凛然的正直气概。《口技》记载了口技这一高超的中国民间艺术,反映了我国古代口技艺人的智慧和才能,600余字的篇幅,绘声绘色地再现了复杂的生活场景,达到了身临其境、几可乱真的境界。以口技售药的女子,夜晚隔着窗子施演口技以请神下界求方,单凭一个人的语言特技,模仿了九人一猫的声音,营造出整个想象的人物和情节的世界,栩栩如生,宛然若现。此篇最精彩的是作者对人物语言的描摹,从请神降临到众多女子的絮絮不休,语言模拟得惟妙惟肖,神乎其技,又实演生活,深入琐细环节,步步为营,渐入高潮。文章结尾在读者读兴盎然之际,点出女子的药方不甚有效,吸引人的全凭卖药之人对各种人物语言的模仿,具有强烈的艺术感染力。《聊斋志异》的词汇丰富,句法多变,用语精练,常寥寥数语便将事情原委、人物情思、环境氛围等生动地描摹出来,使人仿佛身临其境。方言口语和骈句俪词的加入使得文章更为明快活泼,具有很强的艺术感染力。

本书选取了《聊斋志异》中经典的优秀代表作23篇。这些作品从思想内容和艺术成就上体现了《聊斋志异》的思想内涵和艺术价值,内容积极向上,格调清新高雅,能够给人以激励和启示,基本涵盖以上几方面分类,力图以管窥豹,尽管难以反映《聊斋志异》全貌,大体能够使读者对《聊斋志异》有基本的了解。在篇目编排上,依据张友鹤“三会本”的目录排序。在体例上,前有题解,对作品进行简单剖析,起到一定的导读作用,其后是原文、注释和译文,为读者消除文言阅读的障碍,以期达到流畅阅读全文的效果,使读者在愉悦的阅读过程中体会和感受中国古典文学的魅力。

郑红翠

2020年4月

目 录

考城隍[1]

〔题解〕

秀才宋焘去世后被神邀请前去参加考试，考上了城隍。但是因为他想奉养家中年迈的老母亲，恳求神仙允许他在母亲百年之后再听从调用。他至诚的仁孝之心感动了神仙，准许他起死回生为母亲尽孝。德才兼备的书生宋焘，以孝为先，不慕功名。《考城隍》作为《聊斋志异》的首篇，作者在其中除了推崇孝道，更重要的是提出了衡量人物善恶的价值体系标准："有心为善，虽善不赏；无心为恶，虽恶不罚。"判定善恶不仅要看结果，更要具体深入地分析动机的好坏，赏罚分明。现实生活中的很多人，尤其是一些身处官场中的人，并非打心底里为百姓着想而做好事，而是打着"行善"的幌子，为了所谓的政绩在作秀，这是不应该被推崇和赞扬的。无论是为官者还是普通百姓，都应该踏踏实实地做好分内的事，担负起应尽的责任，真真正正地做到不忘初心，牢记使命。

〔原文〕

予姊丈之祖，宋公讳焘[2]，邑廪生[3]。一日，病卧，见吏人持牒，牵白颠马来[4]，云："请赴试。"公言："文宗未临[5]，何遽得考？"吏不言，但敦促之。公力疾乘马从去[6]。路甚生疏。至一城郭，如王者都。移时入府廨[7]，宫室壮丽。上坐十余官，都不知何人，惟关壮缪可识[8]。檐下设几、墩各二[9]，先有一秀才坐其末，公便与连肩[10]。几上各有笔札[11]。俄题纸飞下。视之，八字云："一人二人，有心无心。"二公文成，呈殿上。公文中有云："有心为善，虽善不赏；无心为恶，虽恶不罚。"诸神传赞不已。召公上，谕曰："河南缺一城隍，君称其职。"公方悟，顿首泣曰："辱膺宠命[12]，何敢多辞？但老母七旬，奉养无人，请得终其天年，惟听录用。"上一帝王像者，即命稽母寿籍[13]。有长须吏，捧册翻阅一过，白："有阳算九年[14]。"共筹躇间[15]，关帝曰："不妨令张生摄篆九年[16]，瓜代可也[17]。"乃谓公："应即赴任；今推仁孝之心[18]，给假九年，及期当复相召。"又勉励秀才数语。二公稽首并下[19]。

秀才握手，送诸郊野。自言长山张某[20]。以诗赠别，都忘其词，中有"有花有酒春常在，无烛无灯夜自明"之句。公既骑，乃别而去。及抵里，豁若梦寤[21]。时卒已三日。母闻棺中呻吟，扶出，半日始能语。问之长山，果有张生，于是日死矣。后九年，母果卒。营葬既毕，浣濯入室而没。其岳家居城中西门内，忽见公镂膺朱帻[22]，舆马甚众，登其堂，一拜而行。相共惊疑，不知其为神。奔讯乡中，则已殁矣。

公有自记小传，惜乱后无存，此其略耳。

〔注释〕

①城隍:民间神话中守护一方土地的神。

②讳:旧时语言、书写中遇到尊长、帝王的名字需要回避,不能直呼其名,称其名为“讳”。

③廪生:科举时代生员名称之一,明代府、州、县生员,由官府供给粮食,补助生活,称为廪生。清代则岁科考试成绩优异者,才能称为廪生。廪,官方供给(粮食)。

④颠:头部上方,这里指额头。

⑤文宗:指文章为众人所师法宗仰的人物。临:指案临,即考察、考试。清代科举制要求,各省学政在任期内要到本省各地考试生员,称案临。

⑥力疾:这里指身体勉强能支持。力,勉力。疾,身体有病。

⑦廨(xiè):旧时指官吏办公的地方,即衙门。

⑧关壮缪(miù):指三国时期蜀汉的大将关羽,死后追谥壮缪侯。

⑨几:一种长方形的小桌子。墩:一种低矮无腿的坐具。

⑩连肩:这里指并肩而坐。

⑪笔札:指笔和纸。札,古代写字用的薄木片。

⑫辱膺宠命:古代接受命令时的感激之辞。辱,谦辞。膺,接受。宠命,任命是恩赐的,感激之意。

⑬稽母寿籍:查看记载其母寿命的生死簿。寿籍,民间传说中阎王有记载人生死寿限的生死簿。

⑭阳算:寿算,阳间的寿命。

⑮筹躇:同“踌躇”,犹豫不决。

⑯摄篆:代理官职。摄,代理。篆,指官印。

⑰瓜代:春秋时期齐襄公让人去戍守一地,那时正当瓜熟的季节,就对他们说,明年吃瓜的时候让人来接替,后来把任期已满换人接替叫作瓜代,即接任。

⑱推仁孝之心：推崇赞许其仁孝之心。
⑲稽(qǐ)首：跪拜礼，古时的一种礼节。
⑳长山：旧县名，今山东省邹平县东部。
㉑寤(wù)：睡醒的样子。
㉒镂膺朱幩(fén)：形容马饰华美，有镂金的饰带和红色的绸饰。

〔译文〕

我姐夫的祖父叫宋焘，是山东淄川县的一位廪生。有一天，他在病床上，看到一个衙役手持公文，牵着一匹白额头骏马来找他，说："请你去参加考试。"宋公说："主考官还没到，就可以考试吗？"公差二话不说，只是谦恭地催促他动身。他无可奈何，只好带病骑马跟他走了。途经的路很陌生。不久，远远望见一座城郭，像是一个帝都。走不多时，他就跟那个公差进入王府了，王府宫殿雄伟华丽，大堂内坐着十几位官差，不清楚姓甚名谁，唯独认识关帝神。屋檐下摆着桌子和墩子各两个，先到的秀才已在末位的墩子上落座，宋焘就和这个人并肩坐下。两张矮桌上分别放着笔和纸。不一会儿，就发下题纸，打开一看，上面写着"一人二人，有心无心"八个大字。过不多久，他们二人的文章就完成了，便毕恭毕敬地呈交到殿堂。宋焘文章写了这样几句话："有心为善，虽善不赏；无心为恶，虽恶不罚。"堂上诸神互相传阅，赞不绝口。他们叫宋焘上殿，吩咐他说："河南缺个城隍，这个职位非常适合你。"他听完恍然大悟，连忙伏地磕头，哭着说："承蒙众神的信任，叫我去当城隍，怎么敢推辞呢？只是老母已经七十多岁了，无人供养，请允许我侍候母亲到去世，毫无牵挂地再上任。"堂上一位像帝王模样的人，立即叫人去查验宋焘母亲的寿命簿。有个长胡子的官吏捧着生死簿仔仔细细地翻阅了一遍，回禀说："老妇还有九年阳寿。"诸神都犹豫不决，这时，关帝神说："可以叫张生先去代理九年城隍！"于是他对宋焘说："本应让你马上就任城隍；但考虑到你的孝心可嘉，给你九年时光陪伴老母，到时再叫你来上任。"接着关帝神又勉励了张秀才几句。两个考生就一起叩头退出了大堂。

张秀才拉着宋焘的手，一直送到郊外。他说自己姓张，是长山县人，还为宋焘作了一首送行诗。宋焘只记得"有花有酒春常在，无烛无灯夜自明"这两句，原文已记不清楚了。宋焘上马，辞别张生回到自己家里，他感觉好像从梦中醒来。其实，宋焘已经死三天了。他母亲听见棺材里发出呻吟声，打开棺材，见他醒了，就把他扶出棺材，过了半天他才能说话。其后，他到长山县打听情况，果然有个姓张的秀才，在他死的那天也死去了。过了九年，宋焘的母亲果然去世了。宋焘安葬完母亲，洗了个澡，穿上新衣服，进屋后就去世了。他的岳父住在县城的西门里，有一天，忽然看见宋焘骑着高头大马，马腹上系着雕花的金质勒带，马头上缀着鲜艳的红绸，后面跟着许多车马随从，到他家拜别。一家人都很惊异，不知道他已经成神了。急忙跑到乡下一问，才知道姑爷已经去世了。

宋焘生前自编自写了一篇生活小传，可惜因为乱世遭际没有留存下来，这里记述的只是个大概描述而已。

王六郎

〔题解〕

淄川县渔夫许某因为每晚打鱼都会喝酒，并且喝酒时会以酒酹地，因此结识了河中溺鬼王六郎，人鬼之间建立了友谊。许某对六郎情意深重，以诚待友。王六郎知恩图报，做了高官，不忘旧日贫贱的朋友。这种不以异类见猜的人鬼友谊感天动地。王六郎作为一个溺死鬼，当有人来替代他的时候，自己本可以重新做人，然而在这“生死攸关”的时刻，他却毅然决然地放弃了投胎复生的机会。他怜悯妇人怀中的婴儿，把生的机会留了妇女。王六郎本性善良，宁肯舍弃生命也不伤害别人，最终感动上天修成正果成神，接受人们崇敬的祭拜。故事中“善良”这一人性中最美好的品质得到了人、鬼、神三界的无限赞扬和嘉奖。日行一善，胜过日进斗金。人与人之间的交往无须心机算计，要以诚相待，心怀仁爱。

〔原文〕

许姓，家淄之北郭①，业渔。每夜，携酒河上，饮且渔。饮则酹地②，祝云③：“河中溺鬼得饮。”以为常。他人渔，迄无所获，而许独满筐。一夕，方独酌，有少年来，徘徊其侧。让之饮，慨与同酌。既而终夜不获一鱼，意颇失。少年起曰:“请于下流为君驱之[4]。”遂飘然去。少间,复返,曰:“鱼大至矣。”果闻唼呷有声[5]。举网而得数头,皆盈尺。喜极,申谢[6]。欲归,赠以鱼,不受,曰:“屡叨佳酝[7],区区何足云报。如不弃,要当以为常耳[8]。”许曰:“方共一夕,何言屡也?如肯永顾,诚所甚愿;但愧无以为情。”询其姓字,曰:“姓王,无字[9],相见可呼王六郎。”遂别。明日,许货鱼,益沽酒[10]。晚至河干[11],少年已先在,遂与欢饮。饮数杯,辄为许驱鱼。

如是半载。忽告许曰:“拜识清扬[12],情逾骨肉。然相别有日矣。”语甚凄楚。惊问之。欲言而止者再,乃曰:“情好如吾两人,言之或勿讶耶?今将别,无妨明告:我实鬼也。素嗜酒,沉醉溺死,数年于此矣。前君之获鱼,独胜于他人者,皆仆之暗驱,以报酹奠耳。明日业满[13],当有代者,将往投生。相聚只今夕,故不能无感。”许初闻甚骇,然亲狎既久,不复恐怖。因亦欷歔,酌而言曰:“六郎饮此,勿戚也。相见遽违,良足悲恻,然业满劫脱[14],正宜相贺,悲乃不伦[15]。”遂与畅饮。因问:“代者何人?”曰:“兄于河畔视之,亭午[16],有女子渡河而溺者,是也。”听村鸡既唱,洒涕而别。

明日,敬伺河边,以觇其异。果有妇人抱婴儿来,及河而堕。儿抛岸上[17],扬手掷足而啼。妇沉浮者屡矣,忽淋淋攀岸以出,藉地少息,抱儿径去。当妇溺时,意良不忍,思欲奔救,转念是所以代六郎者,故止不救。及妇自出,疑其言不验。抵暮,渔旧处。少年复至,曰:“今又聚首，且不言别矣。”问其故。曰：“女子已相代矣；仆怜其抱中儿，代弟一人，遂残二命，故舍之。更代不知何期。或吾两人之缘未尽耶？”许感叹曰：“此仁人之心，可以通上帝矣。”由此相聚如初。

数日，又来告别。许疑其复有代者。曰：“非也。前一念恻隐[18]，果达帝天。今授为招远县邬镇土地[19]，来日赴任。倘不忘故交，当一往探，勿惮修阻[20]。”许贺曰：“君正直为神，甚慰人心。但人神路隔，即不惮修阻，将复如何？”少年曰：“但往，勿虑。”再三叮咛而去。

许归，即欲治装东下。妻笑曰：“此去数百里，即有其地，恐土偶不可以共语[21]。”许不听，竟抵招远。问之居人，果有邬镇。寻至其处，息肩逆旅[22]，问祠所在。主人惊曰：“得无客姓为许？”许曰：“然。何见知？”又曰：“得勿客邑为淄？”曰：“然。何见知？”主人不答，遽出。俄而丈夫抱子，媳女窥门，杂沓而来，环如墙堵。许益惊。众乃告曰：“数夜前，梦神言：淄川许友当即来，可助以资斧[23]。祗候已久[24]。”许亦异之，乃往祭于祠而祝曰：“别君后，寤寐不去心[25]，远践曩约。又蒙梦示居人，感篆中怀[26]。愧无腆物[27]，仅有卮酒[28]；如不弃，当如河上之饮。”祝毕，焚钱纸。俄见风起座后，旋转移时，始散。

夜梦少年来，衣冠楚楚，大异平时。谢曰：“远劳顾问[29]，喜泪交并。但任微职，不便会面，咫尺河山[30]，甚怆于怀。居人薄有所赠，聊酬夙好[31]。归如有期，尚当走送。”居数日，许欲归。众留殷勤，朝请暮邀，日更数主。

许坚辞欲行。众乃折柬抱襆[32]，争来致赆[33]，不终朝[34]，馈遗盈橐。苍头稚子毕集[35]，祖送出村[36]。欻有羊角风起[37]，随行十余里。许再拜曰："六郎珍重！勿劳远涉。君心仁爱，自能造福一方，无庸故人嘱也。"风盘旋久之，乃去。村人亦嗟讶而返。

许归，家稍裕，遂不复渔。后见招远人问之，其灵应如响云[38]。或言：即章丘石坑庄。未知孰是。

异史氏曰："置身青云[39]，无忘贫贱，此其所以神也。今日车中贵介[40]，宁复识戴笠人哉[41]？余乡有林下者[42]，家綦贫[43]。有童稚交[44]，任肥秩[45]。计投之必相周顾。竭力办装，奔涉千里，殊失所望；泻囊货骑[46]，始得归。其族弟甚谐，作月令嘲之云[47]：'是月也，哥哥至，貂帽解，伞盖不张，马化为驴，靴始收声。'念此可为一笑。"

〔注释〕

①淄之北郭：淄川县城北郊。淄，淄川县，今山东省淄博市。郭，外城，即城郊。

②酹（lèi）地：把酒浇在地上，表示祭奠。

③祝：祝祷、祷告。

④下流：指河流的下游。

⑤唼（shà）呷（xiā）：即唼呷，小口吸吮，这里指鱼吞吸食物。

⑥申谢：表示谢意。申，陈述。

⑦叨（tāo）：受到好处，谦辞。

⑧要当以为常：要经常为他这样做（驱鱼）。

⑨字：表字。根据人名中的字义，另取的别名叫"字"。

⑩益沽酒：多买些酒。益，增加。沽，买。

⑪河干:河岸。干,水边。

⑫清扬:指眉目清秀,泛指人美好的仪容、风采。

⑬业满:指因果业报已经完结。业,佛家所谓的因果报应。

⑭劫脱:脱离劫难。劫,多指命中难以逃脱的灾难。

⑮不伦:不相当不相类,指不合时宜、不合情理。

⑯亭午:指正午、中午。

⑰儿抛岸上:把小孩抛到岸边。

⑱一念恻隐:心中涌起的一点同情之心。恻隐,怜悯之意。

⑲招远县:今在山东省。邬镇:村镇名。土地:掌管一方土地的神,也称"社神"。

⑳勿惮修阻:不要怕路途遥远。惮,怕。修阻,路途遥远难行。

㉑土偶:用泥土塑成的神像。

㉒息肩逆旅:住在旅馆里休息。息肩,把肩上的担子放下,即休息。逆旅,即旅店。逆,迎。

㉓资斧:旅费、盘缠。

㉔祗候:恭迎、问候。

㉕寤寐不去心:日夜思念,常挂心中。寤,醒来。寐,睡着。

㉖感篆中怀:感激之情铭刻于心。

㉗腆(tiǎn)物:丰厚的礼物。腆,厚。

㉘卮(zhī)酒:酒一卮。卮,酒器,容量四升。

㉙顾问:看望慰问。

㉚咫尺河山:形容近在咫尺却如同隔着河山般遥远。

㉛夙好:指故交。夙,素有的,旧有的。

㉜折柬抱襆(fú):拿着礼帖,抱着礼品。柬,即"简",便笺。折简,即礼帖。后指裁纸写信。此指裁纸。襆,包袱,此指礼品包裹。

㉝致赆(jìn):送行赠礼。致,向对方表示心意。赆,送别时赠予的财物。

㉞不终朝(zhāo):还不到一个早晨的时间。朝,早晨。

㉟苍头:即老者,一般指男性。苍,头发灰白。

㊱祖送:饯别送行。祖,祭路神以相送。

㊲羊角风:旋风。民间迷信认为鬼神驾旋风而行,此指六郎在隐形送行。

㊳灵应如响:有求必应,非常灵验。响,回应。

㊴置身青云:指王六郎已升为神。青云,比喻高官显爵,平步青云。

㊵贵介:地位显贵的人,指尊贵、富贵者。介,大。

㊶戴笠人:贫贱之时的故人。笠,草帽,贫贱时的装束,指地位贫贱。

㊷林下者:指隐居不仕之人。林下,山林田野,隐居之地。

㊸綦(qí)贫:非常贫穷。綦,极,很。

㊹童稚交:幼时结交的朋友。童稚,孩童。

㊺肥秩:肥缺,收入丰厚的官位。秩,指官位品级。

㊻泻囊货骑:钱袋空了,坐骑卖了。囊,钱袋。

㊼作月令:月令,古代历法之作,一种文章体裁,按照一年农历十二个月的时令,记述朝廷、法令等及相关事物。

〔译文〕

有个姓许的,住在淄川县北城,以捕鱼为生。每天晚上他都要带着酒来到河边,边饮酒边打鱼。而每次喝酒前,他总是先把一盅酒祭洒在地上,祷告说:“河中的淹死鬼,请来喝酒吧!”这样习以为常了。别人在这里往往打鱼很少,只有他每天打的鱼都是满筐的。一天夜里,许某刚自饮自酌起来,看到一位少年在他身边徘徊不去。许某就邀请他一起饮酒,他也没推辞,二人就爽快地饮起酒来。结果这天夜里竟然一条鱼都没捕到,许某非常失望。少年站起来说:“请让我到下游为你赶鱼。”说完,就朝下游的方向飘飘然离开了。不多时,少年返回来说:“有很多鱼都来了!”果然就听到有很多鱼“唧唧呷呷”吞吃饵食的声音。许某就撒下渔网,打了十多条一尺多长的大鱼。他十分高兴,连忙向少年鞠躬表示感谢。少年离开时，许某要送鱼给少年，少年不肯接受，还说："多次喝到你的好酒，这么一点儿小事不必报答。如果您不嫌弃的话，希望常来找您。"许某说："咱们才相见一晚，怎么说得上多次？如果你愿意常来光顾，那是我求之不得的，可我很惭愧，不知道怎么报答你为我赶鱼的情意。"许某便问少年的姓名字号。少年说："我姓王，没有字号，你可以管我叫王六郎。"说完，二人就告别分开了。第二天，许某把鱼卖掉赚了些钱，就又多买了些酒。当晚，他来到河边，只见六郎早已经先在此等候了，二人便开怀畅饮。喝了几杯后，六郎就起身又去为许某赶鱼了。

就这样过了半年。一天，六郎忽然告诉许某说："结识你以来，情同手足，可是，你我分别的日子就要到了。"说得非常凄楚。许某大为吃惊，问六郎为什么会这样。六郎考虑再三，最后才说："既然你我的关系亲如兄弟，我说了你也不必惊讶。现在我们将要分别了，告诉你实情也无妨，我其实是个鬼。生前向来喜欢饮酒，喝醉后溺水死在这河里，有好几年了。之前你之所以能捕获远远超过别人多的鱼，都是因为我在暗中帮你驱赶，为的是酬谢你奠酒的情意。明日我的罪限就满了，会有人来代替我，我就要去人间投生了。你我只有今晚才能相聚了，所以我无法不伤感。"许某听了开始感到十分惊恐，然而，毕竟相处了这么长时间，也就不再觉得恐惧，反而因为即将要分别而感到难过，他斟满一杯酒捧在手里对王六郎说："六郎，我请你喝了这杯酒！希望你喝过后就不再难过了。咱们虽然从此不能相见，很是伤心，但想到你即将脱离苦海，我应该祝贺你，再悲伤就不合情理了！"于是，许某和六郎继续畅饮。许某问六郎："什么人来替你？"六郎说："兄长明天可以在河边看着，正午的时候，一个年轻女子渡河时会淹死,代替我的就是她。”直到听见村子里的鸡鸣叫过,二人才洒泪而别。

第二天,许某在河边静静等待,准备看会发生什么事情。到了中午,果然有一怀抱婴儿的妇女走来,到河边就掉进水里去了。婴儿被抛在岸上,扬手蹬脚地“哇哇”大哭。妇女屡次沉浮,后来忽然全身水淋淋地攀着河岸爬了上来,她趴在地上稍事休息后,就抱起婴儿径直走了。当许某看到妇女落在水里时,实在是不忍心,想跑来救她,但一想到她是来代替六郎的,就停住没去救。等看到那妇人从河岸爬上来的时候,心中怀疑六郎所言不灵验。到了晚上,许某仍到老地方打鱼,而六郎又来了,说:“现在咱们又相聚了,可暂且不说分别的事了。”许某向六郎询问白天的事因。六郎说:“本来那女子已经来替我了,但我可怜她怀中抱着的婴儿,我不忍心因为替我一人,却要两个人的性命,所以,我决定放弃这次机会。但又不知道下次什么时候再有人替代我。这也许是因为你我缘分没有尽吧。”许某感叹地说:“像你这样仁慈的心,上帝一定会知道的。”从此,二人依旧像以往一样饮酒捕鱼。

过了几天,王六郎又来跟许某告别,许某以为又有人来替六郎了。六郎说:“这次不是有人来替我。上次我的好心果然被上帝知道了。如今任命我为招远县邬镇的土地神,过几天就要去赴任。你如果没有忘记咱俩的老交情,不要怕路远,可以前去招远看我。”许某祝贺说:“你行为正直做了神,我感到非常高兴。但人和神不在同一个世界里,即使我不嫌道路遥远难走,又怎么能够见到你呢?”六郎说:“你就只管去好了,不必担心。”六郎再三嘱咐后离开了。

许某回到家里,就打算置办行装东去招远看望六郎。他妻子笑着说:“从这里到招远几百里路,即使有这个地方,恐怕到了那里和一个泥偶像也不能说话呀。”许某不听妻子的劝阻,最终还是去了招远县。他向当地居民打听,果然有个镇子叫邬镇。他找到后,就住进客店,问店老板土地庙在什么地方。店老板惊异地反问:“客人您是不是姓许啊?”许某说:“是的。可你是怎么知道的呢?”店老板又问:“客人的家乡是不是在淄川啊?”许某说:“是的。这您又是从哪里知道的呢?”店老板并不回答,匆忙地走出去。不长时间,就看到男人抱着小孩,大姑娘小媳妇也都挤在门外偷看,镇上的人纷纷赶来,像围墙一样把许某围在中间。许某更为惊讶。众人就告诉他说:“前几天晚上,大家都梦见土地神来到这里说:有一个淄川姓许的朋友马上要来看望我,请大家给些资助。所以我们在此等候您很长时间了。”许某听了感到很惊奇,就到土地庙祭祀六郎,并说:“自从与你分别后,我日夜思念你,为此我从远道赶来履行我们之间的约定。又蒙你托梦给百姓,让大家资助我,我心里十分感激你。只是很惭愧我没有丰厚的礼品可赠,只有一杯薄酒,如果你不嫌弃,就像以前在河边那样喝了吧。”祝告完毕,许某又烧了些纸钱。顷刻只见神座之后刮起了一阵旋风,旋转很长时间才散开。

当夜,许某梦见六郎衣冠整齐地来了,与过去迥然不同。六郎向许某道谢说:“有劳你远来探望我,让我喜泪交加。但我现在当了小官,不便和你相见,虽然近在咫尺,却如同远隔千山万水,心中非常难过。镇里的百姓有微薄的礼物相赠,就算我对旧日好友的一点儿心意吧。当你回去的时候,我一定来相送。”住了几天后,许某打算回家。镇上的人都殷勤地挽留他,每天早晚每家都轮换着请许某吃饭、喝酒,为他饯行。许某坚决要回去。镇上的人纷纷争着前来赠送礼物,为他置办充足的行装,不到一个早晨,送的礼物装满了口袋。老人小孩都聚集而来送别许某。刚出村子,忽然刮起一阵旋风,伴随着许某走了十余里路。许某对着旋风再三拜谢说:“六郎请多保重,不要远送了。你心地仁慈,自然能为一方百姓造福,用不到老朋友再嘱咐什么了。”那旋风又在地上盘旋了很久,才渐渐离开。村中的人也都惊叹着返回村里了。

许某回到家后,家境渐渐富裕起来,就不再捕鱼了。后来他碰到招远的人,向他们问起土地神的情况,都说像传说的一样灵验,有求必应,远近闻名。有人说邬镇就是章丘县的石坑庄,但不知道谁的说法对。

异史氏说:“王六郎做了高官,还没有忘记贫贱时的朋友,这就是他所以成神的原因。且看现在坐在车里面的那些显贵的人,难道还肯相与旧日那个戴着草帽的穷朋友吗?我的家乡有个退休了的人,家里十分贫困。他有个从小就关系很好的朋友,如今当了收入丰厚的高官。他就想着去投奔这个旧日的好朋友,认为这个朋友一定会周济他。于是用尽全部财产置办行装,跋涉千里而去,结果令他大失所望,最后他只能花光行囊里所有的钱,又卖掉了坐骑,才得以回来。他的族弟生性幽默,编了一首《月令》来嘲讽他说:‘这个月,哥哥回来了,貂皮帽子也解下来不戴了,也没有张开车马伞盖,马都变成驴了,靴子也没了声音。’念一下这个可作一笑。”

劳山道士[1]

〔题解〕

这是个有关急功近利的白日梦故事。本性好逸恶劳的书生王七想拥有一技之长,就上崂山学道。王生起初还充满信心,意志坚定,结果一个月的工夫就要放弃了,整天琢磨着追求捷径,不肯吃苦,还想学成,学到一知半解的东西就要投机取巧。然而现实是残酷的,所有的好逸恶劳都变成了打脸的巴掌。这个故事给了我们一个深刻的启示:学习首先要打好基础,其次要能吃苦,成功没有捷径可走,只有实实在在的真本领才经得起实践和时间的检验,生活中那些速成的东西终究会被淘汰。通过努力奋斗而获得的成功更能够让人收获持久的快乐。

〔原文〕

邑有王生,行七[2],故家子[3]。少慕道[4],闻劳山多仙人,负笈往游。登一顶,有观宇[5],甚幽。一道士坐蒲团上[6],素发垂领[7],而神观爽迈[8]。叩而与语,理甚玄妙[9]。请师之。道士曰:"恐娇惰不能作苦。"答言:"能之。"其门人甚众,薄暮毕集。王俱与稽首,遂留观中。

凌晨,道士呼王去,授以斧,使随众采樵。王谨受教。过月余，手足重茧[10]，不堪其苦，阴有归志。

一夕归，见二人与师共酌，日已暮，尚无灯烛。师乃剪纸如镜，黏壁间。俄顷，月明辉室，光鉴毫芒[11]。诸门人环听奔走。一客曰："良宵胜乐[12]，不可不同。"乃于案上取壶酒，分赉诸徒[13]，且嘱尽醉。王自思：七八人，壶酒何能遍给？遂各觅盎盂[14]，竞饮先釂[15]，惟恐樽尽[16]；而往复挹注[17]，竟不少减。心奇之。俄一客曰："蒙赐月明之照，乃尔寂饮[18]。何不呼嫦娥来[19]？"乃以箸掷月中。见一美人，自光中出，初不盈尺；至地，遂与人等。纤腰秀项，翩翩作《霓裳舞》[20]。已而歌曰："仙仙乎，而还乎，而幽我于广寒乎[21]！"其声清越，烈如箫管[22]。歌毕，盘旋而起，跃登几上，惊顾之间，已复为箸。三人大笑。又一客曰："今宵最乐，然不胜酒力矣。其饯我于月宫可乎？"三人移席，渐入月中。众视三人，坐月中饮，须眉毕见，如影之在镜中。移时，月渐暗；门人然烛来[23]，则道士独坐而客杳矣。几上肴核尚故[24]。壁上月，纸圆如镜而已。道士问众："饮足乎？"曰："足矣。""足宜早寝，勿误樵苏[25]。"众诺而退。王窃忻慕，归念遂息。

又一月，苦不可忍，而道士并不传教一术。心不能待，辞曰："弟子数百里受业仙师，纵不能得长生术，或小有传习，亦可慰求教之心；今阅两三月[26]，不过早樵而暮归。弟子在家，未谙此苦[27]。"道士笑曰："我固谓不能作苦，今果然。明早当遣汝行。"王曰："弟子操作多日，师略授小技，此来为不负也。"道士问："何术之求？"王曰："每见师行处，墙壁所不能隔，但得此法足矣。"道士笑而允之。乃传以诀[28]，令自咒毕[29]，呼曰："入之！"王面墙不敢入。又曰："试入之。"王果从容入，及墙而阻。道士曰："俯首骤入，勿逡巡！"王果去墙数步，奔而入；及墙，虚若无物；回视，果在墙外矣。大喜，入谢。道士曰："归宜洁持[30]，否则不验。"遂助资斧遣之归。

抵家，自诩遇仙，坚壁所不能阻。妻不信。王效其作为，去墙数尺，奔而入，头触硬壁，蓦然而踣[31]。妻扶视之，额上坟起[32]，如巨卵焉。妻揶揄之[33]。王惭忿，骂老道士之无良而已[34]。

异史氏曰："闻此事未有不大笑者，而不知世之为王生者，正复不少。今有伧父[35]，喜疢毒而畏药石[36]，遂有舐痈吮痔者[37]，进宣威逞暴之术，以迎其旨，绐之曰：'执此术也以往，可以横行而无碍。'初试未尝不小效，遂谓天下之大，举可以如是行矣，势不至触硬壁而颠蹶不止也。"

〔注释〕

①劳山：即"崂山"，在今山东省青岛市东北，有上清宫、白云洞等名胜古迹。

②行七：家中子弟排行第七。

③故家子：指没落的仕宦人家的子弟。

④少慕道：少年时仰慕道术。道，这里指道家的法术，多为神仙符箓、长生礼忏等迷信法术。

⑤观宇：道观佛寺，这里指道教的庙宇。

⑥蒲团:蒲草编结的圆垫。僧、道盘坐或跪拜时垫用。

⑦素发垂领:白发垂到脖颈。素,白色。

⑧神观爽迈:神态气质爽朗脱俗。观,仪容。迈,高超。

⑨玄妙:深奥微妙,难以捉摸。

⑩手足重茧:手脚磨出了老茧。重茧,一层层磨出的硬皮。

⑪光鉴毫芒:月光能照见纤微之物。鉴,照。毫,鸟兽的细毛。芒,谷壳上的针刺,如麦芒。毫、芒,比喻极微细的事物。

⑫良宵胜乐:夜晚的美好乐事。宵,夜晚。胜,盛,

⑬分赉(lài):分发赏赐。赉,赏赐。

⑭盎盂:盛汤水的容器。盎,大腹而敛口。盂,宽口而敛底。

⑮竞饮先釂(jiào):争先干杯。釂,饮尽杯中酒。

⑯樽:本作"尊",也作"罇",盛酒器,犹今之酒壶。

⑰往复挹(yì)注:指众人传来传去地倒酒。挹注,从大盛器倒入小盛器,这里指从酒壶倒入酒杯。

⑱乃尔寂饮:如此寂寞地喝酒。乃尔,如此。

⑲嫦娥:本作"姮娥"。神话传说中的月神,据说本为后羿之妻。《淮南子·览冥训》:"羿请不死之药于西王母,姮娥窃之奔月宫。"

⑳《霓裳舞》:即《霓裳羽衣舞》,唐代天宝年间宫廷盛行的一种舞蹈。

㉑"已而"四句:已而,然后。仙仙,起舞的样子。歌词大意是:我翩翩地起舞啊,这是回到人间了,还是仍被幽禁在月宫呢?这位来自月宫的嫦娥,分辨不出剪贴壁上的月亮是人间的虚造还是天上的实有,故有此歌。

㉒烈如箫管:像箫管般嘹亮清脆。箫管,管乐器的统称。

㉓然:通"燃"。

㉔肴核:菜肴果品。

㉕樵苏:砍柴割草。

㉖阅:经过。

㉗谙:熟悉。

㉘诀:一般指施法术的口诀。

㉙咒：念咒。即念口诀。

㉚洁持：保持纯洁的心地，法术才能灵验。

㉛蓦然而踣（bó）：猛然跌倒在地。踣，同“仆”，跌倒。

㉜坟起：高高隆起，像坟地突起。

㉝揶揄：嘲笑挖苦。

㉞无良：心地不善，没安好心。

㉟伧父：卑贱的匹夫。古时侮辱人的话。

㊱喜疢（chèn）毒而畏药石：喜欢病毒疾患却害怕治病的药石。比喻喜听好话奉承而害怕忠言劝告。

㊲舐痈吮痔：一般作“吸痈舐痔”。为奉承别人能做到为之吸痈脓，舔痔疮，喻指谄媚奉承到了极点。

〔译文〕

县里有个排行第七的姓王的书生，是官宦家庭的后代。他从小就心心念念想着修仙，听说崂山上仙人多，就带上行李前去寻访。他爬上一座山顶，那里有一所道观，环境幽静。一个道士正坐在蒲团上打坐，白发一直垂到颈项边，看上去神清气爽，很有仙气。王生上前磕头，并与他谈话，觉得那道士讲的话很是玄妙，就请求道士做他的师父。道士说：“你是娇养懒惰惯了的，恐怕不能吃苦。”王生连忙回答说：“我能够吃苦。”道士有很多徒弟，晚上都回道观来了。王生分别向他们行了见面礼，然后留在了道观里。

第二天一早，那道士把王生叫了去，交给他一把斧头，让他跟随大家一起去砍柴。他恭敬地接受了吩咐。就这样过了整整一个月，王生的手脚都磨出了厚厚的老茧，不堪再忍受那样的苦楚，暗暗有了回家的想法。

一天傍晚，他回到道观里，只见来了两个客人正和师父喝酒。天色渐渐黑了，灯火还没有点上。师父拿起一张白纸，剪成圆镜子模样，贴在墙上。一会儿，那纸像月亮一样光芒四射，把屋里都照亮了。各位弟子在周围听候使唤，服侍他们。一个客人说："这么美好的夜景，其乐无穷，大家不能不共同享乐。"他就从桌上拿起一壶酒，赏给徒弟们，告诉他们可以尽情地畅饮。王生暗想：七八个人，一壶酒，怎么能够我们喝？于是，大家找来杯碗，抢着把酒往肚子里灌，生怕壶里的酒喝没了。然而大家不停地倒酒，壶里的酒竟然一点儿也不见少。王生不明白为什么，感到很诧异。过了一会儿，一个客人说："承蒙您赐给我们月光照明，但这样饮酒很寂寞，为什么不把嫦娥叫来呢？"他说完就拿筷子朝月亮扔过去，随即就看到一个美女隐隐约约从月光中飘出，开始不到一尺长，一落到地上，就和平常人一样高大了。美女扭动苗条的腰身、秀美的脖颈，飘啊飘地跳起"霓裳舞"。接着唱了起来："我翩翩起舞啊，这是回到人间了，还是仍被幽禁在月宫呢？"那歌声高亢清脆，像吹奏箫管那样美妙。唱完歌后，她转啊转地腾空而起，跳上桌子，大家正看得出神，眨眼间，那美女已经还原成一根筷子。那道士和两位客人都哈哈大笑。又一位客人说："今天晚上非常高兴了，但是我已经喝醉了。该告辞了，二位陪我去月宫里送个行好吗？"三个人就移动酒席，慢慢进入月宫中去了。大家看到三个人围坐在月宫中喝酒，像影子照在镜子里一样，眉毛胡须都看得清清楚楚。过了好一会儿，月光渐渐暗下来，徒弟们点上蜡烛，只见道士一个人坐在那里，两个客人已经不见了，桌子上残留着一些果核菜肴。又看那墙壁上的月亮，不过像镜子一样的一张圆纸罢了。那道士问大家："喝够了吗？"大家说："喝够了。"道士说："喝够了就应该早点儿去睡觉，不要耽误了明天割草打柴。"大家纷纷答应，退了出去。王生打心底里感到高兴又羡慕，便打消了回家的念头。

一个月又过去了，王生实在忍受不住这样的艰辛，那道士还是不传给他一点儿法术。王生忍耐不住，就向道士告别说："我赶了数百里来拜师学道，即使学不到长生不老的法术，要是能学习一点儿小法术，也能够安慰我求教的心情啊。现在已经过了两三个月了，每天都是早出晚归割草砍柴。弟子在家的时候，从来没有吃过这样的苦楚。"那道士微笑着说："我一开始就说你不能够吃苦，现在看来我说得没有错。好吧，明天早上就送你回去。"王生说："徒弟在这里干了几个月的活，总想着让师父传授给我一点儿小本领，我也算没白跑这一趟。"道士问："你想学什么本领？"王生说："平常我看到师父到达的地方，墙壁都不能阻挡住您，只要能学会这一个法术，我就心满意足了。"道士笑着答应了他的请求。于是就传授给王生咒语，叫他自己念诵，念完，道士喊道："进墙去！"王生面对着墙壁，但是不敢进去。道士说："你试试看。"王生照着道士的话不慌不忙地向前走，碰到墙壁被墙挡住了。道士说："低着头闯进去，不要迟疑！"王生便后退了几步，跑着冲过去，碰到墙壁时，好像什么都没有；回头一看，果然身子已经在墙外了。王生高兴极了，回去拜谢师父。道士对他说："回家后要清心寡欲，不然法术就不灵验了。"第二天，给了他一些路费，把他打发回家了。

王生回到家里，自己夸口说遇到了神仙，学到了法术，墙壁也挡不住他。他的妻子不相信他说的话。于是，王生就将那天的动作又做了一遍，离开墙壁几尺远，跑着向墙壁冲过去，脑袋一下子撞到坚硬的墙上，猛地跌倒在地上。妻子把他扶起来一看，额头上鼓起鹅蛋那么大的大包。妻子嘲笑他，王生既气愤又惭愧，直骂老道士没安好心。

异史氏说:“听说过王生故事的人没有不捧腹大笑的,却不知道世上还有很多像‘王生’一样的人。如今有这样一个匹夫,喜欢阿谀谄媚,讨厌逆耳的忠言,于是那些阿谀逢迎的小人就用能够逞威扬暴的伎俩去迎合他,并骗他说:‘凭这个本事,就能够横行霸道了。’刚开始试验都成功了,于是就说天下之大,竟然能够像这样横行,这种人不撞到墙上摔得头破血流是不会停止的。”

娇　娜

〔题解〕

男女之间是否存在单纯的友谊，怎样才能处理好感情与道德之间的关系，是婚姻中男女双方要深思并妥善解决的难题。孔生含蓄内敛，能够约束自己，严格恪守道德，他面对自己爱慕的娇娜，更多的是尊重和爱护，并非勉强据为己有。在娇娜被抓走的时候，孔生将生死置之度外，毅然前去营救，献出生命也在所不惜。孔生对娇娜的感情经过时间的考验和磨炼后，转变为生死相依的亲情。而为了救活孔生，娇娜毫不犹豫地将自己的修为内丹度给他。娇娜与孔生虽然不是夫妻，但彼此之间有着非同一般的友情，他们能够同甘共苦，患难相扶，深厚的友谊超越了生死，成为心灵相惜的“密友”。娇妻难觅，密友更难寻，这种心灵的契合远远胜过肌肤之亲，比什么都难得。

〔原文〕

孔生雪笠，圣裔也①。为人蕴藉②，工诗。有执友令天台③，寄函招之。生往，令适卒。落拓不得归④，寓菩陀寺，佣为寺僧抄录。寺西百余步，有单先生第。先生故公子，以大讼萧条⑤，眷口寡，移而乡居，宅遂旷焉。

一日，大雪崩腾，寂无行旅。偶过其门，一少年出，丰采甚都。见生，趋与为礼，略致慰问，即屈降临。生爱悦之，慨然从入。屋宇都不甚广，处处悉悬锦幕，壁上多古人书画。案头书一册，签云[6]：《琅嬛琐记》[7]。翻阅一过，皆目所未睹。

生以居单第，意为第主，即亦不审官阀[8]。少年细诘行踪，意怜之，劝设帐授徒。生叹曰："羁旅之人[9]，谁作曹丘者[10]？"少年曰："倘不以驽骀见斥[11]，愿拜门墙[12]。"生喜，不敢当师，请为友。便问："宅何久锢？"答曰："此为单府，曩以公子乡居，是以久旷。仆皇甫氏，祖居陕。以家宅焚于野火，暂借安顿。"生始知非单。当晚，谈笑甚欢，即留共榻。

昧爽[13]，即有僮子炽炭于室。少年先起入内，生尚拥被坐。僮入白："太公来[14]。"生惊起。一叟入，鬓发皤然[15]，向生殷谢曰："先生不弃顽儿，遂肯赐教。小子初学涂鸦[16]，勿以友故，行辈视之也[17]。"已，乃进锦衣一袭[18]，貂帽、袜、履各一事[19]。视生盥栉已[20]，乃呼酒荐馔[21]。几、榻、裙、衣，不知何名，光彩射目。酒数行，叟兴辞[22]，曳杖而去。

餐讫，公子呈课业[23]，类皆古文词，并无时艺[24]。问之，笑云："仆不求进取也。"抵暮，更酌曰："今夕尽欢，明日便不许矣。"呼僮曰："视太公寝未；已寝，可暗唤香奴来。"僮去，先以绣囊将琵琶至。少顷，一婢入，红妆艳绝。公子命弹"湘妃"[25]。婢以牙拨勾动[26]，激扬哀烈，节拍不类夙闻。又命以巨觞行酒，三更始罢。

次日，早起共读。公子最惠[27]，过目成咏，二三月后，命笔警绝。相约五日一饮，每饮必招香奴。一夕，酒酣气热，目注之。公子已会其意，曰："此婢乃为老父所豢养。兄旷邈无家[28]，我夙夜代筹久矣。行当为君谋一佳耦。"生曰："如果惠好[29]，必如香奴者。"公子笑曰："君诚'少所见而多所怪'者矣[30]。以此为佳，君愿亦易足也。"

居半载，生欲翱翔郊郭[31]，至门，则双扉外扃。问之，公子曰："家君恐交游纷意念，故谢客耳。"生亦安之。

时盛暑溽热，移斋园亭[32]。生胸间肿起如桃，一夜如碗，痛楚吟呻。公子朝夕省视，眠食都废。又数日，创剧，益绝食饮。太公亦至，相对太息。公子曰："儿前夜思先生清恙[33]，娇娜妹子能疗之。遣人于外祖处呼令归，何久不至？"俄僮入白："娜姑至，姨与松姑同来。"父子疾趋入内。少间，引妹来视生。年约十三四，娇波流慧[34]，细柳生姿[35]。生望见颜色，嚬呻顿忘，精神为之一爽。公子便言："此兄良友，不啻胞也，妹子好医之。"女乃敛羞容，揄长袖[36]，就榻诊视。把握之间，觉芳气胜兰。女笑曰："宜有是疾，心脉动矣[37]。然症虽危，可治；但肤块已凝[38]，非伐皮削肉不可。"乃脱臂上金钏安患处，徐徐按下之。创突起寸许，高出钏外，而根际余肿，尽束在内，不似前如碗阔矣。乃一手启罗衿[39]，解佩刀，刃薄于纸，把钏握刃，轻轻附根而割。紫血流溢，沾染床席，而贪近娇姿，不惟不觉其苦，且恐速竣割事，偎傍不久。未几，割断腐肉，团团然如树上削下之瘿[40]。又呼水来，为洗割处。口吐红丸，如弹大，着肉上，按令旋转：才一周，觉热火蒸腾；再一周，习习作痒[41]；三周已，遍体清凉，沁入骨髓。女收丸入咽，曰："愈矣！"趋步出。生跃起走谢，沉痼若失[42]。而悬想容辉，苦不自已。

自是废卷痴坐[43]，无复聊赖。公子已窥之，曰："弟为兄物色，得一佳偶。"问："何人？"曰："亦弟眷属。"生凝思良久，但云："勿须。"面壁吟曰："曾经沧海难为水，除却巫山不是云[44]。"公子会其指[45]，曰："家君仰慕鸿才，常欲附为婚姻。但止一少妹，齿太稚[46]。有姨女阿松，年十八矣，颇不粗陋。如不见信，松姊日涉园亭[47]，伺前厢，可望见之。"生如其教，果见娇娜偕丽人来，画黛弯蛾[48]，莲钩蹴凤[49]，与娇娜相伯仲也[50]。生大悦，请公子作伐[51]。

公子翼日自内出，贺曰："谐矣。"乃除别院，为生成礼。是夕，鼓吹阗咽[52]，尘落漫飞，以望中仙人，忽同衾幄[53]，遂疑广寒宫殿，未必在云霄矣。合卺之后[54]，甚惬心怀。

一夕，公子谓生曰："切磋之惠[55]，无日可以忘之。近单公子解讼归，索宅甚急，意将弃此而西。势难复聚，因而离绪萦怀。"生愿从之而去。公子劝还乡闾，生难之。公子曰："勿虑，可即送君行。"

无何，太公引松娘至，以黄金百两赠生。公子以左右手与生夫妇相把握，嘱闭眸勿视。飘然履空，但觉耳际风鸣。久之曰："至矣。"启目，果见故里。始知公子非人。喜叩家门。母出非望，又睹美妇，方共忻慰。及回顾，则公子逝矣。松娘事姑孝；艳色贤名，声闻遐迩。

后生举进士[56]，授延安司李[57]，携家之任。母以道远不行。松娘举一男，名小宦。生以忤直指罢官[58]，罣碍不得归[59]。偶猎郊野，逢一美少年，跨骊驹，频频瞻顾。细视，则皇甫公子也。揽辔停骖[60]，悲喜交至。邀生去，至一村，树木浓昏，荫翳天日。入其家，则金沤浮钉[61]，宛然世族。问妹子则嫁，岳母已亡，深相感悼。经宿别去，偕妻同返。娇娜亦至，抱生子掇提而弄曰[62]："姊姊乱吾种矣。"生拜谢曩德。笑曰："姊夫贵矣。创口已合，未忘痛耶？"妹夫吴郎，亦来谒拜。信宿乃去[63]。

一日，公子有忧色，谓生曰："天降凶殃，能相救否？"生不知何事，但锐自任[64]。公子趋出，招一家俱入，罗拜堂上。生大骇，亟问。公子曰："余非人类，狐也。今有雷霆之劫。君肯以身赴难，一门可望生全；不然，请抱子而行，无相累。"生矢共生死。乃使仗剑于门，嘱曰："雷霆轰击，勿动也！"生如所教。果见阴云昼暝，昏黑如磐[65]。回视旧居，无复闬闳[66]；惟见高冢岿然，巨穴无底。方错愕间，霹雳一声，摆簸山岳；急雨狂风，老树为拔。生目眩耳聋，屹不少动。忽于繁烟黑絮之中，见一鬼物，利喙长爪，自穴攫一人出，随烟直上。瞥睹衣履，念似娇娜。乃急跃离地，以剑击之，随手堕落。忽而崩雷暴裂，生仆，遂毙。

少间，晴霁，娇娜已能自苏。见生死于旁，大哭曰："孔郎为我而死，我何生矣！"松娘亦出，共异生归。娇娜使松娘捧其首；兄以金簪拨其齿；自乃撮其颐，以舌度红丸入，又接吻而呵之。红丸随气入喉，格格作响。移时，醒然而苏。见眷口满前，恍如梦寤。于是一门团圞[67]，惊定而喜。

生以幽圹不可久居[68]，议同旋里。满堂交赞，惟娇娜不乐。生请与吴郎俱，又虑翁媪不肯离幼子，终日议不果。忽吴家一小奴，汗流气促而至。惊致研诘[69]，则吴郎家亦同日遭劫，一门俱没。娇娜顿足悲伤，涕不可止。共慰劝之。而同归之计遂决。生入城勾当数日，遂连夜趣装[70]。

既归，以闲园寓公子，恒反关之；生及松娘至，始发扃。生与公子兄妹，棋酒谈宴，若一家然。小宦长成，貌韶秀，有狐意。出游都市，共知为狐儿也。

异史氏曰："余于孔生，不羡其得艳妻，而羡其得腻友也[71]。观其容可以忘饥，听其声可以解颐[72]。得此良友，时一谈宴，则'色授魂与'[73]，尤胜于'颠倒衣裳'[74]矣。"

〔**注释**〕

①圣裔：孔子的后代。孔子被尊为圣人，其子孙后代，被尊称为"圣裔"。

②蕴藉:性情宽厚,风格雅量有涵养。

③执友:志趣性格相投的朋友。

④落拓:即“落魄”之意。人生失意,穷困潦倒。

⑤以大讼萧条:因为一场大官司而家道破落。讼,诉讼。萧条,这里指家境衰落如同秋日的凋零景象。

⑥签:这里指书籍封面的题签。

⑦琅嬛琐记:虚拟的书名。古有笔记小说《琅嬛记》,多记神怪故事。这里指奇书秘籍。

⑧官阀:官位和门第。

⑨羁旅:旅居漂泊在外。

⑩曹丘:指汉初的曹丘生,因称扬季布而使季布享有盛名,代指推荐人。

⑪驽骀(tái):品质低下的劣马,喻平庸无能。

⑫拜门墙:拜老师入师门。门墙指师门。

⑬昧爽:天刚亮,即拂晓。

⑭太公:古时对祖父辈老人的尊称。这里指仆人对老一辈主人的尊称。

⑮鬓发皤(pó)然:鬓角须发皆白。皤,白色。

⑯初学涂鸦:刚开始学习作文。涂鸦,乱写乱画,胡乱写作,幼稚没章法。

⑰行辈视之:按照同辈人来看待。

⑱一袭:一身,一套。

⑲一事:一件。

⑳盥栉(guànzhì):洗脸、梳头。盥,洗手洗脸的容器。栉,梳头的梳子。

㉑荐馔(zhuàn):进献菜肴。荐,进献。馔,食物菜肴。

㉒兴辞:起立辞谢。

㉓课业:功课学业,指老师留的习作。

㉔时艺:指时文、八股文。

㉕湘妃:相传为帝舜之二妃,名为娥皇、女英。舜死,二妃没于湘水而死,遂为湘水之神,称湘妃。后人据此谱曲而歌。

㉖牙拨:弦乐器的拨弦工具,多用象牙或骨、角做成。

㉗惠:通“慧”。聪明。

㉘旷邈无家:远离家乡,独居无妻。旷,空旷。邈,远。

㉙惠好:恩爱友好。惠,恩惠。

㉚少所见而多所怪:少见多怪,因为见识少,遇到不常见的事物就觉得奇怪。

㉛翱翔:展开翅膀在空中回旋地飞。这里指自由地游逛。

㉜斋:书房。

㉝清恙:称对方疾病的敬语。恙,疾病。

㉞娇波:妩媚的目光。

㉟细柳:这里形容女子纤细的腰肢。

㊱揄长袖:挥动长袖。揄,提起,挥动。

㊲心脉:中医谓五脏皆有相应的脉象,这里指心脏的经脉。主心之正常与否的脉象。

㊳肤块已凝:指热毒已凝聚成为肿块。

㊴罗衿:罗衣的襟。此指罗衣的下摆。

㊵瘿(yǐng):植物受病虫害而形成的肿瘤。

㊶习习作痒:微微发痒。习习,和风轻吹。

㊷沉痼(gù):长久而难治愈的病;重病。

㊸废卷:放下书卷,指中止阅读,无心学业。

㊹“曾经”二句:唐诗人元稹悼念亡妻的诗句。曾经到过沧海,就不会被别处的水吸引,陶醉过巫山之云,别处的云便不能称其为云,表明再也不会爱上别的女子。此处指孔生只中意娇娜一人。

㊺会其指:领会了他的心意。指,通“旨”。

㊻齿太稚:年龄太小。齿,年龄。

㊼日涉园亭:每日到园子里游玩。涉,游历。

㊽画黛弯蛾:描画的双眉,像蚕蛾的一对触须那样弯曲细长。黛,青

黑色颜料，古代女子用以画眉。蛾，蚕蛾，其触须细长弯曲。蛾眉，美人的秀眉。

㊾莲钩蹴（cù）凤：纤瘦的小脚穿着凤头鞋。莲钩，女子的弯曲的小脚，这里指女子所穿的弓鞋。蹴，踏。凤，鞋面上的绣凤。

㊿相伯仲：不相上下。伯仲，兄弟之间，排行大为伯，二为仲。

51作伐：即执柯作伐，言出《诗经·豳风·伐柯》："伐柯如何？匪斧不克。娶妻如何？匪媒不得。"后称做媒为作伐。

52鼓吹阗（tián）咽：敲鼓声吹奏之声齐响。阗咽，热闹喧哗。

53衾幄：被子与帐子，指卧具。

54合卺（jǐn）：旧时成婚的一种仪式，将瓠锯成两瓢，叫"卺"。新婚夫妇各执其一对饮，叫"合卺"。

55切磋：古代把骨头加工成器物为切，把象牙加工成器物为磋。比喻互相商量研讨勉励。

56举进士：考中进士。举，古代指科举取士。

57延安司李：延安府的狱官。延安，府名，今陕西省北部。司李，官名，即"司理"，执法断案的狱官。

58直指：直指使，古代官职名，唐朝以后朝廷特派负责某种政务的官员称史。这里指明、清时巡按御史一类的官员。

59罣（guà）碍：官员因事获咎而被罢官，在任所等待处理，不能自由行动，形同被拘。

60揽辔停骖（cān）：收住缰绳使马停下来。骖，泛指马。

61金沤（ōu）浮钉：大门上装饰的形似水泡的涂金圆钉，古代富贵之家的门饰。

62掇提而弄：提着抱起来逗弄。

63信宿：连住两夜。

64但锐自任：却立即挺身而出愿意承担。锐，迅疾。

65黳（yī）：黑玉石。

66闬闳（hànhóng）：住宅的大门。这里指皇甫公子宅舍。

67圞（luán）：表示圆，团圆之意。

⑥8幽圹(kuàng):指墓穴。幽,地下,即阴间。

⑥9惊致研诘(jié):非常吃惊地仔细追问。研,探寻穷究。诘,询问。

⑦0趣(cù)装:速整行装。趣,急促。

⑦1腻友:极亲密的朋友,一般指红颜知己。

⑦2解颐:面现笑容。颐,面颊。

⑦3色授魂与:彼此心意投合,心灵相通。色,神色。授,给予。魂,心灵。

⑦4颠倒衣裳:语出《诗经·齐风·东方未明》:"东方未明,颠倒衣裳。"衣裳上下倒置,仓促中无暇整衣,暗指男女两性关系。

[译文]

书生孔雪笠,是孔子的后代。他为人文雅有涵养,写得一手好诗。他有位很要好的朋友,在浙江天台当县令,给他寄信邀请他去。孔生应邀前往,不料刚到那里,县令恰巧去世了。他无处投靠,穷困潦倒,回不了家乡,不得不寄居在菩陀寺,被寺里的和尚雇用,抄录经文。在菩陀寺的西面百余步远的地方,有一座单先生的宅院。那单先生是位世家公子,因为打输了一场大官司,家道衰落萧条,家里人口也少了,就搬到乡下居住,这座宅子就空起来了。

有一天,大雪纷飞,道上静悄悄的看不见一个行人。孔生偶然经过单家住宅,只见一个容貌美好、仪态风雅的少年从里面出来,少年看到孔生,走过来和孔生行礼,简单地问候几句之后,就邀请他到家里说话。孔生很喜欢少年,就爽快地跟他进了门。房屋虽然不是很宽敞,但处处都挂着锦绣的帷幕,墙壁上挂着很多古人的字画。桌案上有一册书,书签上标着题名:《琅嬛琐记》。他翻阅了一下,里面的内容从未见过。

孔生看到少年住在单家的宅院，以为他是房子的主人，便没有再问他的姓氏家族了。少年详细地询问了孔生的过往，心里非常同情他，劝他设馆教学生读书。孔生叹息说："像我这样漂泊在外的人，谁肯替我推荐呢？"少年说："如果不嫌弃我才能低劣，我愿意拜在您的门下。"孔生很高兴，只是不敢当少年的老师，请求以朋友相待。孔生问少年说："这座房子为什么老关着大门？"少年回答道："这是单家的房屋，以前因为单公子在乡下居住，所以长时间空着。我姓皇甫，祖籍陕西。因为住房被野火烧了，暂且借居，在这里安身。"孔生才知道少年不是单家的。当晚，两人说说笑笑，非常欢乐，少年就留下孔生和他在一张床上睡了。

第二天天一亮，就有个小书童进屋来烧炭生炉。少年先起床进了内宅，孔生还围着棉被坐着。书童进来说："太公来了。"孔生大为吃惊，赶忙起床。一位白发老人走了进来，真诚地感谢孔生说："先生不嫌弃我的儿子愚钝，愿意当他的老师。他刚刚开始学习读书写字，请不要因为朋友的关系，而把他当同辈看待。"说完后，送上一套锦衣，貂皮帽子、鞋和袜子各一件。老人看孔生梳洗完毕，才吩咐用人献上酒菜。房屋内的摆设和人们身穿的衣裙件件光彩夺目，不知道是什么材料制成的。酒筛过几遍，老人站起来告别，拄着拐杖走了。

吃完饭，皇甫公子送上所学的功课，都是些古文和古体诗词，并没有当时应试的八股文。孔生问他为什么，公子笑着回答说："我不想应考求取功名利禄。"到了晚上，公子又摆上酒菜说道："今夜痛痛快快地再欢乐一阵，明天便不可以这样了。"他又叫了小书童说："去看看太公睡觉了没有？如果睡了，可悄悄地把香奴叫来。”书童去没多久，先拿来一把套着绣花袋子的琵琶。又过了一会儿，一个婢女进来，身着红装，漂亮极了。公子叫她弹奏《湘妃怨》，香奴拿起象牙拨子拨动琴弦，旋律时而激扬，时而哀烈，和以前听过的节拍不同。又让人拿大杯子行酒令，二人一直喝到半夜才散席。

第二天，二人晨起一起读书。公子聪慧过人，过目成诵，两三个月后，写诗作文，令人惊叹叫绝。他们约定五天举行一次酒会，每次喝酒一定让香奴参加。一天晚上，孔生喝到半醉的时候，目不转睛地盯住香奴。公子已经觉察到了他的心思，说：“这丫头是我父亲收养的。兄长远离家乡又无妻室，我日夜为您打算，想为您找一个美貌的伴侣。”孔生说：“如果真要帮我的忙，一定要找一个像香奴一般的人。”公子笑着说：“您真是‘少见而多怪’的，要是您认为香奴漂亮的话，那您的心愿就很容易满足了。”

住了半年，孔生想去郊外散步，来到大门口，看见两扇门在外边上着锁，他就问公子为什么反锁大门。公子说：“家父害怕我结交朋友，每天游逛容易分心，所以闭门谢客。”孔生听到这话，认为说得很对，便安心待在这里，打消了出去的念头。

当时正是炎热的夏季，空气湿热，他们就搬到书房里住。一天，孔生的胸膛忽然肿起来一个桃子般的大包，一夜工夫，大包竟然变得像碗那么大了，他疼痛难忍，不停地呻吟。公子早晚都来看望，吃不好，睡不安。又过了几天，大包肿得更加厉害了，越发不能吃喝了。太公都来看望他了，父子俩对着唉声叹气。公子说：“我前天晚上就考虑了，先生的疾病，唯独娇娜妹妹能够治疗。已经打发人到外祖母家去招呼她了，已经很长时间了，怎么还没回来呢?”不一会儿,童仆跑进来禀告:“娜姑回来了,姨婆和松姑也一起回来了。”父子二人急忙奔向内室。过了一会儿,公子领着娇娜来给孔生看病。娇娜大约十三四岁的年纪,聪慧有神的大眼睛,身材苗条,窈窕多姿。孔生望见她的美貌,立即忘记了呻吟,精气神也因此提升了。公子向妹妹介绍说:“这是我的好朋友,我们比同胞兄弟关系还好,妹妹要用心为他治疗。”娇娜立刻收起羞羞的面容,卷起长袖,靠近病床为孔生诊脉,以判断病情。在娇娜把脉的时候,孔生闻到她身上散发着比兰花还芳香的味道。娇娜笑着说:“你应该得这种疾病,因为你的心脉动了。虽然病情紧急,但还能够治好;只是皮肉都已经凝结成块了,不割皮削肉不行了。”说完就把手臂上的金镯脱掉,放到孔生生病的地方,慢慢往下压。恶疮在手镯里突起一寸多高,并且疮根的红肿部位也都收进镯内,不像之前如同碗那么大了。她又用另一只手把衣襟掀起来,解下一把刀刃比纸还薄的佩刀,然后一手按着镯子一手拿着刀,轻轻紧贴着疮根往下割。只见一股紫血顺着刀流出来了,沾染了床席。孔生因贪恋娇娜的美色,不但没感到疼痛,反而还担心很快就割完了,他就没办法再多偎傍美女了。不一会儿,腐烂的肌肉都被割下来了,乱糟糟的一团子,跟从树上削下来的瘤子一样。娇娜又叫人端来一盆清水,帮他擦洗干净割开的伤口。然后从嘴里吐出一粒红丸,像弹丸那么大,放到割去恶疮的肉上,用手按着让它旋转。刚转了一圈儿,孔生就感到热火蒸腾;又转一圈儿,他便觉得疮面酥酥发痒;转完了三圈儿,他感觉浑身清凉,沁入骨髓。娇娜收起红丸咽下去,说:“治好了!”说完就快步走出了房门。孔生从床上跳下来,追出门外向娇娜表示感谢,长时间的病痛好像一下子消失了。但心里却挂念苦想着娇娜光彩照人的美貌，总是无法控制自己。

从此以后，孔生扔掉书本，呆呆地坐着，百无聊赖。公子看透了孔生的心思，说："我花了很长时间终于给您物色到一个好姑娘。"孔生问："是谁？"公子回答说："也是我的亲属。"孔生沉思了很长时间，只是说："不用费心了。"然后就面对墙壁，吟诵起元稹的诗："曾经沧海难为水，除却巫山不是云。"公子明白了他的心思，说："家父仰慕您学识渊博，一直想着攀附这门亲事。但是我只有一个小妹妹，年岁又太小。我姨娘家有个表姐，名叫阿松，十八岁了，长相不俗。如果你不相信，松表姐每天都会路过游园亭，您在前厢房等候，可以窥望到她。"孔生按照公子的指教，果然看到娇娜领着一个美人来了，只见她画着黑黑弯弯的蛾眉，莲钩般的小脚穿着一双凤头绣鞋，与娇娜不相上下。孔生非常高兴，就请求公子帮他做媒。

第二天公子从卧室里跑出来，向孔生表示祝贺，说："事情办妥了。"就清扫出一个院子，为孔生举行婚礼。婚礼这天晚上，鼓乐齐鸣，热闹非凡，孔生觉得好像月亮中的仙女忽然来和他同床共枕，竟然觉得广寒宫也未必在云端，而是在眼前了。婚后，孔生心满意足。

一天晚上，公子对孔生说："您帮我增长学问的恩情，我任何时候都不会忘记。近来单公子了结了官司回来，很着急讨要房子。我们打算离开此地搬到西边去。形势所迫，已很难再相聚了，因此被离别的愁绪烦扰，心里非常难受。"孔生表示愿意跟随他们一起去。公子却劝他还是返回故乡，孔生感到很为难。公子说："不用忧虑，可以马上送您走。"

不一会儿,太公带着松娘来了,赠送给孔生一百两黄金。公子伸出两手,让孔生夫妇紧握着,并嘱咐他们闭上眼睛,不要看。他们刚闭上眼睛,就感到飘飘忽忽地在空中奔走,只听耳边的风声呼呼直响。过了很长时间,公子说:"到了。"孔生睁眼一看,果然已经回到家乡了。这才知道公子并非凡人。他高兴地敲开家门。母亲感到很意外,惊喜万分,又看到领回来一位漂亮的儿媳,全家都很欢喜。等到孔生回头看时,公子已经消失不见了。松娘侍奉婆母很孝顺,她艳丽的容貌和贤惠的名声,远近闻名。

后来,孔生考中了进士,被任命为延安府司理官,就携带着家眷上任。孔生的母亲因为路途遥远没跟着去。松娘生了一个男孩,取名小宦。孔生后来因得罪了巡察御史而被罢官,被一些事情牵连,回不了家乡。一次,他偶然到郊外打猎,碰见了一位潇洒英俊的少年,骑着一匹青马,一次又一次地回头看他。孔生仔细一看,原来是皇甫公子。急忙勒住缰绳停住马,两人相认,悲喜交集。公子让孔生跟着他一起回家。到了一个村子,密密麻麻的树林子,遮天蔽日,光线很暗。走进公子家,见黑色门上饰有圆圆的金钉,仿佛官宦人家。孔生打听妹妹娇娜的近况,知道她已经出嫁了;又得知岳母已经亡故了,非常感叹痛悼。孔生住了一宿就回去了,然后又带着松娘一起过来。这时,正赶上娇娜也来了,她抱起松娘的儿子上下抛逗着玩,说:"姐姐乱了我家的种了。"孔生感谢她从前看病的恩情,娇娜笑道:"姐夫变得显贵了,疮疤已经好了,还没忘记疼吧?"娇娜的丈夫吴郎也前来拜见。孔生夫妇在这里住了两夜才离去。

一天,皇甫公子愁容满面,对孔生说道:"如果老天爷让我们遭受灾祸,您能相救吗?"孔生虽然不知道会发生什么事情,但他立即表示自己愿意帮忙。公子急忙跑出去，把全家人都招呼进来，排列在堂上给孔生行礼。孔生大为惊异，急忙询问原因。公子说："我们不是凡人，而是狐狸。今天有遭受雷劈的劫难，您如果愿意挺身相救，我们就有活下去的希望；不然的话，请您抱着儿子离开这里吧，不要牵累了您。"孔生对天发誓，要与公子全家共生死。于是公子让孔生手拿宝剑，站立在门口，并嘱咐他说："霹雳轰击，你也不要动地方！"孔生按照公子说的准备好。果然看到天空中阴云密布，昏天黑地。回头看住过的地方，再也没有宽大的房舍了，只见一座高高耸立的坟冢，还有个深不见底的大洞。正在他猛吃一惊的时候，一声霹雳巨响，山摇地动，狂风暴雨把老树都连根拔起来了。孔生感到头晕目眩，却依然仗剑屹立，一动不动。忽然在浓烟黑雾之中，看见个鬼样的怪物，尖嘴长爪，从洞穴里抓出一个人来，随着烟雾往上飞腾。孔生看了一眼那人的衣服鞋子，觉得很像娇娜。急忙跳跃起来，用宝剑刺向怪物，娇娜随之而落。突然又一个惊雷爆炸，孔生跌倒在地，就昏死过去了。

过了一会儿，天晴云散，娇娜开始慢慢苏醒过来。她看见孔生死在自己身旁，大哭道："孔郎为我而死，我怎么还能活着呀！"松娘也从洞里出来了，一同把孔生抬进洞里。娇娜让松娘捧着孔生的头，让哥哥用金簪拨开他的牙齿；娇娜自己两手捏着孔生的脸颊，用舌头把嘴里的红丸送进他的嘴里，又对着嘴往里吹气。红丸随气进入他的喉咙，发出一阵咯咯的响声。过了一会儿，孔生醒了过来。看见一家人都在面前围着他，恍恍惚惚好像刚从梦中醒来。就这样一家团圆了，不再惊慌，一场震惊总算安定了，万分喜悦。

孔生认为阴暗的墓穴不能久住,就和大家商量一同回自己的故乡。全家都交口称赞,只有娇娜闷闷不乐。孔生请她和吴郎一起去,她又担心公婆不肯离开年幼的儿子,一整天也没商量出结果。忽然,吴家的一个小仆人,汗流浃背、气喘吁吁地跑来。大家惊慌地仔细询问情况,才知道原来吴郎家也在同一天遭劫,全家都死了。娇娜顿足悲伤,眼泪不住地往下流。大家都安慰、劝解她。于是大家一同跟孔生返回故乡的计划就定下来了。孔生进城,办了几天事,就催促连夜整理行装。

孔生回到老家后,打扫出来一处闲园给皇甫公子一家住,公子平常总是反锁着园门,只有孔生和松娘去的时候才开门。孔生与公子、娇娜兄妹二人在一起,下棋饮酒、谈笑聊天,亲密得像一家人一样。孔生的儿子小宦长大了,容貌清秀,有狐狸的神态。他到城里去游玩,城里人都知道他是狐仙的儿子。

异史氏说:"我对于孔生,不羡慕他得到一位娇艳的妻子,却羡慕他有一个亲昵的朋友。见了她的容貌能够让人忘记饥饿,听到她的声音可以使人欢笑。有这样一位好朋友,时常一起喝酒谈天,这种精神上的融合,要远远胜过那夫妻之爱啊!"

王　成

〔题解〕

《王成》讲述了没落子弟王成由落魄到家道中兴的曲折历程。王成的传奇经历令人心生羡慕,感慨万千。王成由穷困潦倒到发迹致富,从表面上看是因为偶遇狐妇并得到帮助,实则是王成拾金不昧、善良诚恳的品德感动了狐妇。篇末异史氏的评论才是本篇作品的画龙点睛之笔:“不知一贫彻骨,而至性不移,此天所以始弃之而终怜之也。懒中岂果有富贵乎哉!”在贫贱中坚持本性,在窘迫不堪的境遇下仍然能够做到拾金不昧,保持真诚善良的美好品性。游手好闲之人终究不会一夜暴富,懒惰和侥幸一定不会收获幸福人生。天下没有免费的午餐,勤奋努力,修身养德,是收获人生幸福的唯一途径。

〔原文〕

王成,平原故家子①,性最懒。生涯日落,惟剩破屋数间,与妻卧牛衣中②,交谪不堪③。

时盛夏燠热④,村外故有周氏园,墙宇尽倾,惟存一亭。村人多寄宿其中,王亦在焉。既晓,睡者尽去。红日三竿,王始起,逡巡欲归。见草际金钗一股,拾视之,镌有细字云："仪宾府造[5]。"王祖为衡府仪宾[6]，家中故物，多此款式，因把钗踌躇[7]。欻一妪来寻钗。王虽故贫，然性介[8]，遽出授之。妪喜，极赞盛德，曰："钗值几何，先夫之遗泽也[9]。"问："夫君伊谁？"答云："故仪宾王柬之也。"王惊曰："吾祖也。何以相遇？"妪亦惊曰："汝即王柬之之孙耶？我乃狐仙。百年前，与君祖缱绻[10]。君祖殁，老身遂隐。过此遗钗，适入子手，非天数耶！"王亦曾闻祖有狐妻，信其言，便邀临顾。妪从之。王呼妻出见，负败絮[11]，菜色黯焉[12]。妪叹曰："嘻！王柬之孙子，乃一贫至此哉！"又顾败灶无烟，曰："家计若此，何以聊生[13]？"妻因细述贫状，呜咽饮泣。妪以钗授妇，使姑质钱市米，三日外请复相见。王挽留之。妪曰："汝一妻不能自存活；我在，仰屋而居[14]，复何裨益？"遂径去。王为妻言其故，妻大怖。王诵其义，使姑事之[15]，妻诺。逾三日，果至。出数金，籴粟麦各石。夜与妇共短榻。妇初惧之，然察其意殊拳拳[16]，遂不之疑。

翌日，谓王曰："孙勿惰，宜操小生业，坐食乌可长也！"王告以无资。曰："汝祖在时，金帛凭所取。我以世外人，无需是物，故未尝多取。积花粉之金四十两[17]，至今犹存。久贮亦无所用，可将去悉以市葛，刻日赴都[18]，可得微息。"王从之，购五十余端以归[19]。妪命趣装，计六七日可达燕都[20]。嘱曰："宜勤勿懒，宜急勿缓：迟之一日，悔之已晚！"王敬诺，囊货就路。

中途遇雨，衣履浸濡。王生平未历风霜，委顿不堪，因暂休旅舍。不意淙淙彻暮，檐雨如绳。过宿，泞益甚。见往来行人，践淖没胫[21]，心畏苦之。待至亭午[22]，始渐燥，而阴云复合，雨又大作。信宿乃行。将近京，传闻葛价翔贵[23]，心窃喜。入都，解装客店。主人深惜其晚，先是，南道初通，葛至绝少，贝勒府购致甚急[24]，价顿昂，较常可三倍[25]。前一日方购足，后来者并皆失望。主人以故告王。王郁郁不得志。越日，葛至愈多，价益下。王以无利不肯售。迟十余日，计食耗烦多，倍益忧闷。主人劝令贱鬻，改而他图。从之。亏资十余两，悉脱去。早起，将作归计，启视囊中，则金亡矣。惊告主人。主人无所为计。或劝鸣官，责主人偿。王叹曰："此我数也，于主人何尤？"主人闻而德之，赠金五两，慰之使归。自念无以见祖母，蹀踱内外[26]，进退维谷[27]。

适见斗鹑者[28]，一赌辄数千；每市一鹑，恒百钱不止。意忽动，计囊中资，仅足贩鹑，以商主人。主人亟怂恿之，且约假寓饮食，不取其直。王喜，遂行。购鹑盈儋[29]，复入都。主人喜，贺其速售。至夜，大雨彻曙。天明，衢水如河，淋零犹未休也。居以待晴。连绵数日，更无休止。起视笼中，鹑渐死。王大惧，不知计之所出。越日，死愈多；仅余数头，并一笼饲之，经宿往窥，则一鹑仅存。因告主人，不觉涕堕。主人亦为扼腕[30]。王自度金尽罔归，但欲觅死。主人劝慰之，共往视鹑，审谛之曰："此似英物[31]。诸鹑之死，未必非此之斗杀之也。君暇亦无所事，请把之[32]；如其良也，赌亦可以谋生。"王如其教。既驯，主人令持向街头，赌酒食。鹑健甚，辄赢。主人喜，以金授王，使复与子弟决赌[33]；三战三胜。半年许，积二十金。心益慰，视鹑如命。先是，大亲王好鹑[34]，每值上元，辄放民间把鹑者入邸相角。主人谓王曰："今大富宜可立致；所不可知者，在子之命矣。"因告以故，导与俱往。嘱曰："脱败，则丧气出耳。倘有万分一，鹑斗胜，王必欲市之，君勿应。如固强之，惟予首是瞻[35]，待首肯而后应之[36]。"王曰："诺。"

至邸，则鹑人肩摩于墀下[37]。顷之，王出御殿。左右宣言："有愿斗者上。"即有一人把鹑，趋而进。王命放鹑，客亦放；略一腾踔[38]，客鹑已败。王大笑。俄顷，登而败者数人。主人曰："可矣。"相将俱登。王相之，曰："睛有怒脉[39]，此健羽也[40]，不可轻敌。"命取铁喙者当之。一再腾跃，而王鹑铩羽。更选其良，再易再败。王急命取宫中玉鹑。片时把出，素羽如鹭，神骏不凡。王成意馁，跪而求罢，曰："大王之鹑，神物也，恐伤吾禽，丧吾业矣。"王笑曰："纵之。脱斗而死，当厚尔偿。"成乃纵之。玉鹑直奔之。而玉鹑方来，则伏如怒鸡以待之。玉鹑健啄，则起如翔鹤以击之。进退颉颃[41]，相持约一伏时[42]。玉鹑渐懈，而其怒益烈，其斗益急。未几，雪毛摧落，垂翅而逃。观者千人，罔不叹羡。

王乃索取而亲把之，自喙至爪，审周一过，问成曰："鹑可货否？"答云："小人无恒产，与相依为命，不愿售也。"王曰："赐而重值，中人之产可致，颇愿之乎？"成俯思良久,曰:“本不乐置;顾大王既爱好之,苟使小人得衣食业,又何求?”王请直,答以千金。王笑曰:“痴男子!此何珍宝,而千金直也?”成曰:“大王不以为宝,臣以为连城之璧不过也[43]。”王曰:“如何?”曰:“小人把向市廛,日得数金,易升斗粟,一家十余食指[44],无冻馁忧,是何宝如之?”王言:“予不相亏,便与二百金。”成摇首。又增百数。成目视主人,主人色不动,乃曰:“承大王命,请减百价。”王曰:“休矣!谁肯以九百易一鹑者!”成囊鹑欲行。王呼曰:“鹑人来,鹑人来!实给六百,肯则售,否则已耳。”成又目主人,主人仍自若。成心愿盈溢,惟恐失时,曰:“以此数售,心实怏怏,但交而不成,则获戾滋大[45]。无已,即如王命。”王喜,即秤付之。成囊金,拜赐而出。主人怼曰:“我言如何,子乃急自鬻也?再少靳之[46],八百金在掌中矣。”成归,掷金案上,请主人自取之,主人不受。又固让之,乃盘计饭直而受之。

王治装归,至家,历述所为,出金相庆。妪命治良田三百亩,起屋作器,居然世家。妪早起,使成督耕,妇督织;稍惰,辄诃之。夫妇相安,不敢有怨词。过三年,家益富。妪辞欲去。夫妻共挽之,至泣下。妪亦遂止。旭旦候之[47],已杳矣。

异史氏曰:“富皆得于勤,此独得于惰,亦创闻也。不知一贫彻骨,而至性不移[48],此天所以始弃之而终怜之也。懒中岂果有富贵乎哉!”

〔注释〕

①平原：县名，今山东省平原县。

②卧牛衣：喻指家境贫寒。牛衣，一种用草、麻编织的给牛保暖的护被。

③交谪(zhé)不堪：难以忍受妻子的唠叨、指责。谪，责备、埋怨、数落。

④燠(yù)热：炎热，酷热。燠，暖，热。

⑤仪宾：明代对宗室亲王或郡王、县主、郡君之婿的称谓。

⑥衡府：指衡王府，位于青州，今山东省益都县。明宪宗成化二十三年(1487)封其子朱祐楎为衡王；弘治十二年(1499)衡王就藩青州。

⑦踌躇：徘徊犹豫。

⑧介：耿直，有骨气。

⑨先夫之遗泽：已故夫君的遗物。遗泽，先人的遗物，留给后世的德泽，敬称，意谓遗物还保留着先人们留下的体泽。

⑩缱绻：缠绵依偎。形容男女间恩爱情深，难舍难分。

⑪负败絮：穿着破棉袄，棉絮都露出来了。

⑫菜色黯焉：脸色暗淡，面有饥色。菜色，长期以菜充饥，营养不良的面色。

⑬何以聊生：依靠什么维持生活？聊，依赖。

⑭仰屋而居：抬头仰望屋顶，穷困得想不出办法。

⑮使姑事之：让妻子把老妪当成婆母那样服侍。姑，婆母。

⑯拳拳：恳切，真诚。

⑰花粉之金：指旧时妇女的私房钱或体己钱。

⑱刻日：限定日期。

⑲端：量词，旧时以布帛长两丈(或云一丈八尺、六丈等)为一端。一端，即一匹。

⑳燕(yān)都：指北京。周代燕国为今北京地区。

㉑淖:如泥沼般积水的道路。

㉒亭午:正午。

㉓翔贵:指物价上涨。

㉔贝勒:满语“多罗贝勒”简称。清代皇室爵位之一,有时也授予蒙古人,一般为世袭。

㉕可:大约。

㉖蹀(dié)躞:徘徊犹豫不决,踱来踱去。

㉗进退维谷:无论进退都处于困境之中,形容处境艰难,进退两难。

㉘鹑:即鹌鹑,古称羽毛无斑者为鹌,有斑者为鹑,后混称鹌鹑。羽有暗黄条纹者,善搏斗。

㉙儋:通“担”。

㉚扼腕:握着手腕发出叹息的声音,形容激动、惋惜的心理。

㉛英物:杰出的人物。

㉜把之:手持调驯比斗之鹑,称为“把鹑”。

㉝子弟:子侄辈,泛指青年后辈。

㉞大亲王:亲王,是皇室中地位仅次于皇帝的高级爵位,可世袭。大亲王,指亲王中行辈之尊长者。

㉟惟予首是瞻:意谓看我脸上的表情动作行事。瞻,看。

㊱首肯:点头表示同意。

㊲肩摩:肩膀相摩,形容拥挤。

㊳腾踔:跳跃而起,奋力搏击。

㊴怒脉:筋脉突起。

㊵健羽:雄猛善斗的鸟。羽,鸟类代称。

㊶颉颃(xiéháng):上下飞翔。这里指腾跃搏斗。

㊷一伏时:屏息一次的时间。伏,谓伏气,即屏息。

㊸连城之璧:价值连城的璧玉,比喻极其贵重的东西。出自《史记·廉颇蔺相如列传》,战国时,秦王称愿以十五城换取赵国的和氏璧。

㊹食指:喻指家中需要供养的人口。

㊺获戾滋大:得罪,获咎。戾,暴恶,罪过。滋大,越发大,更大。

㊻少靳(jìn)之：稍微让一下要价。靳，惜售，不让步。

㊼旭旦候之：清早问安。候，问候，请安。

㊽至性：纯厚无伪的天性。不移：不因境遇贫困而改变。

〔译文〕

王成，是平原县一个官僚世家的子弟，生性懒惰。他家里生活一天不如一天，到最后只剩下几间破屋，和妻子睡在破草席上，两人经常互相责骂，难以度日。

正值夏季天气炎热的时候，村子外边原先有个周家的园子，围墙和房屋都倒塌了，只剩下一个凉亭。村里很多人来这里寄宿，王成也住在里面。一天，天亮以后，睡在这里的人全都走了。太阳升起三竿多高，王成才爬起来，转转悠悠地打算回家。忽然在草丛中看见一支金钗，他捡起来一看，金钗上面刻着“仪宾府造”四个小字。王成的祖父是衡恭王府的仪宾，家里过去的物品，大多是这样的款式，所以王成拿着金钗犹豫不决。这时一个老婆婆走过来寻找金钗。王成虽然一直很贫穷，但秉性耿直，就急忙拿出来，交还给老婆婆。老婆婆喜出望外，连连称赞王成的美德，说：“虽然金钗不值多少钱，但这是已故夫君留下来的纪念品。”王成问：“您丈夫叫什么呀？”老婆婆回答说：“是已故仪宾王柬之。”王成非常惊讶，说：“您丈夫是我的祖父！你们是怎么认识的啊？”老婆婆也惊讶地说：“你就是王柬之的孙子吗？我是狐仙。一百年前，和你祖父结为夫妻。你祖父去世后，我就隐匿起来了。今天路过这里时把金钗丢了，恰好被你捡到了，这难道不是上天的安排吗？”王成也曾经听说祖父有个狐仙妻子，就信了老婆婆的话，还请她到家里坐坐。老婆婆跟着他到了家里。王成招呼妻子出来拜见老婆婆，老婆婆见她穿着破棉袄，面黄肌瘦，无精打采。老婆婆叹息说：“咳！王柬之的孙子，竟然穷到这种地步！”又看到坍塌了的破锅旧灶，没有一点儿烟火，老婆婆问：“家境如此贫困，你们靠什么维持生活呢？”王妻就向老婆婆详细讲述了家里贫困的情况，忍不住伤心地哭起来。老婆婆就把金钗送给孙媳妇，让她暂且拿去街市当些钱，买点儿米来度日，三天以后再来相见。王成挽留她，不让她走。老婆婆说：“你连一个妻子还不能养活，我在你家，每天只能仰望屋顶，又能增添什么好处呢？”说完就独自离开了。王成向妻子讲了老婆婆的来龙去脉，妻子感到很害怕。王成称颂老婆婆的情义，让妻子把老婆婆当成婆母那样服侍，妻子点头答应了。过了三天，老婆婆果然来了。拿出几两银子，叫王成买一石小米和一石面。晚上老婆婆就和王成的妻子一块睡在短床上。刚开始妻子很害怕老婆婆，但后来又见她心意诚恳，也就不再疑心了。

第二天，老婆婆对王成说：“孙子你不要再懒惰了，可以做点小生意。坐吃山空，怎么会长久呢？”王成告诉老婆婆，没有本钱。老婆婆说：“你祖父在世的时候，金银绸缎，凭我自己随便取。我因为是个世外人，不需要这些东西，所以从来没有多拿。只是积攒了买胭脂花粉的四十两银子，直到今天还存放着。总是放在我那儿也没什么用处，你可以拿来当本钱，全用来买葛绸，马上运到京城卖掉，能够赚点薄利。”王成听从了老婆婆的指点，就买回来五十多匹葛绸。老婆婆让他立即整理行装，约莫六七天就能到京城。并嘱咐他说：“你要勤苦不要懒惰；应该快走，不能迟缓。假如晚到一天，那就是后悔也晚了。”王成恭恭敬敬地答应了，就装好货物上路了。

中途王成遇上了大雨，衣服鞋子都湿透了。他生来还从没有经历过风霜，觉得很疲倦，便决定暂时在旅店里休息。不料大雨一直下个没完，房檐雨流像一排排的绳子流个不断。过了一夜，道路上愈加泥泞，步履维艰。只见来往的行人，两脚踏在烂泥里，王成心中很怕吃这种苦。到了中午，雨才不下了，刚刚干燥一会儿，再次阴云密布，又稀里哗啦地下起大雨来。王成只得又住了一宿才动身。快到京城的时候，王成听说葛绸价格飞涨，心中暗自高兴。到了京城，找个客店，卸下行装，住了下来。店主人非常惋惜他来晚了。原来，京南的道路刚开始通行的时候，运到京城的葛绸非常少；贝勒府又买得急，价钱顿时很高，大约比平时贵三倍。王成到的前一天刚好买够了，后来的人都很失望。店主人把这个情况告诉了王成。他闷闷不乐。第二天，运到京城的葛绸更加多了，价格也越来越下落了。王成认为没有利润可图，不肯出卖。迟延了十几天，计算一下食宿，耗费了很多，更加忧愁郁闷。店主人劝他便宜卖掉葛绸，再做点儿别的生意。王成听从了。赔了十几两银子，把布全部卖掉了。王成早上起来，正准备回家，打开钱袋子一看，银子全没了。王成惊慌地告诉店主人。店主人也没有办法。有人劝王成到官府去告状，责令店主人赔偿。王成叹息说："这是我的命啊，和店主人有什么关系呢？"店主人听到王成这话很感激他，就赠送给他五两银子，安慰他让他回家。王成自己觉得没有脸面回家见祖母，犹豫徘徊不决，感到进退两难。

一天，王成看见有斗鹌鹑的，一赌就是几千钱。要是买一只鹌鹑，常常需要花一百多文钱。他忽然动了贩卖鹌鹑的念头，计算行囊中的财产，仅够贩卖鹌鹑的，就回去和店主人商量这件事。店主人非常支持并怂恿他，并且答应借给他房子居住，供他吃喝，不收他费用。王成喜出望外，立刻就动身了。他买了满满一担鹌鹑，再次进入京城。店主人非常高兴，预祝他赶快卖光。

到了晚上,大雨一直下到东方破晓。天亮以后,街上的积水像条河,雨还是不停地下。王成只得住在店里等待天晴。可是谁知一连下了好几天没停。他爬起来向笼子里面看,鹌鹑逐渐死了一些。王成很害怕,不知怎么办才好。过了一天,更多的鹌鹑死了,只剩下几只,就合并到一个笼子内饲养。过了一宿,再看看,只有一只是活的了。王成把这种情况告诉了店主人,不禁泪流满面。店主人也替他感叹惋惜。王成自己掂量,觉得银两全都亏了,有家难回,一心想着寻死。店主人劝解安慰他,和他一起去看剩下来的那只活的鹌鹑。店主人仔细看了看说:"这好像是只不同寻常的鹌鹑。那些鹌鹑的死因,未必不是它斗杀的。你如今闲来无事,就好好驯养它,倘若是个良品鹌鹑,也可以用它赌博谋生。"王成听从了店主人的指点。把鹌鹑驯好以后,店主人叫他拿到街头上赌些酒食。这只鹌鹑健壮无比,每次都赢。店主人很高兴,交给他些银两,叫他去和富家子弟赌个输赢,结果又是每次都赢。半年多过去了,他积攒了二十多两银子,心情也越来越舒畅了,他把这只鹌鹑看得很宝贵,如同自己的性命一般。原来,京城有个大亲王,好斗鹌鹑,每逢正月十五元宵节,就把民间养鹌鹑的人放进王府和他的鹌鹑一决高下。店主人对王成说:"现在有个发大财的机会,所不能预料的就是你的运气怎么样了。"接着便把大亲王府每年斗鹌鹑的事告诉了他,领着他一同前去亲王府。他嘱咐说:"倘若斗败了,就自认倒霉出来。假如万一斗赢了,大亲王一定要把这个鹌鹑买下来,你不要答应。倘若他硬要买,你看我的脸色行事,等我点头后你再答应。"王成说:"行。"

来到王府,来斗鹌鹑的人肩并肩地全都拥挤在宫殿的台阶下面。不一会儿,大亲王走出御殿。左右随从立刻宣布:"有愿意斗鹌鹑的请上来。”随即就有一个人拿着鹌鹑,快步上前。大亲王命令随从放出自己的鹌鹑,客人也放出自己的鹌鹑,两只鹌鹑略一腾跳,客方的鹌鹑就已经败了。亲王哈哈大笑。不一会儿,登台比赛的,已经有好几个败下来了。店主人对王成说:“现在可以上去比赛了。”两人登上台。亲王看了看王成的鹌鹑,说:“眼睛里有怒脉,这是只健壮凶猛的鸟,不能轻敌!”就命令去取铁嘴出来对阵。经过一阵跃腾搏斗,大亲王的鹌鹑羽翼受伤,败下阵来。亲王又挑选更好的鹌鹑,但一再更换,一再失败。亲王赶紧命人去取来宫中的玉鹑。片刻之间,有人把这只鹌鹑拿出来了。它全身羽毛雪白,像白鹭鸟一样,神态不凡。王成胆怯了,在殿上下跪,请求罢战,说:“大王的鹌鹑,是个神物,恐怕它伤了我的禽鸟,就把我的饭碗砸了。”亲王笑道:“你就把鹌鹑放出来吧!倘若你的鹌鹑被斗死了,我定会重重地赔偿你。”王成这才放出鹌鹑。玉鹑径直扑过来。这时王成的那只正像愤怒的公鸡一样伏在地上,严阵以待。玉鹑猛地一啄,王成的鹌鹑就像仙鹤亮翅一样迎击它。两只鹌鹑进进退退,飞腾跳跃,相持了很长时间。玉鹑渐渐丧失了斗志。而王成的鹌鹑的气势却更加旺盛了,越斗越急。没过多久,玉鹑身上的羽毛像雪花一样纷纷被啄落下来,耷拉着翅膀逃走了。围观的上千名观众,没有不赞叹羡慕的。

亲王于是把这鹌鹑要过来,亲自拿在手上,把着它,从嘴到爪,仔细看了一遍,问王成说:“你的鹌鹑卖不卖呢?”王成回答说:“小人没有家产,和它相依为命,不愿意把它卖了。”亲王说:“我赏赐给你好多钱,你能得到中等人家的财产,愿意出售吗?”王成低头考虑了很长时间说:“本来不愿意舍弃,既然大王这么喜爱它,如果大王能给我一份衣食无忧的产业,我还要求什么呢?”亲王请他说个价钱,王成回答一千两银子。亲王大笑说:“傻小子!这是什么珍宝,能够价值一千两银子?”王成说:“大王不认为它是宝贝,臣子却认为价值连城的宝玉也比不过它。”亲王说:“如何解释?”王成说:“小人把它拿到街市上去赌斗,天天都能得几两银子,换成一斗半升的粮米,一家十几口人没有挨饿受冻的忧虑,有什么宝贝能像它一样呢?”大亲王说:“我也不亏待你,就给你二百两。”王成摇头表示不同意。亲王又增加一百两。王成看看店主人,见店主人脸上没有一点儿表情,便说:“承蒙大王的命令,我愿减一百两,九百两银子卖了。”亲王说:“算了吧,谁肯花费九百两买一只鹌鹑!”王成把鹌鹑装进口袋里,就要往外走。亲王忙喊:“拿鹌鹑的人回来!拿鹌鹑的人回来!我诚心诚意给你六百两,你答应就卖,不愿意就算了!”王成又看看店主人,店主人仍和刚才一样面无表情。王成已心满意足,唯恐错过这次机会,说:“用这个价钱卖给你,心里实在不愿意,但讨还了半天价还和大王做不成交易,得罪了大王,那就加大了罪过。不得已,只好按大王的意思办!”大亲王很高兴,马上称出六百两银子交给他。王成把银子装进钱袋儿,拜谢了大亲王的赏赐,便走了出来。店主人埋怨他说:“我是跟你怎么说的?你就这么着急自己做主卖了。再稍微吝惜一下,八百两银子就到手了。”王成回到店里,把银子扔在桌上,请店主人自己拿,店主人不要。王成又一再相让,店主人才计算了一下他的食宿费收下了。

王成整理好行装回家了。到家后,详细地讲述了自己的经历,拿出银子,大家共同庆贺。老婆婆叫他买了三百亩良田,兴建房屋,置办家具,居然又恢复了官宦人家的景象。老婆婆每天早早就起床,叫王成督促佣工耕种,让孙媳妇督促纺织;稍有懒惰，就斥责他们。夫妻俩安分守己，丰衣足食，不敢有怨言。过了三年，家业更富足了。老婆婆准备告辞离开。夫妻俩一起挽留她，甚至难过地流下眼泪，老婆婆才答应了。第二天，太阳刚出来的时候，夫妻俩前去问安，老婆婆已经不见了。

异史氏说："富贵都是勤劳的成果，只有王成因懒惰而得，也算得上是一件新鲜事。但我们要知道王成具有'贫贱不能移'的品行，这就是老天爷起初抛弃他、但后来又怜悯他的原因。懒惰之中岂能真的有富贵？"

画　皮

〔题解〕

本文描写了一个愚迷书生贪图鬼变女子的美貌，招引不明底细的女子入室同居，后被狞鬼挖掉心肝而丧命的悲惨故事，无情地揭露了现实生活中坑蒙拐骗的两面派的狠毒心肠和阴谋诡计，告诫人们在多欺多诈的现实社会里要善于识破恶人的伪装，认真对待别人的忠告，避免上当受骗。《画皮》中这样狠毒、残暴的女鬼，在《聊斋》中很少出现。狞鬼借画皮来幻化成美女的描写片段是本篇的精华所在。那些表面的美未必不丑陋，表面的忠未必诚恳可信，人们总是轻易被表象欺骗，而不能透过现象看本质，最终反倒被害。这篇文章有劝诫的意旨，但却有异于枯燥乏味的道德说教。整篇文章，情节曲折跌宕，悬念横生，语言生动形象，起到了吸魂勾魄的艺术效果。“画皮”因其精彩生动的故事情节，深刻丰富的教育意义，在不同场合被广泛运用，体现了这部作品独特的艺术价值。

〔原文〕

太原王生，早行，遇一女郎，抱襆独奔①，甚艰于步②。急走趁之③，乃二八姝丽④。心相爱乐，问：“何夙夜踽踽独行⑤？”女曰：“行道之人，不能解愁忧，何劳相问[6]。”生曰：“卿何愁忧[7]？或可效力，不辞也。”女黯然曰[8]：“父母贪赂[9]，鬻妾朱门[10]。嫡妒甚，朝詈而夕楚辱之[11]，所弗堪也，将远遁耳。”问：“何之[12]？”曰：“在亡之人[13]，乌有定所。”生言：“敝庐不远[14]，即烦枉顾[15]。”女喜，从之。生代携襆物，导与同归。女顾室无人，问：“君何无家口？”答云：“斋耳[16]。”女曰：“此所良佳。如怜妾而活之，须秘密勿泄[17]。”生诺之。乃与寝合。使匿密室，过数日而人不知也[18]。生微告妻[19]。妻陈，疑为大家媵妾[20]，劝遣之。生不听。

偶适市[21]，遇一道士，顾生而愕。问：“何所遇？”答言：“无之。”道士曰：“君身邪气萦绕，何言无？”生又力白[22]。道士乃去，曰：“惑哉！世固有死将临而不悟者[23]。”生以其言异，颇疑女。转思明明丽人，何至为妖，意道士借魇禳以猎食者[24]。无何，至斋门，门内杜，不得入。心疑所作，乃逾垝垣[25]。则室门亦闭。蹑迹而窗窥之[26]，见一狞鬼，面翠色，齿巉巉如锯[27]。铺人皮于榻上，执彩笔而绘之；已而掷笔，举皮，如振衣状，披于身，遂化为女子。睹此状，大惧，兽伏而出[28]。急追道士，不知所往。遍迹之[29]，遇于野，长跪乞救。道士曰：“请遣除之[30]。此物亦良苦，甫能觅代者[31]，予亦不忍伤其生。”乃以蝇拂授生[32]，令挂寝门。临别，约会于青帝庙[33]。

生归，不敢入斋，乃寝内室，悬拂焉。一更许，闻门外戢戢有声[34]，自不敢窥也，使妻窥之。但见女子来，望拂子不敢进，立而切齿，良久乃去。少时复来，骂曰：

“道士吓我，终不然宁入口而吐之耶[35]！”取拂碎之，坏寝门而入。径登生床，裂生腹，掬生心而去。妻号。婢入烛之，生已死，腔血狼藉[36]。陈骇涕不敢声[37]。

明日，使弟二郎奔告道士。道士怒曰：“我固怜之，鬼子乃敢尔[38]！”即从生弟来。女子已失所在。既而仰首四望，曰：“幸遁未远。”问：“南院谁家？”二郎曰：“小生所舍也。”道士曰：“现在君所。”二郎愕然，以为未有。道士问曰：“曾否有不识者一人来？”答曰：“仆早赴青帝庙，良不知。当归问之。”去少顷而返，曰：“果有之。晨间一妪来，欲佣为仆家操作，室人止之[39]，尚在也。”道士曰：“即是物矣。”遂与俱往。仗木剑，立庭心，呼曰：“孽魅，偿我拂子来！”妪在室，惶遽无色[40]，出门欲遁。道士逐击之，妪仆，人皮划然而脱[41]，化为厉鬼[42]，卧嗥如猪[43]。道士以木剑枭其首[44]。身变作浓烟，匝地作堆[45]。道士出一葫芦，拔其塞，置烟中，飗飗然如口吸气，瞬息烟尽[46]。道士塞口入囊。共视人皮，眉目手足，无不备具。道士卷之，如卷画轴声，亦囊之，乃别欲去。陈氏拜迎于门，哭求回生之法。道士谢不能[47]。陈益悲，伏地不起。道士沉思曰：“我术浅，诚不能起死。我指一人，或能之，往求必合有效[48]。”问：“何人？”曰：“市上有疯者，时卧粪土中。试叩而哀之。倘狂辱夫人，夫人勿怒也。”二郎亦习知之。乃别道士，与嫂俱往。

见乞人颠歌道上，鼻涕三尺，秽不可近。陈膝行而前[49]。乞人笑曰：“佳人爱我乎？”陈告之故。又大笑曰：

"人尽夫也[50]，活之何为？"陈固哀之。乃曰："异哉！人死而乞活于我。我阎摩耶[51]？"怒以杖击陈。陈忍痛受之。市人渐集如堵。乞人咯痰唾盈把[52]，举向陈吻曰[53]："食之！"陈红涨于面，有难色。既思道士之嘱，遂强啖焉[54]。觉入喉中，硬如团絮，格格而下，停结胸间。乞人大笑曰："佳人爱我哉！"遂起，行，已不顾。尾之，入于庙中[55]。迫而求之，不知所在[56]；前后冥搜[57]，殊无端兆[58]，惭恨而归。既悼夫亡之惨，又悔食唾之羞，俯仰哀啼，但愿即死。方欲展血敛尸[59]，家人伫望，无敢近者。陈抱尸收肠，且理且哭。哭极声嘶，顿欲呕。觉鬲中结物[60]，突奔而出，不及回首，已落腔中。惊而视之，乃人心也。在腔中突突犹跃[61]，热气腾蒸如烟然。大异之。急以两手合腔，极力抱挤。少懈[62]，则气氤氲自缝中出[63]。乃裂缯帛急束之[64]。以手抚尸，渐温。覆以衾裯[65]。中夜启视[66]，有鼻息矣。天明，竟活。为言："恍惚若梦，但觉腹隐痛耳。"视破处，痂结如钱，寻愈。

异史氏曰："愚哉世人！明明妖也，而以为美。迷哉愚人！明明忠也，而以为妄。然爱人之色而渔之[67]，妻亦将食人之唾而甘之矣[68]。天道好还[69]，但愚而迷者不悟耳，可哀也夫[70]！"

〔注释〕

①抱襆独奔：怀抱包袱，独自赶路。襆，同"袱"，包袱。奔，急行。

②甚艰于步：走路很吃力很困难。

③趁:赶上前,凑上去。

④二八姝(shū)丽:十六岁左右的美女。姝,美女。

⑤夙夜:早晨和夜晚,这里指早晨天未明。踽踽(jǔ):形容一个人走路孤零的样子。

⑥“行道之人”三句:一个过路人,又不能帮助解决忧愁,何必来问。

⑦卿:你。

⑧黯然:神情沮丧的样子。

⑨贪赂:贪图财赂。赂,这里指纳聘的彩礼。

⑩鬻(yù):卖。妾:古代妇女的自称。朱门:指富贵人家。古代王侯贵族的府第大门漆成红色,以示尊贵,后泛指富贵人家。

⑪詈(lì):骂人,责骂。楚辱:苦痛与耻辱。指被鞭打侮辱。

⑫何之:要到哪里去。之,去。

⑬在亡:处于逃亡的境地。

⑭敝庐:破旧的房屋,对自己家的谦称。

⑮枉顾:敬辞,屈尊看望,称对方来访自己的客气话。

⑯斋:书斋,书房。

⑰“如怜妾而活之”二句:你如可怜我使我能活下去,一定不要泄露这个秘密。

⑱过数日而人不知也:过了几天并没有人知道。

⑲微:稍稍。

⑳媵(yìng)妾:指陪嫁的女子,或指姬妾或陪嫁丫头。

㉑适市:到街市上。适,到。

㉒力白:极力辩解。

㉓“惑哉”二句:糊涂啊,世界上竟有这样死到临头还不醒悟的人!

㉔魇禳(ráng):道教的一种画符念咒、向神祈祷的法术,相传可以赶走鬼怪、驱除灾祸。镇压邪祟叫魇,驱除灾变叫禳。猎食:捕捉或寻找食物,即谋食骗饭吃。

㉕垝垣(guǐyuán):毁坏的墙。垝,毁坏坍塌。垣,墙。

㉖蹑迹而窗窥之:放轻脚步,靠近窗前窥视它。

㉗巉巉(chán):形容山势峭拔险峻貌。这里形容女鬼尖利的牙齿。

㉘兽伏而出:像野兽那样伏在地上爬行而出。

㉙遍迹之:到处追踪寻找他。迹,追踪寻找的意思。

㉚请遣除之:让我把它驱除赶跑吧!

㉛甫能觅代者:刚刚能够找到代替自己的人。甫,刚,才。

㉜蝇拂:又名拂尘,驱蝇除尘的用具,多以马尾制成,也称蝇甩子,旧时道士常以手持之。

㉝青帝:中国古代神话传说中五帝之一,居东方,为春之神和百花之神,亦是古代帝王和宗庙所祭祀的主要对象之一。后来道教供奉五帝为神,称东方之帝为“苍帝”。

㉞戢戢(jí):形容细小之声,这里指鬼怪来时的响声。

㉟终不然宁入口而吐之耶:终究不会把已吃进嘴的东西再吐出来吧!终不然,提示其后所说的情况不会发生。

㊱狼藉:杂乱不堪、乱七八糟的样子。这里指血迹模糊。

㊲陈骇涕不敢声:陈氏惊怕吓得只会哭,不敢出声。

㊳“我固怜之”二句:我本来还可怜它,谁知这个鬼竟敢如此。

㊴室人止之:我的妻子把她留下了。室人,家中的人,妻妾的通称。止,留。

㊵惶遽(jù)无色:因害怕吓得脸色惨白。

㊶划(huá)然:象声词,即“哗的一声”,皮肉撕裂的声音。

㊷厉鬼:恶鬼,为自杀或暴死的人怨气所致的鬼。

㊸卧嗥(háo)如猪:倒在地上像猪一样嗥叫。嗥,野兽的吼叫声。

㊹枭其首:砍下他的头。

㊺匝地作堆:在地上旋绕围成一堆。匝,环绕。

㊻瞬息烟尽:一会儿烟就消散净了。

㊼谢不能:自己无能为力。谢,谦辞,自责、自惭。

㊽合:应该。

㊾膝行:跪着用双膝行走。

㊿人尽夫也:人人可以成为你的丈夫。

⑤1阎摩：即阎罗王，民间信仰中掌管死亡和审判亡灵的神。

⑤2盈把：手里满满的一把。

⑤3吻：嘴。

⑤4强啖（dàn）：勉强忍着吃下去。

⑤5“尾之”二句：尾随在道士的后面，进入一间庙宇里。

⑤6“迫而求之”二句：追过去寻找，不知他躲在哪里。

⑤7冥搜：尽力寻找，反复搜集。

⑤8殊无端兆：竟然一点头绪和踪迹都没有。

⑤9展血敛（liǎn）尸：揩干血污，装敛尸体入棺。展，展抹，拂拭。

⑥0鬲（gé）中：胸腹之间。鬲，通“膈”，胸腔腹腔之间的膈膜。这里泛指胸腹部。

⑥1突突：形容跳动的样子。

⑥2少懈：稍微放松了一点。

⑥3氤氲（yīnyūn）：湿热飘荡、烟云弥漫的样子，此指热气上升。

⑥4乃裂缯（zēng）帛急束之：就撕开一块绸布急忙把腹部伤口包扎起来。

⑥5衾裯（chóu）：指被褥等卧具。

⑥6中夜：半夜。

⑥7渔：贪取。这里指渔色，猎取美色。

⑥8妻亦将食人之唾而甘之矣：自己的妻子就会把吃别人的痰唾当作甜美的事。

⑥9天道好还：指天可主持公道，天道循环往复，善恶有报。警诫世人不要作恶之意。

⑦0“但愚”二句：既糊涂又愚蠢的人不容易觉醒，真是可悲啊！

〔译文〕

太原府一个姓王的书生，早晨出门，路上遇到一个年轻女人，抱着包袱，急急忙忙地独自赶路，步履很吃力的样子。王生加快脚步追赶上去，看清她是个十五六岁的美貌女子，便心生爱慕。他问女子："怎么一大清早就独自一个人赶路？"少女说："同是赶路的人，不能替我解除愁闷，何必劳神相问？"王生说："您有什么忧愁可以说出来，或许我能帮助你，一定不会推辞的。"女子露出悲伤的神情，说："父母贪图人家的钱财，把我卖给有钱人家当小妾。大老婆嫉妒我，早上骂，晚上打的，我实在忍受不了这种欺辱，打算逃到远远的地方。"王生又问："你打算到什么地方呢？"女子说："逃亡避难的人，哪有固定的去处。"王生说："我家就在这附近，只要愿意，您可屈驾光临。"女子很高兴，答应了。王生帮她拿着包裹，带她一块回家。女子一看屋里没有别人，就问："您怎么没有家眷？"王生回答说："这里是书房。"少女说："这地方真好。如果您可怜我，叫我活下去，还请您严守秘密，不要告诉别人。"王生立即答应了。之后便和她一起同居了。王生把她藏在密室里，过了几天也没人发觉。后来，王生偷偷把这事告诉给妻子陈氏。妻子怀疑少女是大户人家的小老婆，劝丈夫把她打发走。王生不听。

有一天，王生在街市上偶然遇见一个道士，道士一看到他，便露出惊愕的神情。问他："您遇到过什么东西吗？"王生回答："什么都没遇到。"道士说："您周身邪气环绕，怎么还说什么东西都没遇见呢？"王生又极力辩解。道士只好走开，临走时还自言自语地说："真是糊涂啊！天下竟然有死到临头还不醒悟的人！"王生觉出道士的话暗藏玄机，开始怀疑起那少女。转过来一想，分明是个漂亮的姑娘，怎么会是妖怪呢，猜想道士是想借驱除妖魔鬼怪来混饭吃。过了一会儿，王生回到书房，发现门被反锁了，不能进去。于是开始起疑心，便翻墙进入院子，发现密室的门也紧关着。他悄悄走到窗前朝里面偷看，只见一个恶鬼，脸色是绿的，牙齿尖尖的像锯齿一般。那恶鬼把人皮铺在床上，拿着一支彩笔在上面描画，描画好了，把笔扔在一边，然后双手拎起人皮，抖了抖披在身上，马上变成一个少女。看见这一幕，王生吓坏了，不敢出声，像动物一样四肢着地爬了出去。他急急忙忙去追道士，然而，那道士早就不知道去哪儿了。他到处寻找，最后在野外遇见了。王生赶紧跪在地上，请求道士救他一命。道士说："请允许我替你把它赶走。不过这鬼也怪可怜的，好不容易寻到替身，我也不忍心一下子要了它的性命。"于是他把蝇甩交给王生，让他拿回去挂在卧室门上。临别时同王生约定事后到青帝庙去找他。

王生回到家中，不敢到书房过夜，晚上就睡在卧室的里间，把道士给他的蝇甩挂在门上。大约一更时分，王生听到门外有窸窸窣窣的声音，他自己不敢去偷看，就让老婆去偷看。只见那少女来了，看到门上的蝇甩，不敢进屋，站在门外咬牙切齿，过了好长时间才离开。不一会儿又回来了，而且嘴里骂道："道士这样吓唬我，我总不能就这样善罢甘休了啊！"然后就把蝇甩取下来扯碎了，又把门撞破，直奔王生的床铺，撕开他的肚皮，抓出王生的心脏离开了。王生的妻子吓得大声号叫。丫鬟进来点上蜡烛一照，发现王生已死，腹腔血肉模糊，一片狼藉。陈氏吓得只会哭，不敢出声。

第二天，陈氏叫王生的弟弟二郎跑去告诉道士。道士生气地说："我本来是可怜它，它竟敢如此大胆！"立即跟着王生的弟弟一起赶来。可是已经不知道那女子的去向。道士抬头向四周看了看，说："幸亏没逃远。"又问："南院是谁家？"二郎说："是小生的住处。"道士说："现在它就在你家里呢。"二郎感到很诧异，认为没有这回事。道士又问："是否有个陌生人来过？"王生回答:“我大清早就到青帝庙找您去了,还真不知道,我回去问一下。”过了一会儿,二郎回来说:“果真有这事。我家早晨来了一个老太婆,想在家里当仆人,我妻子就把她留下了,现在还在家里。”道士说:“就是这个东西。”就立即和二郎一起去他家。道士手里拿一把木剑,站在院子中央,大声喊道:“大胆孽鬼,快把蝇甩还我!”老太婆在屋里被吓得惊慌失措,正想出门逃跑。道士赶忙追上去,一剑将老太婆劈倒在地,人皮哗啦一声脱落在地上,现出恶鬼原形,躺在地上,像猪一样地嗥叫着。道士用木剑把它的头砍下来。那尸首立即化成一股浓烟,绕地成堆。道士拿出一个葫芦,拔掉塞子,把葫芦放在烟里,眨眼之间,烟雾全都被吸进葫芦里了。道士封住葫芦口,装进了口袋。大伙儿一起去看人皮,眉、眼、手、脚都很齐全。道士把皮卷起来,发出像卷画轴一样的响声,放入囊中收起来,就告别离开了。陈氏急忙跪在门口,哭着乞求,希望道士能把她的丈夫救活。道士推说不会。陈氏哭得愈加悲伤,跪在地上不起来。道士沉思了一会儿说:“我道术浅,实在不能让你的丈夫起死回生。我告诉你一个人,或许能救你的丈夫,你去求他一定有效的。”陈氏问:“什么人?”道士说:“街上有个疯子,经常躺在粪土里。你试着给他跪下,向他求告。如果他要发狂羞辱你,你也不要生气。”二郎也认识那个疯子,于是他与道士道别,和嫂子一起到街上去找那个人。

果不其然,他们在路上见到了那个疯疯癫癫的乞丐,正在街头胡乱地唱歌,鼻涕横流,弄得身上很脏,人们避之不及。陈氏双膝跪倒,蹭至乞丐面前。乞丐笑着说:“美人儿,你爱我吗?”陈氏将事情原委告知乞丐。乞丐又大笑,说:“哪个男人都能做你的丈夫,为什么非要救这个死了的男人?”陈氏再三哀求。乞丐正色说道："真是好奇怪！求我去救活一个死人。我是阎王啊？"说完，他生气地用棍子打陈氏。陈氏强忍着疼痛挨打。街上逐渐聚拢了很多看热闹的人，把四周围得像一堵人墙。乞丐咳了满满一手的浓痰和唾沫，举到陈氏嘴边说："吃了它！"陈氏满脸涨红，十分为难。她记得道士的嘱咐，于是强迫自己吃了下去。她感觉那污秽像棉花团一样噎进喉咙里，格格而下，最终郁结在胸口。乞丐大笑着说："看来美人儿是真爱我啊！"随后站起身，头也不回地走了。叔嫂二人紧随其后，眼见他走进庙里。想跟进去再求求他，却发现他不见了。他们仔仔细细地在庙中寻找，但毫无线索，只能抱憾而归。陈氏伤心丈夫惨死，又后悔在大街上当众吃下乞丐的唾液，倍感耻辱，哭得前仰后合，恨不得马上去死。她正想帮丈夫揩干血污，装敛尸体入棺，家人都站在一边看着，没人敢靠前。陈氏抱着尸体，把肠子收进腹中，一边收拾一边哭泣。哭到伤心时，声音都嘶哑了。忽然想要呕吐，觉得停留在胸口间那些棉团似的东西就要冲出来了，还没看清，那东西就掉进丈夫的腹腔中了。她吃惊地仔细一看，原来是一颗人心！心在胸腔里怦怦地跳动，热气腾腾，烟雾缭绕。大家都觉得十分惊异。陈氏急忙用双手合住丈夫的胸腔，竭尽全力紧紧合拢。只要她稍稍松劲，伤口处就有一股热气冒出来。于是她赶快用绸布把丈夫的胸腔紧紧捆住，然后她摸了摸尸体，感到渐渐温暖了。她急忙给他盖上被子。半夜掀被一看，丈夫竟然能喘气了。天亮时，竟然彻底活过来了。他醒来后说："我恍恍惚惚的，像做梦一样，现在只觉得肚腹隐隐作痛。"他肚皮上被鬼撕裂的地方，结的痂像铜钱那样厚，后来慢慢地痊愈了。

异史氏说："世间人真是糊涂啊！明明是妖精，却认为是美女。真是个糊涂的愚人啊！明明是忠言，却以为是妄言。然而，贪恋他人美色又想占便宜，自己的妻子就得甘之如饴地吃别人的痰唾。天意喜欢报应，而那些既糊涂又愚蠢的人不容易觉醒，真是可悲啊！”

陆 判

〔题解〕

《陆判》主要写了朱尔旦与陆判官之间的奇幻故事，描绘了陆判官“换心易头”的离奇古怪、惊心动魄的精彩情节。《聊斋》中对狐鬼的描写所用笔墨，多是对至真至诚的亲情、爱情、友情的赞美，《陆判》则是对男人之间友谊的赞颂。陆判官和朱尔旦之间不是普通的酒肉朋友，更多的是陆判官对朱尔旦的赏识。朱尔旦是一个耿直诚恳的书生，胆大无私，夜入十王殿背负神像，勇气可嘉。而陆判官也是是非分明，为朋友肝胆相照，一副横眉怒目的脸庞，却做出成人之美的善举。小说后半部分，朱尔旦去世后回家生活的情景和路上对儿子谆谆教诲、赠送佩刀的情景，还有那把镌有“胆欲大而心欲小，智欲圆而行欲方”铭文的佩刀，都寄托了作者对美好人间的希望和深沉的告诫意旨。先辈的恩泽不可能永远荫庇后世，后代也要自求上进，勤奋努力，时刻遵循道义，只有这样才有可能坚守大业不被替代。

〔原文〕

陵阳朱尔旦[①]，字小明。性豪放，然素钝[②]，学虽笃[③]，尚未知名。一日，文社众饮[④]。或戏之云：“君有豪名，能深夜赴十王殿[⑤]，负得左廊判官来[⑥]，众当醵作筵[7]。"盖陵阳有十王殿，神鬼皆以木雕，妆饰如生。东庑有立判[8]，绿面赤须，貌尤狞恶。或夜闻两廊拷讯声，入者毛皆森竖[9]，故众以此难朱。朱笑起，径去。居无何，门外大呼曰："我请髯宗师至矣[10]！"众皆起。俄负判入，置几上，奉觞，酹之三[11]。众睹之，瑟缩不安于座[12]，仍请负去。朱又把酒灌地，祝曰："门生狂率不文[13]，大宗师谅不为怪。荒舍匪遥，合乘兴来觅饮[14]，幸勿为畛畦[15]。"乃负之去。

次日，众果招饮。抵暮，半醉而归，兴未阑，挑灯独酌。忽有人搴帘入，视之，则判官也。朱起曰："意吾殆将死矣[16]！前夕冒渎，今来加斧锧耶[17]？"判启浓髯，微笑曰："非也。昨蒙高义相订[18]，夜偶暇，敬践达人之约[19]。"朱大悦，牵衣促坐，自起涤器爇火。判曰："天道温和，可以冷饮。"朱如命，置瓶案上，奔告家人治肴果。妻闻，大骇，戒勿出。朱不听，立俟治具以出[20]。易盏交酬，始询姓氏。曰："我陆姓，无名字。"与谈古典[21]，应答如响。问："知制艺否[22]？"曰："妍媸亦颇辨之。阴司诵读，与阳世略同。"陆豪饮，一举十觥。朱因竟日饮，遂不觉玉山倾颓[23]，伏几醺睡。比醒，则残烛昏黄，鬼客已去。

自是三两日辄一来，情益洽，时抵足卧。朱献窗稿[24]，陆辄红勒之[25]，都言不佳。一夜，朱醉，先寝，陆犹自酌。忽醉梦中，觉脏腑微痛，醒而视之，则陆危坐床前，破腔出肠胃，条条整理。愕曰："夙无仇怨，何以见杀?”陆笑云:“勿惧,我为君易慧心耳。”从容纳肠已,复合之,末以裹足布束朱腰。作用毕[26],视榻上亦无血迹。腹间觉少麻木。见陆置肉块几上,问之。曰:“此君心也。作文不快,知君之毛窍塞耳。适在冥间,于千万心中,拣得佳者一枚,为君易之,留此以补阙数。”乃起,掩扉去。天明解视,则创缝已合,有线而赤者存焉。自是文思大进,过眼不忘。数日,又出文示陆。陆曰:“可矣。但君福薄,不能大显贵,乡、科而已[27]。”问:“何时?”曰:“今岁必魁[28]。”未几,科试冠军,秋闱果中经元[29]。同社生素揶揄之;及见闱墨[30],相视而惊,细询始知其异。共求朱先容[31],愿纳交陆。陆诺之。众大设以待之。更初,陆至,赤髯生动,目炯炯如电。众茫乎无色,齿欲相击,渐引去。

朱乃携陆归饮,既醺,朱曰:“湔肠伐胃[32],受赐已多。尚有一事欲相烦,不知可否?”陆便请命。朱曰:“心肠可易,面目想亦可更。山荆[33],予结发人[34],下体颇亦不恶,但头面不甚佳丽。尚欲烦君刀斧,如何?”陆笑曰:“诺,容徐图之。”过数日,半夜来叩关。朱急起延入。烛之,见襟裹一物。诘之,曰:“君曩所嘱,向艰物色。适得一美人首,敬报君命。”朱拨视,颈血犹湿。陆立促急入,勿惊禽犬。朱虑门户夜扃。陆至,一手推扉,扉自辟。引至卧室,见夫人侧身眠。陆以头授朱抱之;自于靴中出白刃如匕首,按夫人项,着力如切腐状,迎刃而解,首落枕畔;急于生怀取美人首合项上,详审端正,而后按捺。已而移枕塞肩际,命朱瘗首静所,乃去。朱妻醒,觉颈间微麻,面颊甲错[35];搓之,得血片,甚骇。呼婢汲盥,婢见面血狼藉,惊绝。濯之,盆水尽赤。举首则面目全非,又骇极。夫人引镜自照,错愕不能自解。朱入告之;因反覆细视,则长眉掩鬓,笑靥承颧[36],画中人也。解领验之,有红线一周,上下肉色,判然而异。

先是,吴侍御有女甚美[37],未嫁而丧二夫,故十九犹未醮也[38]。上元游十王殿,时游人甚杂,内有无赖贼,窥而艳之,遂阴访居里[39],乘夜梯入,穴寝门,杀一婢于床下,逼女与淫。女力拒声喊,贼怒,亦杀之。吴夫人微闻闹声,呼婢往视,见尸骇绝。举家尽起,停尸堂上,置首项侧,一门啼号,纷腾终夜。诘旦启衾[40],则身在而失其首。遍挞侍女,谓所守不恪[41],致葬犬腹。侍御告郡[42]。郡严限捕贼,三月而罪人弗得。渐有以朱家换头之异闻吴公者。吴疑之,遣媪探诸其家。入见夫人,骇走以告吴公。公视女尸故存,惊疑无以自决。猜朱以左道杀女[43],往诘朱。朱曰:“室人梦易其首,实不解其何故;谓仆杀之,则冤也。”吴不信,讼之。收家人鞫之[44],一如朱言。郡守不能决[45]。朱归,求计于陆。陆曰:“不难,当使伊女自言之[46]。”吴夜梦女曰:“儿为苏溪杨大年所贼[47],无与朱孝廉[48]。彼不艳于其妻,陆判官取儿头与之易之,是儿身死而头生也。愿勿相仇。”醒告夫人,所梦同。乃言于官。问之,果有杨大年。执而械之,遂伏其罪。吴乃诣朱,请见夫人,由此为翁婿。乃以朱妻首合女尸而葬焉。

朱三入礼闱[49]，皆以场规被放[50]。于是灰心仕进，积三十年。一夕，陆告曰："君寿不永矣。"问其期，对以五日。"能相救否？"曰："惟天所命，人何能私？且自达人观之，生死一耳，何必生之为乐，死之为悲？"朱以为然。即治衣衾棺椁。既竟，盛服而没。

翌日，夫人方扶柩哭，朱忽冉冉自外至。夫人惧。朱曰："我诚鬼，不异生时。虑尔寡母孤儿，殊恋恋耳。"夫人大恸，涕垂膺[51]。朱依依慰解之。夫人曰："古有还魂之说，君既有灵，何不再生？"朱曰："天数不可违也[52]。"问："在阴司作何务？"曰："陆判荐我督案务[53]，授有官爵，亦无所苦。"夫人欲再语，朱曰："陆公与我同来，可设酒馔。"趋而出。夫人依言营备。但闻室中笑饮，亮气高声，宛若生前。半夜窥之，窅然已逝[54]。自是三数日辄一来，时而留宿缱绻，家中事就便经纪[55]。子玮，方五岁，来辄捉抱。至七八岁，则灯下教读。子亦慧，九岁能文，十五入邑庠[56]，竟不知无父也。从此来渐疏，日月至焉而已[57]。又一夕来，谓夫人曰："今与卿永诀矣。"问："何往？"曰："承帝命为太华卿[58]，行将远赴，事烦途隔，故不能来。"母子持之哭。曰："勿尔！儿已成立，家计尚可存活，岂有百岁不拆之鸾凤耶！"顾子曰："好为人，勿堕父业。十年后一相见耳。"径出门去，于是遂绝。

后玮二十五举进士，官行人[59]。奉命祭西岳，道经华阴[60],忽有舆从羽葆[61],驰冲卤簿[62]。讶之。审视车中人,其父也。下车哭伏道左。父停舆曰:“官声好[63],我目瞑矣。”玮伏不起;朱促舆行,火驰不顾。去数步,回望,解佩刀遣人持赠。遥语曰:“佩之当贵。”玮欲追从,见舆马人从,飘忽若风,瞬息不见。痛恨良久。抽刀视之,制极精工,镌字一行[64],曰:“胆欲大而心欲小,智欲圆而行欲方[65]。”玮后官至司马[66]。生五子,曰沉,曰潜,曰沕,曰浑,曰深。一夕,梦父曰:“佩刀宜赠浑也。”从之。浑仕为总宪[67],有政声。

异史氏曰:“断鹤续凫,矫作者妄[68];移花接木[69],创始者奇;而况加凿削于肝肠,施刀锥于颈项者哉!陆公者,可谓媸皮裹妍骨矣[70]。明季至今[71],为岁不远[72],陵阳陆公犹存乎?尚有灵焉否也?为之执鞭[73],所忻慕焉。”

〔注释〕

①陵阳:山东省莒县辖镇,位于莒县东。

②钝:笨拙,愚钝。

③笃:一心一意、勤奋。

④文社:文人结成的团体,旧时秀才们讲学作文的结社,以切磋文章为主。

⑤十王殿:庙宇名。民间和佛教认为,阴曹地府是由十殿阎王所掌控,也称“十殿阎君”,略称“十王”。后道教也沿用此称。

⑥判官:官名。唐始设,为节度、观察、防御诸使的僚属。此指迷信传说中的阴间官名,为阎王掌簿册、审判亡魂,长得凶神恶煞,但多数心地善良、正直。

⑦醵(jù):凑钱买酒喝。

⑧东庑(wǔ):正房东边的廊屋。庑,堂下周围的走廊或廊屋。

⑨毛皆森竖:因恐惧而毛发耸立。森,高耸。

⑩宗师:指在思想上或学术上受人尊崇堪为师表的人。明、清称学使为“宗师”。这里用以戏称。

⑪酹(lèi):把酒浇在地上,表示祭奠。

⑫瑟缩:因受惊或寒冷而蜷缩、发抖,这里指恐惧。

⑬门生:受业者为门生。科举制度中,科考之士以主考官员为座主,而自称门生。朱生称陆判为“宗师”,“宗师”为各省乡试的主考官,朱因以自称门生。狂率不文:狂妄无礼。文,礼法、礼仪。

⑭合:应该,合当。

⑮勿为畛(zhěn)畦:不要为人鬼异域所限。畛畦,田间小路,引申为界限、隔阂。

⑯意:自料,揣测。

⑰斧锧(zhì):古代斩人的刑具,像铡刀。“加斧锧”,指加以死罪。

⑱高义:犹高谊、盛情。相订:相约。订,约定。

⑲达人:旷达之人。

⑳治具:置办菜肴酒肉。具,餐具,代指酒肴。

㉑古典:古代的典籍。这里指具备典范性的古代书籍。

㉒制艺:明清科举应试的一种文体,指八股文。

㉓玉山倾颓:形容酒醉后东倒西歪的样子。语出《世说新语》。玉山,形容体态、仪表美好。

㉔窗稿:指平时习作的文稿。读书人惯常在窗下写文章,故称。

㉕红勒:用朱笔删削、批改。

㉖作用:施治,整治。用,治。

㉗乡、科:乡试、科试的省词。

㉘魁:夺魁,考取第一名,即下文所谓“科试冠军”“秋闱果中经元”。

㉙秋闱:中国古代科举考试之一,这里指乡试,一般在八月进行,故称“秋闱”。科举时代称考场为“闱”。经元:也称经魁。明清科举考试以五经取士,每经各取一名为首,为经魁。即乡试中每科于五经中各中一名,

列为前五名，称经魁。

㉚闱墨：清代科举考试中，从中试的试卷中选出来加以刊印的文章，编辑成书供后来应考的人阅读研习，叫作“闱墨”。墨，试卷。

㉛先容：事先为人做介绍。

㉜湔（jiān）肠伐胃：洗肠清胃，形容以聪慧代替原来的愚笨。湔，洗。伐，敲打。

㉝山荆：旧时对人谦称自己的妻子。

㉞结发人：指原配妻子。古时男子二十岁束发而冠，女子十五岁束发而笄，表示成年。结发，汉族婚姻习俗，夫妻成婚时，各取头发合为一结。因此习称原配夫妻为结发夫妻，妻子为“结发人”。

㉟甲错：像鳞甲一样交错混杂。此指面颊血污结痂，像鱼鳞似的。

㊱笑靥承颧（quán）：女子笑时颊部露出来的酒窝。靥，酒窝儿。颧，颧骨。酒窝在颧骨的下面，故云“承”。

㊲侍御：官名。也称御史。唐代称殿中御史、监察御史为侍御。明、清属都察院，有左右都御史、左右副都御史、左右佥都御史、监察御史之别。

㊳醮（jiào）：古代结婚时用酒祭神的礼节。后指女子嫁人为醮，元明以后则专指女子再嫁。

㊴阴访：暗中查访。

㊵诘旦：平明，清晨，这里指第二天早晨。

㊶不恪（kè）：不敬、不慎。恪，谨慎，恭敬。

㊷郡：此指郡衙。明、清两代指知州、知府一类地方官的衙署。

㊸左道：邪道，邪门旁道，多指非正统的方术、邪术，有浓厚的贬义色彩。

㊹鞫（jū）：审讯。

㊺不能决：不能判断。决，审定，裁决。

㊻伊：此处指吴女。

㊼贼：杀害。

㊽无与朱孝廉：与朱孝廉无关。孝廉，明、清时期对举人的称呼。

㊾礼闱：古代科举考试之会试，因其第二年春季为礼部主办，故称礼闱。

㊿以场规被放：由于违犯考场规则而被逐出场外或不予录取。场规，科举考试考场的规则。放，驱逐。

51膺：胸。

52天数：犹天命。迷信的人把不可解的事、不能抗御的灾难归于上天的安排，称为天数。

53督案务：察视监理案牍方面的事务。督，察视。案，案牍，官府文书。

54窅（yǎo）然：幽深遥远的样子。

55经纪：筹划管理。

56邑庠：明清时称县学为邑庠。

57日月至焉：几日或月余来一次。

58太华卿：华山山神。太华，即西岳华山，在今陕西华阴县南。因其西有少华山，故又称"太华"。

59行人：官名。明代设有行人司。行人，正九品，左、右行人，从九品，后改行人为司正，以进士充任，职掌传旨、册封等事。

60华阴：县名。今陕西省渭南市，因境内的西岳华山而闻名。

61舆从羽葆：车马仪仗。舆从，车马随从。羽葆，仪仗名，以鸟羽为装饰，如盖。

62卤簿：古代帝王外出时扈从的仪仗队，出行者身份、出行目的不同，仪式各有差别。后泛指官员仪仗。卤，即橹，大型甲盾。簿，册簿，出行时的规模、数量、等级等形成文字的典册，因称"卤簿"。

63声：声誉。下文"政声"之"声"，义同。

64镌：雕刻。

65"胆欲大"二句：意谓做事要果敢决断，而思虑要谨慎周密；智谋要灵活圆通，而行为要端方正直。

66司马：古代职官名称，管领军队官员的称谓。殷商时始置，位次三公；春秋、战国沿置；汉武帝时置大司马，作为大将军的加号；隋唐以后为兵部尚书的别称,为全国军政首脑。

㊼总宪:明、清时期都察院左都御史的别称,是都察院的长官,具有弹劾百官、监察的职能。御史台古称宪台。

㊽“断鹤”二句:截断鹤的长腿去接续野鸭的短腿,如此矫正的人被认为是妄为,比喻做事违反自然规律。断,截断。续,接。凫,野鸭。妄,谬,荒谬。

㊾移花接木:把一种花木嫁接于另一种花木之上。比喻暗中巧施手段更换人或事来欺骗别人,这里指改造人的形体。

㊿媸(chī)皮裹妍骨:相貌丑陋而内心美好。媸,丑陋。媸皮,丑陋的相貌。妍,美。妍骨,美好的骨肉,此谓美好的品行。

71明季:明代末年。

72为岁:为时。岁,指时间。

73为之执鞭:拿起鞭子为人驾驭车马,比喻为人做仆役。表示对人极度钦佩,愿为其驱使。

〔译文〕

朱尔旦是陵阳人,字小明。他生性豪爽豁达,但是有点愚钝,读书虽然很努力,但一直籍籍无名。一天,文社的朋友们聚餐饮酒。某人跟他开玩笑说:“你素来以性格豪放闻名,若你能深夜到十王殿里,把左廊上的判官背过来,我们大家就凑钱请你喝酒。”原来陵阳有个十王殿,里面的神鬼塑像全是用木头雕刻的,妆饰得栩栩如生。东厢有个站着的判官像,绿脸红胡子,相貌特别狰狞险恶。有时半夜里两廊上会传出刑讯拷打的声音。进过庙里的人全都被吓得汗毛直立,所以大家拿这个事为难朱尔旦。朱尔旦笑着起身,径直往十王殿去了。过了一会儿,他在门外大声地呼喊:“我把大胡子宗师请来了!”大家马上都站了起来。片刻间,朱尔旦将判官背进屋中,他把判官放在几案上,拿起杯子向判官连敬了三杯酒。大家见判官面目狰狞,都瑟瑟发抖,畏缩不安,让朱尔旦赶紧把他背回去。朱尔旦又举杯祭奠,说:“学生狂妄轻率,希望大宗师原谅我,不责怪。我家不远,您若有兴致的话随时来找我喝酒,您千万不要因为人神有别而心生隔阂!”随后把判官背了回去。

次日,文友们果然凑钱宴请朱尔旦。直到太阳下山,朱尔旦才半醉半醒地回家,因为没喝尽兴,他又点上灯自酌起来。忽然,有人撩起门帘走了进来,朱尔旦看了看,原来是那个判官。他忙起身说:“啊!我真是要死了!前天晚上冒犯亵渎了您,所以您今晚是来杀我的吧?”判官撩开浓密的胡须,微笑着说:“不是。昨夜承蒙盛情相邀,今夜偶得空闲,就来赴你这旷达人的约定。”朱尔旦非常高兴,扯着他的衣襟催促他快入座,亲自起来重整杯盘,扇火温酒。判官说:“天气暖和,可以喝凉的。”朱尔旦同意了,把酒瓶放在桌子上,跑去通知家人置办菜肴果品。他的妻子听说来了个判官,大吃一惊,劝丈夫别去。朱尔旦不听她的劝阻,立等她备好下酒菜,然后端过去。二人推杯互相敬酒,朱尔旦才询问判官的姓名。判官说:“我姓陆,没有名字。”和判官谈论起经书典籍,判官回答得很敏捷。朱尔旦又问他:“您懂应试文章吗?”判官说:“文章优劣能够略微分辨。阴间的读书和阳间差不多。”陆判官海量,一下子就喝了十大杯。朱尔旦喝了一整天的酒,不由自主地醉倒了,趴在桌子上醉醺醺地睡着了。等他醒来,只见烧剩下的蜡烛闪烁着昏黄的微光,来做客的陆判官已经回去了。

此后,陆判官隔三岔五就来拜访,二人的感情日益融洽,常常抵足而眠。朱尔旦把自己写的文稿拿给陆判官看,陆判官就拿着红笔帮他批改,说这些文章写得都不好。一天夜里,朱尔旦喝醉了，先睡觉去了，陆判官还在独自喝酒。忽然朱尔旦在睡梦中觉得肚子微微疼痛，醒来一看，只见陆判官端坐在床前，将他开膛破肚，把肠子拿在手中一根一根地整理。朱尔旦非常惊恐地说："咱们远日无冤近日无仇，为什么要杀我？"陆判官笑道："别怕，我给你换一颗聪明的心。"他有条不紊地理好肠子装进腹腔，把刀口缝合，最后用裹脚布束紧朱尔旦的腰身。一切结束后，床上毫无血迹。朱尔旦只觉得肚腹稍稍有些麻木。他见陆判官在桌上放了一块肉团，问是什么。陆判官说："这是你原先的心。你的文章作不好，我知道这是因为你的心窍被堵了。我为你从阴间成千上万颗心中挑选了最好的一颗，刚才帮你换上了。拿这个剩下的不开窍的心去补上缺数。"说完，就起身关上房门离开了。天亮后，朱尔旦把裹脚布拆开一看，伤口已经愈合了，肚子上只留下一条红线。此后，他才思敏捷，过目不忘，进步很快。几天后，他又给陆判官看他写的一篇文章，陆判官说："很好。但是你福分浅薄，不能大富大贵，只能中个举人而已。"朱尔旦问："什么时候能考中？"陆判官回答："今年一定能得魁！"不久，朱尔旦考中了秀才，又在乡试中以第一名考中了举人。同社的秀才一向嘲笑他文章写得不好，等看到了他的考卷，你看看我，我看看你，都大为惊讶。仔细追问，才知道他非同寻常的换心过程。大家都想让朱尔旦把自己介绍给陆判官，和他交朋友，朱尔旦毫不犹豫地答应了。大家准备了丰盛的酒席，等着招待陆判官。刚到一更，陆判官就来了。只见他一副红胡子上下颤动，目光炯炯，像闪电一样。大家吓得脸色苍白，牙齿打战，渐渐地便一个接一个地悄悄溜走了。

朱尔旦带着陆判官回家喝酒。二人微醺之时，朱尔旦说："你帮我洗肠换心，我领受了你太多的恩惠了！还有件事想求你,行吗?”陆判官请他说。朱尔旦说:“既然心肠能换,外貌应该也能换。我的结发妻子身材倒是不错,但面容不怎么漂亮。还想麻烦你给换换,怎么样?”陆判官笑着说:“好吧,容我慢慢想想办法。”过了几天,陆判官半夜来敲门。朱尔旦赶紧起床请他进屋。烛光之下,只见陆判官的衣襟里裹着一个物件。听见朱尔旦询问,陆判官说:“你前几天嘱托我的事,一直没有物色到。刚才恰巧得到一个美女头,就拿来了结你的心事!”朱尔旦拨开一看,只见这个人头的脖子上鲜血淋漓。陆判官催促他快进卧室,不要惊动鸡犬。朱尔旦担心妻子的房门已经上闩,陆判官走到门前伸手一推,房门自己就开了。朱尔旦把陆判官领进卧室,见他的夫人侧身睡着了。陆判官让朱尔旦抱着美女头,自己从靴子中抽出一把白刃匕首,按着朱夫人的脖子,用力一切,朱夫人的头颅就像切下来的豆腐一样滚落到枕头旁边了,接着陆判官急忙从朱尔旦怀里将美女头拿来放到朱夫人的脖子上,仔细衔接得端正整齐,然后用力按了按。接好后,把枕头塞到她的头肩之间。陆判官让朱尔旦把割下来的人头埋到一处僻静的地方,随后离开了。朱夫人醒来后,觉得脖子有些发麻,脸上像鱼鳞一样刺啦啦干巴巴的,她用手一搓,一些干涸的血片掉下来了,把她吓得不轻。她赶忙叫丫鬟打水洗脸,丫鬟见她满脸血污,惊讶万分。朱夫人洗脸后,盆里的水全被染红了。丫鬟看见抬起头的朱夫人面目全改,更加惊恐。朱夫人自己拿镜子照,惊愕不已,百思不得其解。朱尔旦进来告诉她原委,并仔细端详妻子,看到她细长的眉毛伸向鬓角,腮两旁有一对迷人的小酒窝,与画上的美人一模一样。解开妻子的领子一看,她的脖子上有一圈红线,红线上下的肤色迥然不同。

此前,吴侍御有个非常漂亮的女儿,还没出嫁就先后死了两任未婚夫，所以十九岁了还待字闺中。元宵节她去十王殿游玩，当时游玩的人很杂乱，游客中有个贼头贼脑的无赖在暗中窥见了吴女，觉得惊为天人，便偷偷打听到了她的住所，趁着夜色翻进院中，在她的卧室门上掏洞钻了进去，将一个丫鬟杀死在床下，威逼着姑娘委身于他。吴女极力抗拒并大声呼救，无赖一怒之下把她也杀了。吴夫人隐约听见了吵闹声，叫丫鬟去看看，丫鬟一见到尸体几乎被吓死。于是全家人都被惊动起来，他们把尸体停放在堂屋，把姑娘的头颅放在她脖子的旁边，一家人痛哭哀号，乱哄哄地折腾了一整夜。第二天天亮，吴夫人掀开姑娘的被子一看，尸体还躺在床上，脑袋却消失了。吴夫人非常生气，她痛打了一遍所有看守尸体的丫鬟，以为是看守疏忽，头颅被狗吃了。吴侍御去陵阳府报了官。郡守下严令限期缉捕凶手，三个月过去了，罪犯还没归案。不久，吴侍御听说了朱尔旦给妻子换头的奇异新闻。他心生疑惑，就派了一个老妈子去朱家打探情况。老妈子一见到朱夫人的面容便惊骇万分，马上跑回去告诉吴御史。吴御史见女儿的尸体还在，又惊诧又疑惑，不知为何如此。他猜朱尔旦用旁门左道的手法杀了女儿，于是亲自去盘问朱尔旦。朱尔旦说："我的妻子是在睡梦中被换头的，我实在不知道是什么缘故！说我是杀人凶手，实在是冤枉啊！"吴公不相信，还是把朱尔旦告了。朱尔旦的家人被抓去审讯，供词一致，郡守也无法裁决。朱尔旦回家后，问陆判官怎么解决。陆判官说："这不难办，让他女儿自己回去说明情况。"当晚，吴侍御梦见女儿对自己说："女儿是被苏溪的杨大年害死的，与朱孝廉无关。朱孝廉不满意他妻子的容貌，陆判官就把我的头颅给她换上了，也就是女儿的身体虽然死了，但头还活着。希望您不要跟他结仇。"醒来后，吴侍御将这个梦告诉了吴夫人，不料吴夫人也做了同样的梦。他把梦告诉了郡府。郡守查问得知，苏溪果然有个叫杨大年的人。杨大年被抓来拷问，他马上就招供了罪行。吴侍御去拜访朱尔旦，请求见见朱夫人，还认了朱夫人为女儿，于是吴侍御和朱尔旦变成了翁婿关系。他们把朱尔旦妻子的头安到了吴御史女儿的身体上埋葬了。

此后，朱尔旦三次进京参加会试，都因违反场规被取消考试资格。从此，他对做官一事灰心气馁，就这样过了三十年。一天晚上，陆判官告诉他说："你没有多少寿命了。"朱尔旦问自己的死期，陆判官回答他五天后。朱尔旦问："你能救我吗？"陆判官说："寿命全由老天安排，一般人怎么能更改呢？况且在达观的人眼里，生死一样，何必认为活着就是快乐，死亡就是悲哀呢？"朱尔旦觉得他说得对，马上着手置办寿衣和棺椁。准备就绪后，五天到了，他穿上华丽的寿衣去世了。

次日，朱夫人正扶柩悲泣，朱尔旦忽然飘飘悠悠地从外面进来了。朱夫人很害怕，朱尔旦说："我的确是鬼，但和活着的时候一样。考虑到你们孤儿寡母，实在是恋恋不舍啊！"夫人痛哭流涕，泪水浸湿了衣襟。朱尔旦耐心地劝慰妻子。夫人说："自古就有还魂的说法，你既然有灵，为什么不复活肉身呢？"朱尔旦说："天数是不能违背的。"妻子又问："你在阴间做什么职务？"朱尔旦回答说："陆判官举荐我掌管文书，还授予了官爵，现在并不苦累。"妻子还想继续问，朱尔旦说："陆判官和我一起来的，你准备点酒菜去吧。"说完便出去了。朱夫人按他的吩咐准备好了。不一会儿就听到室内传出举杯欢笑、高谈阔论的声音，和朱尔旦生前一样。半夜时，朱夫人偷偷往屋子里一看，客厅空空荡荡，二人都不见了。此后，朱尔旦经常回家，有时留宿，顺便照管家务。那时，他的儿子朱玮才五岁，朱尔旦一回来就把儿子抱在怀里。儿子七八岁时,朱尔旦在灯下教他读书。儿子也十分聪明,九岁就能下笔成章,十五岁进了县学,但他浑然不知父亲已然故去多年。从此以后,朱尔旦渐渐地不回家了,月余才回来一次而已。一天晚上,朱尔旦回来对妻子说:"今夜我要和你们永别了!"妻子问他:"你要去哪里?"朱尔旦回答说:"上帝任命我去做华山的山神,就要出发上任了,事多路远,就不能回来了。"妻儿抱着他痛哭不已。朱尔旦安慰道:"别这样!现在儿子已经长大成人了,家业也能够保障正常的生活,世上哪有百年不散的夫妻呢?"他看着儿子说:"好好做人,不要荒废了父亲教给你的学业。十年后我们还能再见一面。"说完,径自走出大门,从此再没有回来。

后来,朱玮二十五岁时考中了进士,官至行人。他奉命祭祀西岳华山,途经华阴的时候,忽然遇到一队车马仪仗疾驰而来,丝毫不回避朱玮的队伍。朱玮很吃惊。仔细一看,原来车中坐着的是他的父亲。朱玮痛哭流涕地跪在路旁。朱尔旦停下车子说:"你做官的声誉不错,我可以瞑目了。"朱玮趴跪在地上不起来,朱尔旦催促仪仗火速前行,不再理会儿子。仪仗队伍火速离去,刚走了几步,朱尔旦回头望了望,解下了身上的佩刀,派人拿去送给儿子。他在远处说道:"佩带上这把刀便能够享受荣华富贵!"朱玮要追随父亲而去,却只见父亲的车马随从像一阵风一样,转眼之间不见了。朱玮痛哭懊恨了很长时间,无可奈何。他抽出佩刀,见其制作十分精良,刀上刻着一行字:"胆欲大而心欲小,智欲圆而行欲方。"后来,朱玮官至兵部尚书,生了五个儿子:朱沉、朱潜、朱沕、朱浑、朱深。有一天晚上,朱玮梦见父亲对自己说:"佩刀可以赠给朱浑。"朱玮听从了父亲的意见,后来朱浑果然官至都察院总督御史,政治上很有声誉。

异史氏说:“斩断仙鹤的长腿安上野鸭子的短腿,矫正的人被认为是妄为;移花接木,创始的人也被看成是离奇的。何况开膛换心、抹脖子接头呢?陆判官真可谓貌丑心善!从明末到现在,时间并不久远,陵阳的陆判官还存在吗?还能不能显灵呢?如果能为他执鞭驾车,我也是心甘情愿啊!”

婴 宁

〔题解〕

《婴宁》是《聊斋志异》中深受读者喜爱并广为传诵的优秀作品之一，也是被品鉴得相对较多的一篇。作品塑造的主人公婴宁，与众多风采各异、娇艳美丽的女性形象不同，她是特立独行的典型代表。婴宁这一美丽活泼、天真憨厚而又不失聪明机智的完美的少女形象深得人心。她有一颗赤子之心，喜花、爱笑是她的性格特质，她用乐观的笑容面对人生的苦难，因淡然天性而远离世俗纷扰。婴宁是一个情深义重、美丽聪慧的女子，婴宁发自内心的笑声，象征着社会中的真善美，是真诚之至的表现。这一至真至诚至善至美的文学形象深得蒲松龄的喜爱和赞赏，作者不惜笔墨精心塑造婴宁性格中的美好品性，体现了作者对美好品格的赞美和呼唤。作者也试图用婴宁这一形象告诉人们，一个人会因诚心而变得美丽、善良。

〔原文〕

王子服，莒之罗店人[①]。早孤，绝慧，十四入泮[②]。母最爱之，寻常不令游郊野。聘萧氏[③]，未嫁而夭[④]，故求凰未就也[⑤]。

会上元[⑥]，有舅氏子吴生，邀同眺瞩[⑦]。方至村外，舅家有仆来,招吴去。生见游女如云,乘兴独遨。有女郎携婢,拈梅花一枝[8],容华绝代,笑容可掬。生注目不移,竟忘顾忌。女过去数武[9],顾婢曰:“个儿郎目灼灼似贼[10]!”遗花地上,笑语自去。生拾花怅然,神魂丧失,怏怏遂返[11]。

至家,藏花枕底,垂头而睡,不语亦不食。母忧之。醮禳益剧[12],肌革锐减[13]。医师诊视,投剂发表[14],忽忽若迷。母抚问所由,默然不答。适吴生来,嘱密诘之。吴至榻前,生见之泪下。吴就榻慰解,渐致研诘[15]。生具吐其实,且求谋画。吴笑曰:“君意亦复痴,此愿有何难遂?当代访之。徒步于野,必非世家。如其未字[16],事固谐矣;不然,拚以重赂[17],计必允遂[18]。但得痊瘳[19],成事在我。”生闻之,不觉解颐[20]。吴出告母,物色女子居里。而探访既穷,并无踪迹。母大忧,无所为计。然自吴去后,颜顿开,食亦略进。数日,吴复来。生问所谋。吴绐之曰[21]:“已得之矣。我以为谁何人,乃我姑氏女,即君姨妹行,今尚待聘。虽内戚有婚姻之嫌[22],实告之,无不谐者。”生喜溢眉宇,问居何里。吴诡曰[23]:“西南山中,去此可三十余里。”生又付嘱再四,吴锐身自任而去[24]。

生由此饮食渐加,日就平复。探视枕底,花虽枯,未便雕落。凝思把玩,如见其人。怪吴不至,折柬招之[25]。吴支托不肯赴召[26]。生恚怒[27],悒悒不欢。母虑其复病,急为议姻。略与商榷,辄摇首不愿,惟日盼吴。吴迄无耗[28]，益怨恨之。转思三十里非遥，何必仰息他人[29]？怀梅袖中，负气自往[30]，而家人不知也。伶仃独步[31]，无可问程，但望南山行去。约三十余里，乱山合沓[32]，空翠爽肌，寂无人行，止有鸟道[33]。遥望谷底，丛花乱树中，隐隐有小里落。下山入村，见舍宇无多，皆茅屋，而意甚修雅[34]。北向一家，门前皆丝柳，墙内桃杏尤繁，间以修竹，野鸟格磔其中[35]。意是园亭，不敢遽入[36]。回顾对户，有巨石滑洁，因据坐少憩[37]。俄闻墙内有女子[38]，长呼“小荣”，其声娇细。方伫听间[39]，一女郎由东而西，执杏花一朵，俯首自簪。举头见生，遂不复簪，含笑拈花而入。审视之，即上元途中所遇也。心骤喜，但念无以阶进[40]，欲呼姨氏，顾从无还往[41]，惧有讹误。门内无人可问，坐卧徘徊，自朝至于日昃[42]，盈盈望断[43]，并忘饥渴[44]。时见女子露半面来窥，似讶其不去者[45]。忽一老妪扶杖出，顾生曰：“何处郎君，闻自辰刻便来[46]，以至于今，意将何为？得毋饥耶[47]？”生急起揖之，答云：“将以盼亲[48]。”媪聋聩不闻。又大言之[49]。乃问：“贵戚何姓？”生不能答。媪笑曰：“奇哉。姓名尚自不知，何亲可探？我视郎君，亦书痴耳。不如从我来，啖以粗粝[50]，家有短榻可卧，待明朝归，询知姓氏，再来探访，不晚也。”生方腹馁思啖[51]，又从此渐近丽人，大喜。从媪入，见门内白石砌路，夹道红花，片片堕阶上；曲折而西，又启一关[52]，豆棚花架满庭中。肃客入舍[53]，粉壁光明如镜，窗外海棠枝朵，探入室内，裀藉几榻[54]，罔不洁泽[55]。甫坐[56]，即有人自窗外隐约相窥。媪唤："小荣，可速作黍[57]。"外有婢子噭声而应[58]。坐次[59]，具展宗阀[60]。媪曰："郎君外祖，莫姓吴否？"曰："然。"媪惊曰："是吾甥也！尊堂，我妹子。年来以家窭贫[61]，又无三尺男[62]，遂至音问梗塞。甥长成如许，尚不相识。"生曰："此来即为姨也，匆遽遂忘姓氏。"媪曰："老身秦姓，并无诞育[63]；弱息仅存[64]，亦为庶产[65]。渠母改醮[66]，遗我鞠养[67]。颇亦不钝[68]，但少教训，嬉不知愁。少顷，使来拜识。"

未几[69]，婢子具饭，雏尾盈握[70]。媪劝餐已，婢来敛具[71]。媪曰："唤宁姑来。"婢应去。良久，闻户外隐有笑声。媪又唤曰："婴宁，汝姨兄在此。"户外嗤嗤笑不已。婢推之以入，犹掩其口，笑不可遏。媪瞋目曰[72]："有客在，咤咤叱叱[73]，是何景象？"女忍笑而立，生揖之。媪曰："此王郎，汝姨子。一家尚不相识，可笑人也。"生问："妹子年几何矣？"媪未能解。生又言之。女复笑，不可仰视。媪谓生曰："我言少教诲，此可见也。年已十六，呆痴裁如婴儿[74]。"生曰："小于甥一岁。"曰："阿甥已十七矣，得非庚午属马者耶[75]？"生首应之[76]。又问："甥妇阿谁？"答云："无之。"曰："如甥才貌，何十七岁犹未聘耶？婴宁亦无姑家[77]，极相匹敌，惜有内亲之嫌。"生无语，目注婴宁，不遑他瞬[78]。婢向女小语云："目灼灼，贼腔未改。"女又大笑，顾婢曰："视碧桃开未？"遽起，以袖掩口，细碎莲步而出。至门外，笑声始纵。媪亦起，唤婢襆被[79]，为生安置。曰："阿甥来不易，宜留三五日，迟迟送汝归[80]。如嫌幽闷，舍后有小园，可供消遣，有书可读。”

次日，至舍后，果有园半亩，细草铺毡，杨花糁径[81]；有草舍三楹[82]，花木四合其所[83]。穿花小步，闻树头苏苏有声，仰视，则婴宁在上。见生，狂笑欲堕。生曰：“勿尔，堕矣。”女且下且笑，不能自止。方将及地，失手而堕，笑乃止。生扶之，阴挼其腕[84]。女笑又作，倚树不能行，良久乃罢。生俟其笑歇[85]，乃出袖中花示之。女接之曰：“枯矣。何留之？”曰：“此上元妹子所遗，故存之。”问：“存之何意？”曰：“以示相爱不忘也。自上元相遇，凝思成疾，自分化为异物[86]；不图得见颜色，幸垂怜悯。”女曰：“此大细事[87]，至戚何所靳惜[88]？待郎行时，园中花，当唤老奴来，折一巨捆负送之。”生曰：“妹子痴耶？”女曰：“何便是痴？”生曰：“我非爱花，爱拈花之人耳。”女曰：“葭莩之情[89]，爱何待言。”生曰：“我所谓爱，非瓜葛之爱[90]，乃夫妻之爱。”女曰：“有以异乎？”曰：“夜共枕席耳。”女俯思良久，曰：“我不惯与生人睡。”语未已，婢潜至，生惶恐遁去。少时，会母所。母问何往，女答以园中共话。媪曰：“饭熟已久，有何长言，周遮乃耳[91]。”女曰：“大哥欲我共寝。”言未已，生大窘，急目瞪之，女微笑而止。幸媪不闻，犹絮絮究诘。生急以他词掩之，因小语责女。女曰：“适此语不应说耶？”生曰：“此背人语。”女曰：“背他人，岂得背老母？且寝处亦常事，何讳之？”生恨其痴，无术可以悟之。食方竟，家中人捉双卫来寻生[92]。

先是，母待生久不归，始疑；村中搜觅几遍，竟无踪兆[93]。因往询吴。吴忆曩言[94]，因教于西南山行觅。凡历数村，始至于此。生出门，适相值，便入告媪，且请偕女同归。媪喜曰："我有志，匪伊朝夕[95]。但残躯不能远涉，得甥携妹子去，识认阿姨，大好。"呼婴宁。宁笑至。媪曰："有何喜，笑辄不辍？若不笑，当为全人。"因怒之以目。乃曰："大哥欲同汝去，可便装束。"又饷家人酒食，始送之出，曰："姨家田产充裕，能养冗人[96]。到彼且勿归，小学诗礼[97]，亦好事翁姑。即烦阿姨，为汝择一良匹[98]。"二人遂发，至山坳回顾，犹依稀见媪倚门北望也。

抵家，母睹姝丽，惊问为谁。生以姨女对。母曰："前吴郎与儿言者，诈也。我未有姊，何以得甥。"问女，女曰："我非母出。父为秦氏，没时，儿在褓中，不能记忆。"母曰："我一姊适秦氏[99]，良确，然殂谢已久[100]，那得复存。"因审诘面庞痣赘[101]，一一符合。又疑曰："是矣。然亡已多年，何得复存？"疑虑间，吴生至，女避入室。吴询得故，惘然久之。忽曰："此女名婴宁耶？"生然之。吴亟称怪事。问所自知，吴曰："秦家姑去后，姑丈鳏居[102]，祟于狐[103]，病瘠死[104]。狐生女名婴宁，绷卧床上，家人皆见之。姑丈殁，狐犹时来。后求天师符黏壁间[105]，狐遂携女去。将勿此耶[106]？"彼此疑参[107]，但闻室中吃吃，皆婴宁笑声。母曰："此女亦太憨生[108]。"吴请面之。母入室，女犹浓笑不顾。母促令出，始极力忍笑，又面壁移时，方出。才一展拜，翻然遽入，放声大笑。满室妇女，为之粲然[109]。

吴请往觇其异[110]，就便执柯[111]。寻至村所，庐舍全无，山花零落而已。吴忆姑葬处，仿佛不远，然坟垅湮没，莫可辨识，诧叹而返。母疑其为鬼，入告吴言，女略无骇意，又吊其无家，亦殊无悲意，孜孜憨笑而已[112]。众莫之测。母令与少女同寝止，昧爽即来省问[113]，操女红精巧绝伦[114]。但善笑，禁之亦不可止。然笑嫣然，狂而不损其媚。人皆乐之。邻女少妇，争承迎之。母择吉将为合卺[115]，而终恐为鬼物，窃于日中窥之，形影殊无少异。至日，使华妆行新妇礼，女笑极不能俯仰，遂罢。生以其憨痴，恐漏泄房中隐事，而女殊密秘，不肯道一语。每值母忧怒，女至一笑即解。奴婢小过，恐遭鞭楚，辄求诣母共话[116]，罪婢投见，恒得免[117]。而爱花成癖，物色遍戚党，窃典金钗，购佳种。数月，阶砌藩溷[118]，无非花者。

庭后有木香一架，故邻西家，女每攀登其上，摘供簪玩。母时遇见，辄诃之。女卒不改。一日，西人子见之，凝注倾倒。女不避而笑。西人子谓女意已属[119]，心益荡。女指墙底，笑而下。西人子谓示约处，大悦，及昏而往，女果在焉。就而淫之，则阴如锥刺，痛彻于心，大号而踣[120]。细视非女，则一枯木卧墙边，所接乃水淋窍也。邻父闻声，急奔研问，呻而不言。妻来，始以实告。爇火烛窍[121]，见中有巨蝎，如小蟹然。翁碎木捉杀之，负子至家，半夜寻卒[122]。邻人讼生，讦发婴宁妖异[123]。邑宰素仰生才,稔知其笃行士[124],谓邻翁讼诬,将杖责之。生为乞免,逐释而归。母谓女曰:"憨狂尔尔,早知过喜而伏忧也。邑令神明,幸不牵累;设鹘突官宰[125],必逮妇女质公堂,我儿何颜见戚里?"女正色,矢不复笑[126]。母曰:"人罔不笑,但须有时。"而女由是竟不复笑,虽故逗,亦终不笑,然竟日未尝有戚容[127]。

一夕,对生零涕。异之。女哽咽曰:"曩以相从日浅,言之恐致骇怪。今日察姑及郎,皆过爱无有异心,直告或无妨乎?妾本狐产,母临去,以妾托鬼母,相依十余年,始有今日。妾又无兄弟,所恃者惟君。老母岑寂山阿[128],无人怜而合厝之[129],九泉辄为悼恨。君倘不惜烦费,使地下人消此怨恫[130],庶养女者不忍溺弃[131]。"生诺之,然虑坟冢迷于荒草。女但言无虑。刻日,夫妻舆榇而往[132]。女于荒烟错楚中[133],指示墓处,果得媪尸,肤革犹存。女抚哭哀痛。舁归[134],寻秦氏墓合葬焉。是夜,生梦媪来称谢,寤而述之。女曰:"妾夜见之,嘱勿惊郎君耳。"生恨不邀留。女曰:"彼鬼也。生人多,阳气胜,何能久居?"生问小荣。曰:"是亦狐,最黠[135],狐母留以视妾。每摄饵相哺[136],故德之常不去心[137]。昨问母,云已嫁之。"由是岁值寒食[138],夫妻登秦墓,拜扫无缺。女逾年生一子。在怀抱中,不畏生人,见人辄笑,亦大有母风云[139]。

异史氏曰:"观其孜孜憨笑,似全无心肝者。而墙下恶作剧,其黠孰甚焉。至凄恋鬼母,反笑为哭,我婴宁殆隐于笑者矣[140]。窃闻山中有草,名'笑矣乎',嗅之则笑不可止。房中植此一种,则合欢忘忧[141],并无颜色矣。若解语花[142],正嫌其作态耳[143]。"

〔注释〕

①莒(jǔ):周朝国名,今山东莒县一带,位于山东省东部。罗店为其县一地名。

②泮(pàn):科举时代学童考取秀才进县学读书称为入泮。古代学宫前有泮水,故学校称为泮宫,此指地方官办的学馆。

③聘:此处指订婚。

④夭:夭折,早死。

⑤求凰:就是求妻之意。凰,传说中凤凰的雌者。

⑥会:遇到,恰逢。上元:节日名,俗以农历正月十五为上元节,也即元宵节。

⑦眺瞩:登高远望。此意为郊游。

⑧拈:用手指头捏着。

⑨武:旧称半步为武,泛指脚步。数武,就是几步。

⑩个:这个。

⑪怏怏:形容失意或不高兴的神情。

⑫醮禳(jiàoráng):即设醮禳解,旧时请和尚道士祈祷神灵、祈福消灾的迷信行为。剧:加重。醮禳益剧,意为求神拜佛反而病情越重。

⑬肌:肌肉。革:皮肤。锐:迅速。肌革锐减,指身体很快消瘦下去。

⑭投剂:给病人吃药。发表:中医治病方法之一,把病发散表脱出来。投剂发表,指吃药使病发散。

⑮研诘:细细询问,盘问。

⑯字:许配,指女子许婚。

⑰拚:不惜。赂:用钱收买。

⑱计:估量,估计。遂:成功,实现。

⑲痊瘳(chōu):病愈。

⑳颐:面颊。解颐,开颜欢笑。

㉑绐(dài):说谎话骗人。

㉒虽内戚有婚姻之嫌:同母系的姨表亲戚结婚,属近亲血缘,不利后代,因而有嫌忌。内戚,指母系亲属。

㉓诡:欺哄,欺骗。

㉔锐身自任:挺身担起责任,指勇于承担风险。

㉕折柬:即折简,指裁纸写信。柬,即简,书札或信笺。

㉖支托:支吾推托。

㉗恚(huì):恼恨,发怒。

㉘讫:终究。耗:音信,消息(现多指不好的)。

㉙仰息:即仰人鼻息,即仰仗,依赖。

㉚负气:赌气。

㉛伶仃:孤苦没有依靠,形容瘦弱孤独的样子。

㉜合沓:重叠攒聚。

㉝鸟道:狭窄险峻的山路,只有飞鸟可过。

㉞意:意态、样子。修:修整、整齐。雅:雅致。

㉟格磔(zhé):鸟鸣声。

㊱遽(jù):突然。

㊲憩:休息。

㊳俄:时间很短,瞬间。

㊴伫(zhù)听:站立静听。

㊵阶进:进升,此处指找理由进去的意思。

㊶顾:转而,但是。

㊷日昃(zè):太阳偏西,约午后二时左右。

㊸盈盈:目光流转的样子。

㊹并忘:同时都忘了。

㊺讶:惊异。

㊻辰刻:上午七时至九时之间。

㊼得毋:莫不是。

㊽盼亲:探亲。

㊾大言:大声说话。

㊿啖:吃。粗粝:糙米,泛指粗劣的食物。啖以粗粝,拿粗米饭给他吃。

51馁:饥饿。

52关:此处指门。

53肃客:指迎进客人。

54裀(yīn)藉:即裀褥,指座席。

55罔:无,没有。

56甫(fǔ):刚刚。

57作黍:做黍米饭,指做家常饭诚意待客,谦称。

58噭(jiào)声而应:大声答应。噭,号呼。

59坐次:依次坐定。

60宗阀:宗族门第。具展宗阀,详细说明宗族门第。

61窭(jù)贫:极贫。窭,房屋破旧。

62三尺男:喻指男人。

63诞育:生育。

64弱息:指年幼弱小的子女,多指幼弱的女儿,谦称。这里指婴宁。

65庶产:由妾生下的孩子。

66渠:代词,她。改醮,指女子改嫁。醮,古代女子出嫁时父母为其酌酒的仪式。

67鞠养:养育,抚养。

68钝:愚笨。

69未几:不一会儿。

70雏尾盈握:形容菜肴中雏鸡肥大。雏尾,幼鸟或幼禽的尾巴,此外指雏鸡。盈握,满把。

71敛具:收拾餐具。

72瞋目:瞪大眼睛,表示愤怒,这里指生气地看对方。

⑦3咤(zhà)咤叱叱:呼喊喧哗,嘻嘻哈哈的样子。

⑦4裁:通“才”。

⑦5庚午属马者:庚午年生人,应属马。

⑦6首应:点头答应。

⑦7姑家:婆家。古代女子称丈夫的母亲为“姑”,即婆母。

⑦8遑:闲暇。瞬:眨眼盯看。

⑦9襆(fú):被子,这里用为动词。襆被,即整理铺设被褥。

⑧0迟迟:稍晚一会儿,等一等。

⑧1糁(sǎn)径:指花瓣像碎米粒撒在小路上。糁,谷类磨成的碎粒,这里用作动词。

⑧2楹:间。

⑧3四合其所:四面包围着这个地方。

⑧4阴挼(zùn)其腕:暗中捏她的手腕。挼,掐扭按捏。

⑧5俟(sì):等待。

⑧6分(fèn):料想,猜想。自分化为异物:即以为自己要死了。异物,这里指鬼物。化为异物,死亡之意。

⑧7大细事:很小的事。

⑧8靳惜:珍惜,怜惜。

⑧9葭莩(jiāfú)之情:亲戚之间的感情。葭莩,芦苇茎中的薄膜,比喻关系疏远的亲戚。代指亲戚。

⑨0瓜葛之爱:亲戚之间的爱,这里指亲情而非爱情。瓜葛,瓜和葛都是纠缠的蔓生植物,比喻亲戚关系或社会关系。

⑨1周遮:一作啁嗻。声音繁杂细碎,形容言语啰唆、话多。乃尔:竟然如此、竟是这样。

⑨2捉双卫:即牵着两头驴。卫,古代称驴。双卫,两头驴子。

⑨3踪兆:踪影,迹象。

⑨4曩(nǎng):以往,从前的,过去的。

⑨5匪伊朝夕:不止一朝一夕,指很长时间。匪,非,不是。伊,语助词,无义。

⑯冗人:多余无用的人,指不从事生产的闲人,吃闲饭的人。

⑰小学诗礼:稍微学点诗书礼仪。

⑱良匹:佳偶。匹,匹配。

⑲适:旧指女子出嫁,嫁给。

⑩殂(cú)谢:死亡,去世。

⑩痣赘:这里指人身体上的特征或标记。痣,皮肤上的深色小斑痕。赘,皮肤上的小疙瘩。

⑩鳏(guān)居:死了妻子的男人独居。鳏,无妻或丧妻的男人称鳏夫。

⑩祟于狐:被狐狸精迷住了。

⑩病瘠死:身体虚弱害虚症而死。病,用作动词,生病。瘠,身体瘦弱。

⑩天师:原是道教始祖黄帝对其师岐伯的尊称。汉代传播道教的张道陵被称为天师,后世道教门徒沿用这个称号从事炼丹画符等迷信活动。此处指道士。

⑩将勿:莫非,莫不是。

⑩疑参(cān):疑惑猜测。

⑩太憨生:过于憨傻天真。憨,痴傻。这里指娇憨天真。生,语助词。

⑩粲然:笑时露出牙齿的样子。

⑩觇(chān):窥视,偷偷地察看。

⑪执柯:手持斧头去采伐,指给人做媒。语出《诗经·豳风·伐柯》。柯,指斧头。

⑪孜孜:形容憨笑不停的样子。

⑪昧爽:拂晓,黎明,天刚亮。省(xǐng)问:探望,问候。

⑪女红(gōng):旧时指女子纺织、缝纫、刺绣等工作和这些工作的成品。

⑪合卺(jǐn):旧时结婚礼仪的一部分,新郎、新娘饮交杯酒。这里是举行婚礼的意思。卺,古代结婚时用作酒器的一种瓢。

⑪诣母:到母亲那里去。诣,到。

⑪⑦恒：常常。

⑪⑧阶砌藩溷（hùn），庭阶篱笆厕所等处。藩，篱笆。溷，本意是混乱、污浊、粪便，代指厕所。

⑪⑨谓女意已属：认为婴宁对自己已经有意了。

⑫⓪踣（bó）：跌倒。

⑫①爇（ruò）火：点起灯笼火把。爇，点燃，焚烧。

⑫②寻卒：随即死亡。寻，随即，不久。

⑫③讦（jié）：揭发，告发。

⑫④稔（rěn）：熟悉（多指对人）。笃行：品行纯厚。

⑫⑤鹘（hú）突：疑惑不定。

⑫⑥矢：通“誓”。

⑫⑦戚容：忧愁伤心的面容表情。

⑫⑧岑寂山阿：在山边很孤寂。岑寂，高而静，孤独冷清。山阿，山凹处，小陵。

⑫⑨合厝（cuò）：合葬。厝，把棺材停放待葬。

⑬⓪恫（tōng）：哀痛，痛苦。

⑬①庶养女者不忍溺弃：或许能使养了女儿的人不再忍心淹死或丢弃了。庶，庶几，希望，但愿，或许。溺，淹死。

⑬②舆榇（chèn）：用车子装着棺材，载棺以随。榇，棺材。

⑬③错楚：犹错薪，杂乱丛生的灌木丛、草丛。

⑬④舁（yú）归：共同抬回来。舁，抬。

⑬⑤黠：聪明而狡猾。

⑬⑥摄饵：找来食物。相哺：喂养。

⑬⑦德之常不去心：感激之情常留心里。

⑬⑧寒食：寒食节，在清明的前一日，此日禁烟火，只吃冷食。此指上坟扫墓的风俗。

⑬⑨母风：母亲的样子。

⑭⓪殆隐于笑者：大概是以笑隐藏真相的人。

⑭①合欢：即夜合花。忘忧：萱草的别名。传说这两种花可使人欢乐而

忘记忧愁。

⑭解语花：善解人意的花。喻指善迎合人心意的美女。

⑭作态：故意做出某种态度和表情，装模作样。

〔译文〕

王子服是山东省莒县罗店人。他自幼丧父，聪敏非常，十四岁就考进了官办学堂。他的母亲最宠爱他，平时不准他到荒郊野外去游玩。母亲还替他做主，与萧家的女儿定了亲，但是萧姑娘还没过门就去世了，所以他还没有娶亲。

上元节这天，舅舅的儿子吴生邀请王子服一起出去游览。他们刚走到村外，吴生就被舅舅家里的仆人叫回去了。王子服看到在郊外游玩的美女如云，就自己一个人乘兴游逛。有一个姑娘带着婢女，手里拿着一枝梅花，容貌绝代，满面欢颜，人见人爱。王子服目不转睛地看着她，竟然忘记了男女间需要避嫌。姑娘走开几步，对丫鬟说："这个少年眼光发亮，像个贼！"说着，将花掷在地上，说说笑笑地走了。王子服捡起了那枝花，呆呆地站在那里，像丢了魂似的，闷闷不乐地回家去了。

王子服回家把花藏在枕头下，无精打采地躺下睡着了，不说话也不吃东西。他的母亲看到他这样很担忧，请和尚求神拜佛，驱邪消灾，可是他的身体却急剧地消瘦下去，状况更加严重了。经过医生诊治，他服了些汤药，但还是精神恍惚，好像被什么东西迷住了。他的母亲关切地询问他得病的原因，他总是沉默不语。刚好吴生来看望他，母亲就嘱咐吴生私下追问。王子服见到吴生就伤心地流泪。吴生坐在床边劝解安慰，慢慢地询问他得病的原因。王子服向吴生吐露了实情，并且恳求吴生设法帮忙找到那位姑娘。吴生笑着说："你真是太傻了，实现这个愿望有什么困难呢？我一定帮你找到她。她能够徒步到野外游玩，可见不是大户人家的女儿。如果她还没有婚配，这门亲事肯定一说就成；不然，就是多花一些彩礼，估计也一定会应允的。只要你的病好了，这门亲事就包在我身上。”王子服顿时笑逐颜开。吴生出来告诉了王子服的母亲，要她想办法寻找那姑娘的住处。母亲派人各处探听访查，却没有一点踪迹和线索。母亲十分忧愁，但又无计可施。不过自从吴生走后，王子服的面容变得开朗起来，开始吃点儿饮食了。过了几天，吴生又来看他。王子服询问他事情办得如何。吴生骗他说：“我已经打听清楚了，她原来是我姑姑的女儿，也就是你的姨表妹，现在还未许配人家。虽然表亲之间通婚有些嫌隙，只要把你的情况如实说出，婚事一定会成功的。”王生高兴得眉开眼笑，问道：“她住在什么地方？”吴生骗他说：“离这里三十多里的西南方深山里。”王生又再三地拜托他撮合，吴生拍着胸脯表示这事交给他负责，说完就走了。

从此，王子服的饮食逐渐增加，身体也一天天好转，很快就恢复健康了。当他掀起枕头看时，花朵虽然枯萎了，但花瓣还没有凋谢。他把玩着枯花，凝神地思念，就像亲眼见到了那个姑娘一样。王子服埋怨吴生不来，就写信叫他来。吴生支吾推托着不肯来。王子服很生气，整天心情郁结、闷闷不乐。母亲怕他再犯病，就急着给他说亲。但是刚一跟他商量此事，他就摇头不答应，只是天天盼望着吴生快点来。但吴生却杳无音信，于是他更加怨愤不已。王子服转而一想，别依靠他人传信了，三十里路也没有多远，就自己去吧。他把梅花揣在袖筒里，瞒着家人，自己赌气去找那个姑娘。他孤身独行，也无路可问，只朝着南山的方向走去。走了三十多里路，只见山峦重叠，满目葱茏，静谧无人，曲折的羊肠小道只有飞鸟才能越过。遥望繁花乱树中的山谷底下，隐隐约约地看到了一个小村落。他下山进了村子，只见房屋稀疏，虽然都是茅屋草房，却整齐雅致。一户大门朝北的人家，门前种满了垂柳，墙内的桃花和杏花竞相绽放，格外繁茂，长长的翠竹夹杂在红粉花海中，许多野鸟在绿荫繁花里叽叽啾啾地欢唱。王子服猜测这定是人家的花园，不敢贸然闯入。他回头看见对面的大门外有一块光滑洁净的大石头，就坐在上面休息。过了一会儿，他听见墙内有位女子拉着长长的声音在叫："小荣！"声音娇嫩清甜，他不由得站起来侧耳细听。这时，只见由东向西走过来一个姑娘，手中拿着一朵杏花，正在低头簪花。姑娘抬头看到了王子服，停下了插花的手，满脸笑意地捻弄着杏花，跑进了大门里。王子服仔细一看，她就是元宵节那天在路上偶遇的那个姑娘。他顿时喜不自禁，但又苦于没有理由进去拜访，他想要叫姨妈，又顾虑从未与姨妈来往过，怕出差错，大门里也没有人可以打听情况。他坐立不安、心神不定地来回踱步，从清晨盼到日中，望眼欲穿，不知饥渴。门内不时有女子探头偷看他，似乎很惊讶他为什么还逗留此处。忽然，一个老妇人拄着拐杖走出来，看着王子服说："年轻人你从哪里来啊？听说你一早就来了，一直坐到现在，你要做什么？饿不饿啊？"王子服连忙起来作揖，说："我来探亲。"老妇人耳背听不清，王子服就又大声说了一遍。老妇人问他："你家亲戚姓甚名谁？"王子服一时语塞，老妇人笑道："真奇怪！你连姓名都不知道，还怎么探亲呢？我看你就是个书呆子。不如先跟我进来吧，吃点粗茶淡饭，家里还有张小床可以休息，等到明早回去，问清楚姓名，再来看望也不迟。"王子服早已饥肠辘辘，又想到有机会接近那个美丽的姑娘，非常高兴地跟着老妇人进去了。进门的甬路是用白石铺的，路两旁都是艳丽的红花，片片的花瓣随风散落在石阶上。老妇人带着他转了个弯往西走，打开一道门进了一座院子，院内长满了豆棚花架。老妇人很有礼貌地请王子服进屋，屋内墙壁光洁干净，好像镜子一般明亮。窗外海棠的花枝茂盛地伸进屋里，褥垫、座椅、床榻莫不整洁。他刚坐下，就发觉有人从窗外隐隐约约地向屋里窥视。老妇人喊道："小荣！快做饭去。"外面的丫鬟答应了一声。王子服落座，把自己的家世向老妇人和盘托出。老妇人问："你的外祖父家是不是姓吴？"王子服说："是的。"老妇人惊讶道："你是我的外甥啊！你的母亲是我妹妹。这些年因为家境贫寒，又没有成年男丁，所以音信不通。外甥都长这么大了，竟然还不认识呢。"王子服说："我这次就是专程看望姨妈的，匆匆忙忙就忘记了您的姓名。"老妇人说："我的夫家姓秦，并没有子嗣；只有一个庶出的女儿。这姑娘的母亲改嫁了，把她留下给我抚养。姑娘不笨，只是缺乏教育，整天嬉闹不知愁。一会儿叫她来与你相见。"

不久，丫鬟端来准备好的饭菜，有肥嫩的小鸡。老妇人招待他吃过饭，丫鬟进来收拾餐具。老妇人说："去叫宁姑娘来。"丫鬟应声而去。过了好长时间，门外隐约传来阵阵笑声。老妇人又大声说道："婴宁，你的姨表兄来了。"门外还是笑声不住。丫鬟把姑娘推进来，她用袖子遮着嘴，嬉笑不止。老妇人瞪了她一眼说："客人在这里，嘻嘻哈哈的不成体统！"姑娘强忍笑意，站在一旁，王子服向她做了一个揖。老妇人说："这是你姨娘的儿子王子服，是你的表兄。一家人互相不认识，可真让人笑话了。"王子服问："表妹今年芳龄多少？"老妇人没听清楚。王子服又问了一遍。婴宁又笑得抬不起头来。老妇人对王子服说："我说她缺少教育，从此刻就能看出来。她已经十六岁了，还像小孩一样顽皮憨笑。”王子服说：“表妹比我小一岁。”老妇人说：“你已经十七岁了？是生于庚午年属马吗？”王子服点头称是。老妇人又问：“外甥媳妇是谁家的姑娘？”王子服回答说：“我尚未娶亲。”老妇人说：“像你这样才貌出众的人，怎么这年纪了还没订婚呢？婴宁也还没有定亲，你们倒是顶好的一对儿，可惜你们是内亲。”王生没有回话，只是目不转睛地看着婴宁，无暇别顾。丫鬟悄声对婴宁说：“他的目光灼人，还是那副贼样子。”婴宁又大笑起来，吩咐丫鬟说：“你去看看桃花开没开？”说着，赶紧站起来，用袖子掩着嘴，迈着小碎步走了。婴宁走到门外，才敢放声大笑起来。老妇人也站起来，招呼丫鬟铺床展衾，安排王子服休息。老妇人又说：“外甥来一趟不容易，应该多住三五天，晚些再送你回去。若嫌憋闷，房后有个小园子，可供消遣，也有书读。”

第二天，王子服漫步来到屋后，果然有个半亩地大小的园子，细嫩的绿草如同铺着一层地毯，杨柳的花絮散落在小路上；有三间小草房，四周被花木环绕。他正漫步于花丛中，听得树上有咯咯的笑声，抬起头一看，却是婴宁在上面。婴宁看见王子服走过来了，狂笑不休，几乎要掉下来了。王生说：“小心！别笑！当心掉下来摔着。”婴宁不能控制自己，边下树边笑。眼看着要落地了，忽然失手从上面掉下来了，这才忍住不笑。王子服两手扶着她，偷偷地在她手腕上捏了一下。婴宁的笑声又开始了，靠在树上，捧腹大笑，迈不动步子，过了很久才忍住不笑。王生等她不笑了，从衣袖里拿出一枝梅花给她看。婴宁把花接过来，说：“梅花已经枯萎成这样了，你怎么还不扔掉呢？”王生说：“难道妹妹忘了吗？这是你上元节时扔下的，我才一直保留着。”婴宁问：“为什么要一直保留，有什么用啊？”王生说：“用它来表示对你爱慕不忘啊。自从元宵节和你见面后，一直思念你以至得了重病，自己以为活不成了；没想到我能如此幸运再次见到你的芳容，还希望你能怜悯我。”婴宁说：“你说的都不是问题。我们是至亲，难道我还会吝啬吗？等你回家的时候，让老仆人折一大捆园子里的花卉给你送回家去。”王子服说：“我的傻妹妹，难道你真不明白我的心思吗？”婴宁道：“为什么说我傻呢？”王子服说：“我不是爱花，爱的是拈花的人啊。”婴宁说：“亲戚之间自然有情，这爱还用得着说吗？”王子服说：“我所说的不是亲情，而是男女双方的爱情。”婴宁问：“两者有什么区别吗？”王子服说：“夫妻之间晚上是要同床共枕的啊。”婴宁低头思考了很久，说：“我睡觉时，不习惯生人在身旁。”没等说完，丫鬟就悄悄地走来了，王子服内心惶恐不安，急忙溜走了。不一会儿，王子服又在老妇人的屋里遇到了婴宁。老妇人问：“你刚才去哪儿了啊？”婴宁说和哥哥在花园闲聊了。老妇人说：“饭已经熟了很久了，有什么话，这么长时间还没说完。”婴宁说：“表哥要和我一起睡觉……”话没说完，王子服窘得要死，赶紧瞪她一眼，婴宁只是笑，不再说下去。幸好老妇人没听清，仍没完没了地追问。王子服急忙岔开话题，搪塞过去了，然后又小声地责备婴宁。婴宁问：“我刚才说的话有什么不对吗？”王子服说：“你说的这些话是要背着人的。”婴宁说：“得背着外人，难道还用得着背着老母亲？更何况在一起睡觉也很常见，为什么要瞒着别人呢？”王子服叹息她太傻，没办法让她明白。刚刚吃过饭，家里人就牵着两头驴来找王子服了。

原来，母亲一直在家等王子服，过了很长时间都不见他回来，母亲就起疑心了；整个村子都找遍了，也不见踪影。没办法只好去问吴生。吴生记起之前说过的话，就告诉他们向西南山方向寻找。半路找了好几个村子，最后才到吴生说的地方。王子服刚到门口，他们正好相遇了。王子服进屋告诉老妇人，并且向老妇人请求想带婴宁一起回去。老妇人兴奋地说："我早就这么想了，只是我的身体经不起长途跋涉，得麻烦外甥领着妹妹回去了，让她能够和姨娘相认，再好不过了。"说完就叫婴宁出来。婴宁笑嘻嘻地来到跟前。老妇人问："有什么事让你这么高兴，总是笑个不停？你要是能不笑，那就完美无缺了。"因而生气地瞪了她一眼。然后说："你哥哥要带你一起回家，你现在去梳妆打扮一下吧。"又招待王家人用过酒饭，才把他们送出来，嘱咐婴宁说："你姨娘家家境富足，能养得起你。你先长久住在那儿，稍微学点儿诗书礼仪，将来也好孝顺公婆。拜托你姨娘，帮你挑选个好女婿。"说毕，两个人就启程了。等走到山坳再回头看，还依稀看见老妇人站在门框旁向北眺望呢。

回到家，母亲惊讶地问儿子："带回来的漂亮姑娘是谁？"王子服说是姨母家的姑娘。母亲说："前几天吴生和你说的是假话。我没有姐姐，怎么会有外甥女呢？"又转身问婴宁，婴宁解释说："我不是母亲亲生的。我的父亲姓秦，父亲去世的时候，我还是个在襁褓中的孩子，不记得当初都发生了什么事情。"母亲说："我的确有个姐姐嫁给了秦家，可是她已经去世很久了，怎么可能还活着呢？"于是仔细询问是什么面貌、有没有痣，描述的情况和姐姐完全符合。母亲又疑惑地说："是长这模样。可是姐姐已经去世多年了，怎么会还活在世上呢？"正在疑惑的时候，吴生来了，婴宁就躲进内室去了。吴生问清了缘由，心情沉闷了很久，忽然问道："这姑娘是叫婴宁吗？"王子服说："是。"吴生连连说这真是怪事。问他怎么知道这些事情，吴生说："秦家姑母去世后，剩下姑父一个人鳏居，后来他被狐狸迷惑住了，患重病死了。姑父死后,狐狸生下女儿取名婴宁,家里人都见过襁褓中的婴宁躺在床上的样子。姑父死后,狐狸也不时回来。后来请张天师帮忙,画了一道符贴在墙壁上,狐狸就领着女儿离开了。难道这就是那个女孩儿吗?”母亲和吴生正疑惑不解之时,就听到从卧室里传出婴宁嘻嘻的笑声。母亲说:“这姑娘真憨生。”吴生请求见婴宁一面。母亲就进屋去叫婴宁,看到母亲,姑娘仍然大笑不止。母亲让她快点儿出去,她才强忍着笑,又转身对着墙壁冷静很长时间才出来。才行一个礼,就匆忙转身跑回房里,又放声狂笑。一屋子的女人都被她逗得咯咯笑。

吴生请求去南山探查,看看会有什么怪事发生,顺便也给他们做个媒人。到了那个村庄的位置,房舍全都消失了,只剩下七零八落的山花。吴生想起姑母的墓地好像离此不远,可是混杂在无数的坟堆中,已经不能辨认出来了,哀叹一番就返回家去了。母亲怀疑婴宁是鬼,就特意向她转述吴生的怪话,婴宁并没感到惊恐,王母又体恤她无家可归,婴宁也一点都不悲伤,仍旧笑个没完。谁都弄不明白是怎么回事。母亲安排她和小女儿在一起住。天刚蒙蒙亮,婴宁就起床过来请安问好,针线活做得细致精巧。就是爱傻笑,忍也忍不住。但她笑容甜美,很招人喜欢,即使笑到发狂,也丝毫不会减损她的媚态,深得众人喜爱。邻家姑娘和媳妇都争相和她交朋友。母亲为儿子和婴宁挑选了良辰吉日,打算给他们举办婚礼,但一直疑心婴宁是鬼,偷偷在阳光下窥视她,没发现身形影子有什么不同。到了那天,让她盛装打扮,为他们举行婚礼,婴宁笑得直不起腰,抬不起头,只好作罢。王子服觉得她简直太呆傻了,怕她跟别人说房中秘事,不料,婴宁却守口如瓶,半句都没向人提起过。每次母亲生气大怒，婴宁来到她跟前笑一下就消气了。奴仆丫鬟犯了小过错，怕遭鞭打，就求她先帮忙向母亲求情，然后自己再去认错，一般都能够免去责罚。但是婴宁爱花成癖，让所有亲朋好友帮忙挑选花卉，还偷偷卖掉首饰去买好品种。几个月后，台阶、篱笆、厕所等地都种满了各色花卉。

庭院后面有一架木香，原就紧靠着西边的邻居家，婴宁时常攀爬上去，摘下花朵用来簪戴、玩赏。母亲有时遇见，总是训斥她。婴宁却始终笑而不改。一天，西邻家的儿子看见她，就直盯着看，神魂颠倒。婴宁没有回避反而笑了起来。西邻的儿子以为婴宁对自己有意，心里越发淫荡。婴宁指了指墙底，笑着爬下树去。西邻的儿子以为是指示约会的地方，高兴极了，天一黑就去了那墙脚下，婴宁果然在那里。他扑上去奸淫她，下部像是被锥子扎了，一直痛到心里，他大声号叫着倒在地上。仔细一看并不是婴宁，而是一根枯木躺在墙边，所交接的原来是被雨水淋出来的窟窿。邻家父亲听到号叫声，急忙跑出来查问，看他只是不停呻吟却不说话。妻子来了，才告诉她实情。点着灯火照照那个孔洞，只见里面有只大蝎子，像小螃蟹那样大。邻家父亲劈碎了木头捉住蝎子弄死了，把儿子背回家里，这天半夜就死去了。这家邻居就状告了王生，揭发婴宁妖邪怪异。县官一向敬慕王生的才学，深知他是个忠厚老实的书生，认为西邻的老头儿是诬告，要对他加以责打。王生给求情免除，就释放了邻居回家。母亲对婴宁说："痴傻轻狂到这般，早就知道过分的高兴隐伏着忧愁啊。多亏县官神明，你才没有受到牵累；要是遇到糊涂官，一定抓了媳妇到公堂上质问，我儿子还有什么脸面见亲戚乡邻呢？"婴宁神情严肃起来，发誓不再笑了。母亲说："人没有不笑的，只是得要看时候。"可是婴宁从此竟不再笑了，即使故意逗她，也始终不笑，可是整天也未曾有过忧愁的脸色。

一天晚上，婴宁对着王子服流下了眼泪。王生觉得很奇怪。婴宁哽咽着说："从前因为相处的日子短，说出来恐怕惹得你惊怪。如今看出婆婆和你都很疼爱我，没有别的想法，照直告诉你们也许没有妨碍吧？我本是狐狸生的，母亲临走时，将我托付给鬼母，相依为命十多年，才有今天。我又没有兄弟，所能依靠的只有你。老母亲孤寂地长眠在山边，没有人可怜她把尸骨与父亲合葬，在九泉之下常为这事悲伤难过。你要是不怕麻烦和花费，让地下的人消除了这个哀怨悲痛，也许能使养了女儿的人不再忍心淹死或丢弃了。"王生答应下来，可是担心坟墓已经迷失在荒草里会找不到。婴宁只是说不必担心。按照商定的日子，夫妻俩用车子装着棺材去了。婴宁在荒野杂乱的灌木丛中，指出了坟墓的所在，果然掘到了老妇人的尸首，皮肤仍然完好。婴宁痛哭了一场。然后将母亲装敛进棺材运回来，找到秦氏的坟墓合葬在一起了。这天夜里，王生梦见老妇人前来道谢，醒来后就对婴宁说了。婴宁说："我在夜里见到母亲了，嘱咐她不要惊动你呢。"王生埋怨婴宁没有挽留住老妇人。婴宁说："她是鬼。活人多的地方，阳气旺盛，怎么能长住下去呢？"王生又问起小荣。婴宁说："也是狐狸，最聪明狡黠了，狐母留下她来照顾我，经常弄食物来喂我，所以很感激，心里一直挂念着她。昨晚问了母亲，说是已经出嫁了。"从此每年到了寒食节，夫妻俩就到秦氏坟地上，拜祭扫墓年年不断。婴宁过了一年生了个儿子。这孩子在怀抱里，就不怕陌生人，见了人就笑，也很有母亲那种风度。

异史氏说："看她止不住傻笑的样子，好像是个傻里傻气的姑娘。可是墙下的恶作剧，还有谁能比得上她的冰雪聪明呢。

至于凄切怀恋鬼母，反笑为哭，婴宁恐怕是在用表面的笑容来掩饰内心的悲伤。我曾经听人议论说，山里有一种名叫‘笑矣乎’的草，闻一闻就会止不住地笑。在房子里种上这种草，就是合欢和忘忧草，也不能相比啊。那解语花，就更是虚张声势、装模作样了。”

聂小倩

〔**题解**〕

聂小倩的一生充满了励志色彩。起初,美艳女鬼聂小倩是在夜叉的驱使下,被迫用色相诱人,然后杀人取血供养狞鬼。此时的聂小倩从未想过与夜叉进行坚决的抗争,直至遇到刚正不阿的宁采臣,她内心深处的良知才被唤醒。聂小倩开始进行反抗,拒绝杀害无辜,悔过自新,弃恶扬善。随着时间的流逝,与宁采臣交往日渐密切,她逐渐萌生爱意,渴望变成人,想要以身相报宁采臣对她的不离不弃。聂小倩在宁家勤恳劳作,和宁采臣以兄妹相称,把对宁生的爱藏在内心深处,渴望幸福美满的婚姻、家庭,但依旧恪守本分,丝毫未敢逾矩。直到宁妻离世,聂小倩才向宁采臣大胆示爱,开启了勇敢追求幸福的人生模式,后来被宁母接纳,并深得宁母的喜爱,最后实现了日思夜想的愿望,和有情人宁采臣终成眷属,家庭幸福美满,子孙才学深厚。这个故事启示追求爱情的女性,既要有坚持不懈的精神,又要心地善良,以爱待人,人必爱之!

〔**原文**〕

宁采臣,浙人。性慷爽,廉隅自重[①]。每对人言:"生平无二色[②]。"适赴金华[③],至北郭,解装兰若。寺中殿塔壮丽;然蓬蒿没人[4],似绝行踪。东西僧舍,双扉虚掩;惟南一小舍,扃键如新。又顾殿东隅,修竹拱把[5];阶下有巨池,野藕已花。意甚乐其幽杳[6]。会学使案临[7],城舍价昂,思便留止,遂散步以待僧归。

日暮,有士人来,启南扉。宁趋为礼,且告以意。士人曰:“此间无房主,仆亦侨居。能甘荒落,旦晚惠教,幸甚。”宁喜,藉藁代床,支板作几,为久客计。是夜,月明高洁,清光似水,二人促膝殿廊[8],各展姓字[9]。士人自言:“燕姓,字赤霞。”宁疑为赴试诸生,而听其音声,殊不类浙。诘之,自言:“秦人[10]。”语甚朴诚。既而相对词竭,遂拱别归寝。

宁以新居,久不成寐。闻舍北喁喁[11],如有家口。起伏北壁石窗下,微窥之。见短墙外一小院落,有妇可四十余;又一媪衣緋绯[12],插蓬沓[13],鲐背龙钟[14],偶语月下[15]。妇曰:“小倩何久不来?”媪曰:“殆好至矣。”妇曰:“将无向姥姥有怨言否?”曰:“不闻。但意似蹙蹙[16]。”妇曰:“婢子不宜好相识。”言未已,有一十七八女子来,仿佛艳绝。媪笑曰:“背地不言人[17],我两个正谈道,小妖婢悄来无迹响。幸不訾着短处。”又曰:“小娘子端好是画中人,遮莫老身是男子[18],也被摄魂去。”女曰:“姥姥不相誉,更阿谁道好?”妇人女子又不知何言。宁意其邻人眷口,寝不复听。又许时,始寂无声。方将睡去,觉有人至寝所。急起审顾,则北院女子也。惊问之。女笑曰:“月夜不寐,愿修燕好[19]。”宁正容曰:“卿防物议,我畏人言;略一失足,廉耻道丧。"女云:"夜无知者。"宁又咄之。女逡巡若复有词。宁叱:"速去!不然,当呼南舍生知。"女惧,乃退。至户外复返,以黄金一锭置褥上。宁掇掷庭墀,曰:"非义之物,污吾囊橐!"女惭,出,拾金自言曰:"此汉当是铁石。"

诘旦,有兰溪生携一仆来候试,寓于东厢,至夜暴亡。足心有小孔,如锥刺者,细细有血出。俱莫知故。经宿,仆一死[20],症亦如之。向晚,燕生归,宁质之[21],燕以为魅。宁素抗直[22],颇不在意。宵分,女子复至,谓宁曰:"妾阅人多矣,未有刚肠如君者。君诚圣贤,妾不敢欺。小倩,姓聂氏,十八夭殂,葬寺侧,辄被妖物威胁,历役贱务,觍颜向人[23],实非所乐。今寺中无可杀者,恐当以夜叉来[24]。"宁骇求计。女曰:"与燕生同室可免。"问:"何不惑燕生?"曰:"彼奇人也,不敢近。"问:"迷人若何?"曰:"狎昵我者,隐以锥刺其足。彼即茫若迷,因摄血以供妖饮;又或以金,非金也,乃罗刹鬼骨[25],留之能截取人心肝。二者凡以投时好耳。"宁感谢。问戒备之期,答以明宵。临别泣曰:"妾堕玄海[26],求岸不得。郎君义气干云[27],必能拔生救苦。倘肯囊妾朽骨,归葬安宅[28],不啻再造。"宁毅然诺之。因问葬处,曰:"但记取白杨之上,有乌巢者是也。"言已出门,纷然而灭。

明日,恐燕他出,早诣邀致。辰后具酒馔,留意察燕。既约同宿,辞以性癖耽寂[29]。宁不听,强携卧具来。燕不得已,移榻从之,嘱曰:"仆知足下丈夫,倾风良切[30]。要有微衷，难以遽白。幸勿翻窥箧襆，违之，两俱不利。”宁谨受教。既而各寝，燕以箱箧置窗上，就枕移时，齁如雷吼。宁不能寐。近一更许，窗外隐隐有人影。俄而近窗来窥，目光睒闪[31]。宁惧，方欲呼燕，忽有物裂箧而出，耀若匹练，触折窗上石棂，欻然一射，即遽敛入，宛如电灭。燕觉而起，宁伪睡以觇之。燕捧箧检征[32]，取一物，对月嗅视，白光晶莹，长可二寸，径韭叶许[33]。已而数重包固，仍置破箧中。自语曰：“何物老魅，直尔大胆，致坏箧子。”遂复卧。宁大奇之，因起问之，且以所见告。燕曰：“既相知爱，何敢深隐。我，剑客也。若非石棂，妖当立毙，虽然，亦伤。”问：“所缄何物？”曰：“剑也。适嗅之，有妖气。”宁欲观之。慨出相示，荧荧然一小剑也。于是益厚重燕。明日，视窗外有血迹。遂出寺北，见荒坟累累，果有白杨，乌巢其颠。迨营谋既就，趣装欲归。燕生设祖帐[34]，情义殷渥[35]。以破革囊赠宁，曰：“此剑袋也，宝藏可远魑魅。”宁欲从授其术。曰：“如君信义刚直，可以为此。然君犹富贵中人，非此道中人也。”宁乃托有妹葬此，发掘女骨，敛以衣衾，赁舟而归。

宁斋临野，因营坟葬诸斋外。祭而祝曰：“怜卿孤魂，葬近蜗居，歌哭相闻，庶不见凌于雄鬼[36]。一瓯浆水饮，殊不清旨，幸不为嫌！”祝毕而返。后有人呼曰：“缓待同行！”回顾，则小倩也。欢喜谢曰：“君信义，十死不足以报。请从归，拜识姑嫜[37]，媵御无悔[38]。”审谛之，肌映流霞，足翘细笋，白昼端相，娇艳尤绝。遂与俱至斋中。嘱坐少待，先入白母。母愕然。时宁妻久病，母戒勿言，恐所骇惊。言次，女已翩然入，拜伏地下。宁曰："此小倩也。"母惊顾不遑。女谓母曰："儿飘然一身，远父母兄弟。蒙公子露覆[39]，泽被发肤[40]，愿执箕帚，以报高义。"母见其绰约可爱[41]，始敢与言，曰："小娘子惠顾吾儿，老身喜不可已。但生平止此儿，用承祧绪[42]，不敢令有鬼偶。"女曰："儿实无二心。泉下人既不见信于老母，请以兄事，依高堂，奉晨昏[43]，如何？"母怜其诚，允之。即欲拜嫂。母辞以疾，乃止。女即入厨下，代母尸饔[44]。入房穿榻，似熟居者。日暮，母畏惧之，辞使归寝，不为设床褥。女窥知母意，即竟去。过斋欲入，却退，徘徊户外，似有所惧。生呼之。女曰："室有剑气畏人。向道途中之不奉见者，良以此故。"宁悟为革囊，取悬他室。女乃入，就烛下坐。移时，殊不一语。久之，问："夜读否？妾少诵《楞严经》[45]，今强半遗忘。浼求一卷，夜暇，就兄正之。"宁诺。又坐，默然。二更向尽，不言去。宁促之。愀然曰："异域孤魂，殊怯荒墓。"宁曰："斋中别无床寝，且兄妹亦宜远嫌。"女起，容颦蹙而欲啼[46]，足劻儴而懒步[47]，从容出门，涉阶而没。宁窃怜之，欲留宿别榻，又惧母嗔。女朝旦朝母，捧匜沃盥[48]；下堂操作，无不曲承母志。黄昏告退，辄过斋头，就烛诵经。觉宁将寝，始惨然去。

先是，宁妻病废，母劬不可堪。自得女，逸甚，心德之。日渐稔，亲爱如己出，竟忘其为鬼；不忍晚令去，留与同卧起。女初来，未尝食饮，半年，渐啜稀饨[49]。母子皆溺爱之，讳言其鬼，人亦不之辨也。无何，宁妻亡。母阴有纳女意，然恐于子不利。女微窥之，乘间告母曰："居年余，当知儿肝鬲。为不欲祸行人，故从郎君来。区区无他意[50]，止以公子光明磊落，为天人所钦瞩[51]，实欲依赞三数年，借博封诰[52]，以光泉壤。"母亦知无恶，但惧不能延宗嗣。女曰："子女惟天所授。郎君注福籍[53]，有亢宗子三[54]，不以鬼妻而遂夺也。"母信之，与子议。宁喜，因列筵告戚党。或请觌新妇，女慨然华妆出，一堂尽眙[55]，反不疑其鬼，疑为仙。由是五党诸内眷[56]，咸执贽以贺，争拜识之。女善画兰梅，辄以尺幅酬答，得者藏什袭[57]，以为荣。

一日，俯颈窗前，怊怅若失[58]。忽问："革囊何在？"曰："以卿畏之，故缄置他所。"曰："妾受生气已久，当不复畏，宜取挂床头。"宁诘其意，曰："三日来，心怔忡无停息[59]，意金华妖物，恨妾远遁，恐旦晚寻及也。"宁果携革囊来。女反复审视，曰："此剑仙将盛人头者也。敝败至此，不知杀人几何许！妾今日视之，肌犹粟粟[60]。"乃悬之。次日，又命移悬户上。夜对烛坐，约宁勿寝。欻有一物，如飞鸟堕。女惊匿夹幕间[61]。宁视之，物如夜叉状，电目血舌，睒闪攫拿而前。至门却步，逡巡久之。渐近革囊，以爪摘取，似将抓裂。囊忽格然一响，大可合篑[62]；恍惚有鬼物，突出半身，揪夜叉入，声遂寂然，囊亦顿缩如故。宁骇诧。女亦出,大喜曰:“无恙矣!”共视囊中,清水数斗而已。后数年,宁果登进士。女举一男。纳妾后,又各生一男,皆仕进,有声[63]。

〔注释〕

①廉隅(yú):棱角,比喻端方、不苟的行为品性。边为廉,角为隅。

②无二色:爱上一个女人后,不会再喜欢别的女人。旧指男子不娶妾,无外遇。色,女色。

③金华:府名,在今浙江省金华市。

④没:遮蔽、淹没。

⑤拱把:宽如一手把握。

⑥幽杳(yǎo):深幽宁静。

⑦学使:即学政,又称督学使者,为封建时代中央政府派往各省,按期至所属各府督察考试生员的长官。案临:各省学使在三年任期内,依次巡行所辖各府。

⑧促膝:古人席地而坐,膝盖对着膝盖,指两人面对面靠近坐着,因称促膝。

⑨姓字:犹言姓名。字,表字,本名以外所取的表示德行或本名的意义的别名。

⑩秦:古秦国之地,主要在今陕西一带,一般称陕西为秦。

⑪喁(yú)喁:低语声。

⑫衣(yì)黦(yè)绯(fēi):穿件褪色的红色衣服。衣,穿。黦,变色,褪色。绯,红色。

⑬插蓬沓:簪插着大银栉。蓬沓,古时妇女的首饰,即银栉。

⑭鲐(tái)背:老人背上生斑如鲐鱼之纹,为高寿之征,驼背。龙钟:形容身体衰老,行动不灵便的样子。

⑮偶语:相对私语;对谈。

⑯蹙蹙:忧愁不安。

⑰背地：背后，私下。

⑱遮莫：如果。

⑲修燕好：结为夫妇。燕好，亲好，指夫妻恩爱。

⑳仆一死：也作仆亦死。

㉑质：询问，责问。

㉒抗直：为人正直刚强。抗，同“亢”。

㉓觍(tiǎn)颜：惭愧的脸色。

㉔夜叉：梵语，意为凶暴丑恶。印度神话中的妖怪，佛经中的一种恶鬼。

㉕罗刹：梵语。佛教中指恶鬼，食人肉之恶鬼。

㉖玄海：佛家语，指深渊、苦海。

㉗干(gān)云：高入云霄。

㉘安宅：安定的居所。这里指安静的葬地，即墓穴。

㉙耽寂：极爱静寂。耽，沉溺，喜好过度。

㉚倾风：钦慕别人的风采。

㉛睒(shǎn)闪：闪烁，常用来形容鬼怪、精灵的目光。

㉜征：迹象，痕迹。

㉝径韭叶许：约一韭菜叶的宽度。径，宽。

㉞祖帐：古代送人远行，在郊外路旁为饯别所设的帷帐，意为饯行送别。亦指送行的酒筵。祖，临行前，祭祀路神。

㉟殷渥：情谊恳挚深厚。

㊱雄鬼：强暴狠恶的鬼。

㊲姑嫜(zhāng)：古代妻子对丈夫的母亲和父亲的称呼，俗称公婆。

㊳媵御：指婢妾。

㊴露覆：亦作“覆露”，荫庇，养育，比喻恩泽。

㊵泽被发肤：恩泽施予我。被，覆盖。《孝经》：“身体发肤，受之父母。”发肤，指身体。

㊶绰约：女子姿态柔美的样子。

㊷承祧(tiāo)绪：传宗接代。祧绪，世代相承，使对祖先的祭祀绵延不

绝。祧，祖庙。

㊸奉晨昏：朝夕慰问奉侍，指对父母的侍奉。晨昏，早晨和晚上。

㊹尸饔（yōng）：主管炊事饮食劳作之事。尸，主持，主管。饔，熟食，饭菜。

㊺《楞（léng）严经》：佛经名，全称为《大佛顶如来密因修证了义诸菩萨万行首楞严经》，是佛教的一部极为重要的经典。

㊻颦蹙：皱着眉头，形容忧愁。

㊼侄儴（ráng）：即劻儴，匆急惶恐不安的样子。

㊽捧匜（yí）沃盥：即奉匜沃盥，侍奉洗手洗脸。匜、盥，古代盛水洗手洗脸的容器。沃盥，浇洗。

㊾饱（yì）：同"醷"，稀粥汤。

㊿区区：旧时谦辞，用于自称。

51钦瞩：敬重属望，重视。

52封诰：明清帝王对有功的官员及其先代或妻室授予封典的诰命。这里指妻子因丈夫得官而受封。

53注福籍：名载入福册，意谓命中注定有福。注，载入。福籍，迷信传说中记载人间福禄的簿籍。

54亢宗子：能够光宗耀祖之子。亢宗，庇护宗族，光耀扩展宗族地位。

55眙（chì）：睁大眼睛直视，形容惊诧。

56五党：这里指五服内的亲族。

57什袭：把物品一层层包裹起来，形容珍藏。

58怊怅若失：失意时感伤惆怅的情绪。

59怔忡：心悸，惊恐不安。

60粟粟：因恐惧惊吓起了鸡皮疙瘩。粟，皮肤上起的米粒样的小疙瘩。

61夹幕：古代厅堂廊庑中悬挂的帷幕。

62大可合篑（kuì）：约有两个竹筐合起来那么大。篑，古时盛土的筐子。

63有声：有政声，指为官声誉很好。

〔译文〕

宁采臣，浙江人。性情慷慨豪爽，品行端正。常对人说："生平除妻子外，我将不会喜欢上第二个女人。"有一次，他偶然间因事去金华，来到城中，把行李解下放到兰若寺里，暂且休息。寺中佛殿和宝塔雄伟壮丽，但是庙中长满了比人还高的蓬蒿，好像很久没人出入过了。东西两边僧房的房门都虚掩着，只看到南面有一间小房子的门锁好像是新的。再仔细看看殿堂的东边角落，有一片约有满把粗的竹子，台阶下面还有一个大水池，池中的野荷花都已经绽放。宁生很喜欢这里的优雅、清净。加之赶上学使大人在金华举行科考，城里房价突然贵了起来，宁采臣便更想住在这寺庙中，就一边散步一边等僧人回来。

天快黑的时候，有一书生从外面回来，把南边小房子的门打开了。宁采臣急忙上前去行礼，并将想借住寺庙中的想法告诉了书生。那书生说："这里没有房主，我也是暂时寄居在这里的。如果你想住在这寂寞荒凉的处所，还能够早晚赐教于我，那对我来说真是太好了。"宁采臣非常高兴，把草秸铺在地上代替床铺，把木板架起来当桌子用，打算长久地居住在这里。这天夜里，月光皎洁，清光似水，俩人在殿廊下促膝谈心，互相介绍姓名。书生说："我姓燕，字赤霞。"宁采臣猜测他和自己一样是赶考的书生，但从他的口音中听不出是浙江人。问他从哪里来，书生答："陕西人。"听起来是个憨厚的老实人。聊了一会儿，两人没共同话题了，便拱手告别，各自回房休息了。

宁采臣因为换了新住处，好长时间都不能入睡。忽然听到北面屋子里有小声谈话的声音，好像有家眷住在这里。宁采臣起来,把身子贴在北墙的石窗下,偷偷窥视。发现短墙外面的院子里有个四十多岁的妇女和一个身着褪色的红绸旧衫子的老婆子,头上戴着银质首饰,弯腰驼背、老态龙钟的样子,正和那妇女在月光下谈话。听到那妇人说:“小倩怎么一直没有来?”老婆子说:“大约快来了!”那妇人又问:“是不是对姥姥有什么怨言?”老婆子说:“没听她这样说过。但看她好像不舒服的样子。”妇人说:“那丫头好不识抬举!”话没说完,便有一个十七八岁的姑娘走了进来,月光下看着好像很漂亮。老婆子笑着说:“背地里不能说别人,我们两个正说你呢,你这个小精灵就悄悄地来了,一点儿动静都没有。幸亏没说你什么坏话。”紧接着又说:“小娘子长得真标致,跟画上的美人一样,换成我是男的,魂魄也会被你吸引去。”女子说:“姥姥不说我好,还有谁会夸奖我呢?”随后就听不清两人说话的内容了。宁采臣猜想她们都是邻居的家眷,就不再偷听,转身回屋休息了。又过了好久,隔壁才安静下来。宁采臣正要睡着的时候,糊里糊涂觉得有人进屋子里来了,他匆忙起来去看个分明,原来是北边院子里的那个姑娘。宁采臣大吃一惊,便问女子要干什么。女子笑着说:“今夜月光皎洁,睡不着觉,想与你亲热亲热。”宁采臣一脸严肃地说:“你应该提防别人说长道短,我也害怕人家的闲言碎语。只要稍微失足,就会违背道德,脸面尽失。”姑娘说:“夜里不会有人知道的。”宁采臣又呵斥她。女子犹犹豫豫好像还有话说,宁采臣大声喊:“快走!否则,我就去叫醒南屋里的书生!”那女子感到害怕,就退出去了。她刚走出去又返回来,在床边的褥子上放了一锭黄金。宁生把金锭捡起来扔到院子里的台阶上,说:“这种不正当的钱财,会弄脏我的口袋!”女子羞愧地溜出去,捡起金子,自言自语:“这真是个铁石心肠的男子!”

第二天,有个来自兰溪县的秀才带着个书童来这里应考,借住在寺院东边的小屋里,深夜秀才突然死了。脚心有个像锥子刺的小孔,从洞眼中流出一股细细的血来。大家都不明白为什么会这样。过了一夜,那个书童也死了,症状和那个书生一模一样。到了晚上,燕赤霞回来,宁采臣问他这是什么缘故,燕赤霞认为是鬼在作祟。宁采臣一向倔强有胆气,没有把鬼怪这件事放在心上。当天深夜,那个姑娘又来了,对宁采臣说:“你是我见过的人中最刚正不阿的。你真是个圣贤,我不敢欺骗你。我叫小倩,姓聂,十八岁就短命死了,家人把我葬在寺院附近,我总受妖魔逼迫做一些下流勾当,厚着脸皮去找陌生人,这些确实不是我自愿的。如今院子里没有人能够坑害,恐怕妖魔会叫夜叉来害你了!”宁采臣感到毛骨悚然,害怕极了,急忙求她帮忙想办法对付妖魔。女子说:“你和燕赤霞住在一起,就能够躲避灾祸了。”宁采臣疑惑地问:“你怎么不去迷惑燕生呢?”小倩回答:“他是个了不起的人,我可不敢靠近。”宁采臣又问:“你是怎么做到迷惑人的呢?”小倩说:“谁和我亲热,我就暗地里用锥子刺他的脚心。等他昏昏沉沉不知人事的时候,我就去抽他的血,然后给那些妖魔送过去喝;有时候也能用黄金做诱饵,哪里是什么金锭子,分明是罗刹鬼骨变的,谁要是贪心留下它,就会被挖心肝。这实际上是迎合人的喜好而设下的两个陷阱。”宁采臣向她表示感谢,问她什么时候需要戒备夜叉。小倩告诉他说“明晚”。她临走还哭哭啼啼地说:“我深陷苦海,不能够找到岸边。您义气冲天,一定能把我从苦海中解救出来。您若能好心收捡我的朽骨,把它们安葬在安静的坟地,您就是赐给我第二次生命的大恩人！”宁采臣爽快地答应了，问她葬在什么地方。她说：“您只要记住，白杨树上筑有乌鸦巢的地方就是我的葬身之处。”讲完跨出门去，一下子就不见了。

到了第二天，宁采臣担心燕赤霞到别的地方去，一大早就上门邀请他来喝酒。早饭后就备好下酒菜，注意观察燕赤霞有什么与众不同的地方，并邀请他晚上到自己的屋子里住。燕赤霞以自己脾气古怪、喜欢清静为由推辞。宁采臣不肯答应，把自己的被褥搬过来。燕赤霞没办法，只好挪动床铺，给宁采臣让出地方铺好床铺，并叮嘱说：“我知道您是个好汉，很敬佩您的品行。但我有一些不得已的隐衷，不方便一下子说清楚。希望您不要动看我的箱子和包袱，否则，对我们谁都不好！”宁采臣神情严肃地答应着，说完两人就各自睡下了。宁采臣看到燕赤霞将一个箱子放到窗台上，睡下不长时间就听到如雷的鼾声。宁采臣一直没有睡着。约到一更天，恍惚看到窗外有人影晃动。一会儿，那影子两眼靠近窗子张望，目光犀利。宁生非常害怕，想要喊醒燕赤霞，忽然窗台上的小箱子里有个东西冲射出来，发出一道白光，像一匹耀眼的白绸子，白光撞在窗上的石头格子上，突然亮出一阵火花，倏然一射就一下子返回小箱子里去了，像闪电一样消失了。燕生被惊醒了，从床上起来，宁采臣假装睡着的样子，悄悄偷看。燕赤霞拿起箱子，捡出一件东西，在月光下看了看，又闻了一下。宁采臣看那件东西在月光下亮晶晶的，大约有二寸长，像韭菜叶那样宽。燕赤霞看完了，又一层层地紧紧包裹起来，放进那个破旧的小箱子里，自言自语道：“哪里来的老妖魔，这么大胆，竟敢把我的好箱子都弄坏了！”收拾完就又上床休息了。宁采臣觉得太离奇了，就坐起来问燕赤霞，并把刚刚自己看到的情境讲给他听。燕生说："既然我们的交情不浅，你我就应该坦诚相见，我不应隐瞒你什么。我是个剑客。刚才要不是石头窗格子，那老妖怪当时就被刺死了。即使没死，也已经受伤了。"宁生问："你包裹严密收藏起来的是什么啊？"燕赤霞说："是宝剑。刚才闻了闻，嗅到宝剑上有妖气。"宁生想看看宝剑，燕生就大方地拿出来给他看，原来是一把小小的亮闪闪的宝剑。宁采臣便对燕赤霞愈加敬重。早晨起来一看，发现窗外地上有血迹。宁采臣走到寺院的北边，只见一座座荒凉的坟墓，那里果然有一棵白杨树，有乌鸦在树上搭了一个巢穴。等迁坟的事情办完，宁采臣就急忙收拾行装准备回家乡。燕赤霞为他准备酒菜饯行，两人情谊深厚。燕赤霞又拿出一个破皮囊送给宁采臣，说："这是宝剑袋，你好好收藏，它能够驱除妖魔鬼怪。"宁采臣想跟他学些剑法。燕赤霞说："像你这样既正派又有义气的人，做剑客没问题。但您命里就是富贵人，和我不是一条道上的人。"宁采臣就推托说有个妹妹葬在这里，把白杨树下的坟墓挖掘开，捡出姑娘的尸骨，用衣被重新包好，雇船回家乡了。

宁采臣的书房面对着一片旷野，他就在书房外建造了一座坟墓，将小倩的尸骨安葬在里面。他一边祭奠一边祷告说："我可怜你是个孤魂，把你安葬在我的书房旁边，能够听得见你的歌声、哭声，希望你远离恶鬼的欺凌。请你把这杯酒喝了，不是很清甜甘美，你可不要嫌弃啊。"祷告完，就要回去。忽然听见后边有人喊："慢慢儿走，等我和你一起！"宁采臣回头一看，是小倩在跟他说话。小倩一脸喜悦，向他表示感谢："您这么诚实守信用，就是用十条性命也报答不了您的恩情！请允许我跟您一起回家，拜见公婆，即使做您的婢妾也心甘情愿。"宁采臣定睛再看她，白里透红的肌肤，一双尖尖的小脚，白天面对面看着，更加娇艳美丽。于是，宁采臣就和她一起回到家中。先让她在书房坐着稍等一下，然后自己去屋里向母亲解释。母亲听后很吃惊。此时，宁采臣的妻子已经得病很长时间了，母亲嘱咐他别把这件事告诉妻子，以免把她吓坏了。话还没说完，小倩就迈着轻盈的脚步走进来，跪拜在地上。宁采臣向母亲介绍说："这就是我跟您说的小倩姑娘。"母亲看着她，内心惶恐不安，不知如何是好。小倩对母亲说："女儿一个人孤零零的，早早就没了父母兄弟，多亏了公子关怀照应，恩泽深厚，我愿意做小妾、丫鬟来报答公子的大恩大德。"宁采臣的母亲见她温柔可爱，才不那么害怕了，对她说："姑娘能够看得起我的儿子，我很高兴。只是我就这么一个儿子，还指着他给宁家传宗接代呢，不敢给他讨这样一门亲事。"小倩说："我实在没有别的意思。我是阴间的人，既然母亲因为阴阳相隔不能信任我，请允许我将公子当成兄长一样对待，让我早晚在您身边跟着您、孝敬您，好不好？"母亲看她诚意满满，就答应了。小倩想去拜见嫂子。母亲说她生病了，代她辞谢，也就算了。接着小倩立即下了厨房，帮母亲烧菜做饭，出来进去，像原来就住在这里似的。天色渐晚，母亲心里又害怕起来，让她快回去休息，不敢留她在家里睡。小倩看出母亲心之所想，就赶忙离开了。经过宁采臣的书房时，她想进去，却又退了回来，在门外徘徊不定，好像害怕什么似的。宁采臣看见了，就叫住她。小倩说："屋里的剑气让人很害怕。前几天在路上没有露面，就是这个缘故。"宁采臣知道是破皮囊的原因，就把它取下来放到别的房间。小倩这才敢进来，在烛光旁坐下。待了一会儿，一句话也没说。又隔了好长时间，小倩才问："你夜晚读书吗？我从小读《楞严经》，现在已经忘记一大半了。麻烦你帮我找一卷，夜间有空，请哥哥帮我指点指点。”宁采臣答应了。小倩又坐了一会儿，仍旧默默无语。二更将尽，也没有要走的意思。宁采臣让她早些去休息。小倩有些黯然神伤，说：“我这个异乡孤魂待在这陌生的地方，一想到荒凉坟墓我就心惊胆战。”宁采臣说：“房间里没有第二张床可以休息，并且我们是兄妹，也需要避嫌。”小倩站起来，眉头紧锁，像要哭出来的样子，脚步迟疑，慢慢地走出房门，踏过台阶消失了。宁采臣暗自可怜她，想留她在别的床上休息，又害怕母亲生气。小倩每天清晨都来给母亲请安，捧着水盆，侍奉母亲梳洗打扮；操劳家务，样样都很符合母亲的心意。一到黄昏就向母亲告辞，经常到书房去，借着烛光读经书。觉察到宁采臣想睡了，才栖栖惶惶地走开。

之前，宁采臣的妻子就病了，不能做家务，母亲每天操持家务，累得疲惫不堪。自从有了小倩，母亲每天就过着悠闲安逸的生活，心中也很感激小倩。和小倩一天比一天亲热，就像自己的亲闺女一样对她，心中竟忘记她是鬼魂了，到了晚上也不忍心再赶她离开，就留她同睡同起。小倩刚来的时候，一点儿东西都不吃，汤水也不喝，过了半年，开始能够吃点稀饭了。宁采臣和母亲都对小倩格外好，不忍心说她是鬼，外人也不知情。不久，宁妻去世了。母亲想让宁采臣纳小倩为妾，又担心对儿子不好。小倩猜到母亲是怎么想的，就找机会向母亲表明内心的想法，说：“我在这儿待一年多了，母亲应该懂得我的心意了。我因为不想祸害过路人，才让郎君带我来到这里。我没有别的意思，只因公子正直光明，天下的人都钦佩敬重他，说实话，我只是想依靠、帮助公子三年五载，借他的福分以博得皇帝封诰，给阴魂脸上增添光彩。”母亲也知道她没有恶意，但又怕她不能为宁家留后。小倩说：“生儿育女是上天的安排。公子命中注定有福，会有三个好儿子，不会因为娶鬼魂当妻子就减少子孙的。”母亲便信了她的话，就和儿子商量此事。宁采臣也很愿意，就摆下喜酒宴席，把亲戚朋友都邀请来了。有人要看看新娘，小倩穿上漂亮衣服，打扮一番，大大方方地出来拜客。所有人都用惊诧的眼神盯着她看，不仅不怀疑她是鬼魂，反而疑心她是仙女下凡。于是五服之内的近亲，都带着礼物当面向小倩贺喜，争抢着和她认亲。小倩擅长画兰花和梅花，总是用画的花卉答谢大家。能够得到她的画大家感到很荣耀，都把画珍藏起来了。

一天，小倩在窗前低头坐着，闷闷不乐，若有所失。她忽然问宁采臣：“那个皮囊放在哪儿了？”宁采臣说：“因为你害怕它，所以我把它放到别的地方了。”小倩说：“我已经和活人一起生活很长时间了，不会再害怕了，应该把皮囊拿来挂在床头！”宁采臣问她什么意思，小倩说：“最近几天，我内心惶恐不安，我猜想是金华的妖魔，恨我远远地躲起来，恐怕早晚会来这里找到我。”宁采臣当真把皮囊取来，小倩翻来覆去地看，说：“这是剑仙用来装人头的。破烂到这种程度，不知道已经杀过多少人！我现在看到它，身上还直起鸡皮疙瘩呢。”就把破皮囊挂在床头。第二天，小倩又让宁采臣把它移挂在门上。那天夜里，夫妻俩对烛而坐，提醒宁采臣今夜不要睡着。突然，有一个像飞鸟一样的东西落在地上。小倩吓得急忙藏进帷幕中。宁采臣从门缝中一看，只见形状像夜叉一样的东西，电目血舌，张牙舞爪地走过来。它到了门前又停住，踌躇了很久不敢向前。过了一会儿，渐渐靠近破皮囊，用它那长爪子去摘，好像要把它抓破。皮囊内忽然咯咧一声，变得像两个竹筐那样大，恍惚有个什么东西，突然伸出半个身子，一把就将夜叉揪进去，接着一点儿声音都没有了，皮囊也马上缩回原来那样大小。宁采臣既惊奇又害怕。小倩从里面跑出来，高兴地说：“现在没事了！”他们一起将皮囊打开来看，里面只有几斗清水罢了。几年过后，宁采臣果然考中进士，小倩也给他生了个儿子。宁采臣又纳了个小妾，后来小倩和小妾又给家里添了两个男孩。三个孩子后来都做了官，而且声誉很好。

莲　香

〔题解〕

《莲香》讲述了狐仙莲香和鬼女李氏对桑生一往情深的爱情故事，是《聊斋志异》中凡人与鬼狐爱情故事中颇具代表性的爱情篇章。故事中狐鬼共侍一夫，无论是生死不渝的爱情还是亲密无间的友情，都表现得淋漓尽致。桑生的感情经历曲折回环，李氏借尸复生，莲香死而转生，两人依旧深爱着桑生。故事曲折婉转，情节跌宕起伏，语言生动活泼，人物刻画得鲜活灵动，深入人心。文章既描写了鬼狐对桑生执着的爱情，又赞美了同性之间珍贵的友情。这种“双美”情节使仕途无望的书生收获了实现遗落的人生梦想的途径，或许是对现实生活中落魄书生的精神补偿，也或许是作者对自己不如意人生的一种自我安慰吧。

〔原文〕

桑生，名晓，字子明，沂州人[①]。少孤[②]，馆于红花埠[③]。桑为人静穆自喜[④]，日再出[⑤]，就食东邻，余时坚坐而已[⑥]。东邻生偶至，戏曰：“君独居不畏鬼狐耶？”笑答云：“丈夫何畏鬼狐[⑦]？雄来吾有利剑，雌者尚当开门纳之。”邻生归，与友谋，梯妓于垣而过之[⑧]，弹指叩扉。生窥问其谁,妓自言为鬼。生大惧,齿震震有声。妓逡巡自去[9]。

邻生早至生斋[10],生述所见,且告将归。邻生鼓掌曰:"何不开门纳之?"生顿悟其假,遂安居如初。

积半年,一女子夜来扣斋。生意友人之复戏也,启门延入,则倾国之姝[11]。惊问所来,曰:"妾莲香,西家妓女。"埠上青楼故多[12],信之。息烛登床,绸缪甚至。自此三五宿辄一至。

一夕,独坐凝思,一女子翩然入。生意其莲,承逆与语[13]。觌面殊非[14]。年仅十五六,亸袖垂髫[15],风流秀曼[16],行步之间,若还若往[17]。大愕,疑为狐。女曰:"妾良家女,姓李氏。慕君高雅,幸能垂盼。"生喜。握其手,冷如冰,问:"何凉也?"曰:"幼质单寒,夜蒙霜露,那得不尔!"既而罗襦衿解,俨然处子。女曰:"妾为情缘,葳蕤之质[18],一朝失守。不嫌鄙陋[19],愿常侍枕席。房中得无有人否?"生曰:"无他,止一邻娼,顾不常至。"女曰:"当谨避之[20]。妾不与院中人等[21],君秘勿泄。彼来我往,彼往我来可耳。"鸡鸣欲去,赠绣履一钩[22],曰:"此妾下体所著,弄之足寄思慕。然有人慎勿弄也!"受而视之,翘翘如解结锥,心甚爱悦。越夕,无人,便出审玩。女飘然忽至,遂相款昵。自此,每出履,则女必应念而至。异而诘之。笑曰:"适当其时耳。"

一夜,莲香来,惊云:"郎何神气萧索[23]?"生言:"不自觉。"莲便告别,相约十日。去后,李来恒无虚夕。

问：“君情人何久不至？”因以所约告。李笑曰：“君视妾何如莲香美？”曰：“可称两绝。但莲卿肌肤温和。”李变色曰：“君谓双美，对妾云尔[24]。渠必月殿仙人[25]，妾定不及。”因而不欢。乃屈指计，十日之期已满，嘱勿漏，将窃窥之。

次夜，莲香果至，笑语甚洽。及寝，大骇曰：“殆矣！十日不见，何益惫损[26]？保无他遇否？”生询其故。曰：“妾以神气验之，脉析析如乱丝[27]，鬼症也。”次夜，李来，生问：“窥莲香何似？”曰：“美矣。妾固谓世间无此佳人，果狐也。去，吾尾之，南山而穴居。”生疑其妒，漫应之。

逾夕，戏莲香曰：“余固不信，或谓卿狐者。”莲亟问：“是谁所云？”笑曰：“我自戏卿。”莲曰：“狐何异于人？”曰：“惑之者病，甚则死，是以可惧。”莲香曰：“不然。如君之年，房后三日，精气可复，纵狐何害？设旦旦而伐之[28]，人有甚于狐者矣。天下痨尸瘵鬼[29]，宁皆狐蛊死耶？虽然，必有议我者。”生力白其无，莲诘益力。生不得已，泄之。莲曰：“我固怪君惫也。然何遽至此？得勿非人乎？君勿言，明宵当如渠之窥妾者。”是夜李至，裁三数语，闻窗外嗽声，急亡去。莲入曰：“君殆矣！是真鬼物！昵其美而不速绝，冥路近矣！”生意其妒，默不语。莲曰：“固知君不能忘情，然不忍视君死。明日，当携药饵，为君以除阴毒。幸病蒂尤浅，十日恙当已。请同榻以视痊可。”次夜，果出刀圭药啖生[30]。顷刻，洞下三两行[31]，觉脏腑清虚，精神顿爽。心虽德之[32]，然终不信为鬼病。

莲香夜夜同衾偎生；生欲与合，辄止之。数日后，肤革充盈[33]。欲别，殷殷嘱绝李。生谬应之。

及闭户挑灯，辄捉履倾想。李忽至。数日隔绝，颇有怨色。生曰："彼连宵为我作巫医[34]，请勿为怼[35]，情好在我。"李稍怿。生枕上私语曰："我爱卿甚，乃有谓卿鬼者。"李结舌良久[36]，骂曰："必淫狐之惑君听也！若不绝之，妾不来矣！"遂呜呜饮泣。生百词慰解，乃罢。

隔宿，莲香至，知李复来，怒曰："君必欲死耶！"生笑曰："卿何相妒之深？"莲益怒曰："君种死根，妾为若除之，不妒者将复何如？"生托词以戏曰："彼云，前日之疾，为狐祟耳。"莲乃叹曰："诚如君言，君迷不悟。万一不虞[37]，妾百口何以自解？请从此辞。百日后，当视君于卧榻中。"留之不可，怫然径去[38]。

由是于李夙夜必偕。约两月余，觉大困顿。初犹自宽解，日渐赢瘠，惟饮饘粥一瓯[39]。欲归就奉养，尚恋恋不忍遽去。因循数日，沉绵不可复起。邻生见其病惫，日遣馆僮馈给食饮。生至是疑李，因谓李曰："吾悔不听莲香之言，一至于此！"言讫而瞑。移时复苏，张目四顾，则李已去，自是遂绝。

生赢卧空斋[40]，思莲香如望岁[41]。一日，方凝想间，忽有搴帘入者，则莲香也。临榻哂曰："田舍郎[42]，我岂妄哉！"生哽咽良久，自言知罪，但求拯救。莲曰："病入膏肓[43]，实无救法。姑来永诀，以明非妒。”生大悲曰：“枕底一物，烦代碎之。”莲搜得履，持就灯前，反复展玩。李女欻入[44]，卒见莲香[45]，返身欲遁。莲以身蔽门[46]，李窘急不知所出。生责数之[47]，李不能答。莲笑曰：“妾今始得与阿姨面相质[48]。昔谓郎君旧疾未必非妾致，今竟何如？”李俯首谢过。莲曰：“佳丽如此，乃以爱结仇耶？”李即投地陨泣[49]，乞垂怜救。

莲遂扶起，细诘生平。曰：“妾，李通判女[50]，早夭，瘗于墙外[51]。已死春蚕，遗丝未尽[52]。与郎偕好，妾之愿也；致郎于死，良非素心。”莲曰：“闻鬼物利人死，以死后可常聚，然否？”曰：“不然。两鬼相逢，并无乐处；如乐也，泉下少年郎岂少哉！”莲曰：“痴哉！夜夜为之，人且不堪，而况于鬼！”李问：“狐能死人，何术独否？”莲曰：“是采补者流，妾非其类。故世有不害人之狐，断无不害人之鬼，以阴气盛也。”生闻其语，始知狐鬼皆真，幸习常见惯，颇不为骇。但念残息如丝，不觉失声大痛。莲顾问：“何以处郎君者？”李赧然逊谢[53]。莲笑曰：“恐郎强健，醋娘子要食杨梅也。”李敛衽曰[54]：“如有医国手[55]，使妾得无负郎君，便当埋首地下，敢复靦然于人世耶！”莲解囊出药，曰：“妾早知有今，别后采药三山[56]，凡三阅月[57]，物料始备，瘵蛊至死[58]，投之无不苏者。然症何由得，仍以何引[59]，不得不转求效力。”问：“何需？”曰：“樱口中一点香唾耳。我以丸进，烦接口而唾之。”李晕生颐颊，俯首转侧而视其履。莲戏曰：“妹所得意惟履耳!”李益惭,俯仰若无所容。莲曰:“此平时熟技,今何吝焉?”遂以丸纳生吻,转促逼之。李不得已,唾之。莲曰:“再!”又唾之。凡三四唾,丸已下咽。少间,腹殷然如雷鸣。复纳一丸,自乃接唇而布以气。生觉丹田火热[60],精神焕发。莲曰:“愈矣!”李听鸡鸣,彷徨别去。

莲以新瘥,尚须调摄[61],就食非计;因将外户反关,伪示生归,以绝交往,日夜守护之。李亦每夕必至,给奉殷勤,事莲犹姊。莲亦深怜爱之。居三月,生健如初。李遂数夕不至;偶至,一望即去。相对时,亦悒悒不乐。莲常留与共寝,必不肯。生追出,提抱以归,身轻若刍灵[62]。女不得遁,遂着衣偃卧,踡其体不盈二尺。莲益怜之,阴使生狎抱之,而撼摇亦不得醒。生睡去;觉而索之,已杳。后十余日,更不复至。生怀思殊切,恒出履共弄。莲曰:“窈娜如此[63],妾见犹怜,何况男子!”生曰:“昔日弄履则至,心固疑之,然终不料其鬼。今对履思容,实所怆恻[64]。”因而泣下。

先是,富室张姓有女字燕儿,年十五,不汗而死。终夜复苏,起顾欲奔。张扃户,不听出。女自言:“我通判女魂。感桑郎眷注[65],遗舄犹存彼处。我真鬼耳,锢我何益?”以其言有因,诘其至此之由。女低徊反顾,茫不自解。或有言桑生病归者,女执辨其诬。家人大疑。东邻生闻之,逾垣往窥,见生方与美人对语,掩入逼之,张皇间已失所在。邻生骇诘。生笑曰:“向固与君言,雌者则纳之耳。”邻生述燕儿之言。生乃启关,将往侦探,苦无由。张母闻生果未归，益奇之。故使佣媪索履，生遂出以授。燕儿得之，喜。试着之，鞋小于足者盈寸，大骇。揽镜自照，忽恍然悟己之借躯以生也者，因陈所由。母始信之。女镜面大哭曰："当日形貌，颇堪自信，每见莲姊，犹增惭怍。今反若此，人也不如其鬼也！"把履号咷，劝之不解。蒙衾僵卧。食之，亦不食，体肤尽肿；凡七日不食，卒不死，而肿渐消；觉饥不可忍，乃复食。数日，遍体瘙痒，皮尽脱。晨起，睡舄遗堕，索着之，则硕大无朋矣[66]。因试前履，肥瘦吻合，乃喜。复自镜，则眉目颐颊，宛肖生平[67]，益喜。盥栉见母，见者尽眙[68]。

莲香闻其异，劝生媒通之；而以贫富悬邈，不敢遽进。会媪初度[69]，因从其子婿行，往为寿。媪睹生名，故使燕儿窥帘认客[70]。生最后至，女骤出捉袂，欲从与俱归。母诃谯之[71]，始惭而入。生审视宛然，不觉零涕，因拜伏不起。媪扶之，不以为侮。生出，浼女舅执柯[72]。媪议择吉赘生[73]。

生归告莲香，且商所处。莲怅然良久，便欲别去。生大骇，泣下。莲曰："君行花烛于人家，妾从而往，亦何形颜？"生谋先与旋里[74]，而后迎燕，莲乃从之。生以情白张。张闻其有室，怒加诮让。燕儿力白之，乃如所请。

至日，生往亲迎。家中备具，颇甚草草；及归，则自门达堂，悉以罽毯贴地[75]，百千笼烛，灿列如锦。莲香扶新妇入青庐[76]，搭面既揭，欢若生平。莲陪卺饮[77]，细诘还魂之异。燕曰："尔日抑郁无聊[78]，徒以身为异物，自觉形秽。别后，愤不归墓，随风漾泊[79]。每见生人则羡之。昼凭草木，夜则信足浮沉。偶至张家，见少女卧床上，近附之，未知遂能活也。"莲闻之，默默若有所思。

逾两月，莲举一子。产后暴病，日就沉绵。捉燕臂曰："敢以孽种相累，我儿即若儿。"燕泣下，姑慰藉之。为召巫医，辄却之。沉痼弥留[80]，气如悬丝。生及燕儿皆哭。忽张目曰："勿尔！子乐生，我自乐死。如有缘，十年后可复得见。"言讫而卒。启衾将敛，尸化为狐。生不忍异视，厚葬之。子名狐儿。燕抚如己出。每清明，必抱儿哭诸其墓。

后数年，生举于乡[81]，家渐裕。而燕苦不育。狐儿颇慧，然单弱多疾。燕每欲生置媵。一日，婢忽白："门外一妪，携女求售。"燕呼入。卒见，大惊曰："莲姊复出耶！"生视之，真似，亦骇。问："年几何？"答云："十四。""聘金几何？"曰："老身止此一块肉，但俾得所，妾亦得啖饭处，后日老骨不至委沟壑，足矣。"生优价而留之。燕握女手，入密室，撮其颔而笑曰："汝识我否？"答言："不识。"诘其姓氏，曰："妾韦姓。父徐城卖浆者，死三年矣。"燕屈指停思，莲死恰十有四载。又审顾女仪容态度，无一不神肖者。乃拍其顶而呼曰："莲姊，莲姊！十年相见之约，当不欺吾！"女忽如梦醒，豁然曰："咦！"因熟视燕儿。生笑曰："此'似曾相识燕归来'也[82]。"女泫然曰[83]："是矣！闻母言，妾生时便能言，以为不祥，犬血饮之，遂昧宿因[84]。今日始如梦寤。娘子其耻于为鬼之李妹耶？"共话前生，悲喜交至。

一日，寒食，燕曰："此每岁妾与郎君哭姊日也。"遂与亲登其墓，荒草离离[85]，木已拱矣[86]。女亦太息。燕谓生曰："妾与莲姊，两世情好，不忍相离，宜令白骨同穴。"生从其言，启李冢得骸，舁归而合葬之。亲朋闻其异，吉服临穴[87]，不期而会者数百人。

余庚戌南游至沂[88]，阻雨，休于旅舍。有刘生子敬，其中表亲，出同社王子章所撰《桑生传》，约万余言，得卒读。此其崖略耳[89]。

异史氏曰："嗟乎！死者而求其生，生者又求其死，天下所难得者，非人身哉？奈何具此身者，往往而置之，遂至觍然而生不如狐，泯然而死不如鬼。"

〔注释〕

①沂州：今山东临沂县。

②孤：幼年失去父亲或父母双亡。

③馆：寓居。

④静穆自喜：安静平和，自矜自持。

⑤日再出：每日出去两次。

⑥坚坐：久坐不出门。

⑦丈夫：大丈夫，男子汉。

⑧垣：矮墙。

⑨逡巡：因有所顾虑而徘徊不前。

⑩斋：书房。

⑪倾国之姝：绝色美女。倾国，或作"倾国倾城"，指美女。姝，女子。

⑫青楼:泛指妓院。

⑬承逆:即承迎,迎接。逆,迎。

⑭觌(dí):观察,察看。

⑮亸(duǒ)袖垂髫(tiáo):宽大的衣袖,头发下垂。亸,下垂。髫,头发下垂。此谓少女的打扮。少女未笄不束发,鬓发下垂。

⑯秀曼:风姿曼妙秀美。曼,美。

⑰若还若往:像回去又像前行,形容体态轻盈。

⑱葳蕤(wēiruí)之质:指少女娇嫩柔弱的身体。葳蕤,草木茂盛枝叶下垂的样子,喻柔弱。

⑲鄙陋:女子谦称自己容貌丑陋。

⑳谨:谨慎小心。

㉑院中人:妓院中人,指妓女。

㉒绣履一钩:绣鞋一只。履,鞋。钩,旧时女子的鞋尖翘起如钩,故称。

㉓萧索:本指晚秋草木凄凉,此谓精神萎靡,气色灰暗。

㉔对妾云尔:对我这样说。

㉕月殿仙人:传说中的月中仙女,即嫦娥。比喻美丽的女子。

㉖惫损:困顿、消瘦。

㉗析析:象声词,散乱的样子。

㉘旦旦而伐之:本谓天天砍伐树木,此谓天天损害,放纵淫欲。旦旦,日日。伐,砍伐。意谓纵欲伤身。

㉙痨尸瘵(zhài)鬼:指因患痨病而死的人。痨瘵,肺结核病,俗称痨病,旧为不治之症。

㉚刀圭药:一小匙药。刀圭,中药的量器名,即汤匙。

㉛洞下三两行:泻了两三次。洞下,中医术语,指腹泻。行,次。

㉜德:感激。

㉝肤革充盈:身体结实丰满。肤革,皮肤。盈,充满。

㉞巫医:巫师和医师。既能交通鬼神,又懂医药,是比一般巫师更专门于医药的人物。此指行医治病。

㉟为怼(duì):产生怨恨。怼,怨。

㊱结舌:不敢说话或说不出话。

㊲不虞:意料不到,指出乎意料的事。

㊳怫然:生气恼怒的样子。

㊴饘(zhān)粥:稀饭。

㊵羸(léi)卧:身体虚弱地躺着。羸,身体虚弱。

㊶望岁:因饥饿而期盼谷熟。

㊷田舍郎:农家子弟,多用以指乡野之人,含讥讽之意。

㊸病入膏肓(huāng):病情特别严重无法医治,常比喻事态严重到无法挽回的地步。膏肓,古人把心尖脂肪叫膏,心脏与隔膜之间叫肓。

㊹欻(xū)入:一闪而入。欻,同"欻",急促,忽然。

㊺卒:同"猝",突然。

㊻蔽:挡住。

㊼责数(shǔ):责备数落。

㊽面相质:当面对质。质,询问。

㊾投地陨泣:谓伏地哭泣。投地,下拜,拜伏于地。陨泣,犹陨涕,落泪。

㊿通判:官名。州府的长官,掌管粮运、家田、水利、诉讼等事项。

51瘗(yì):埋葬。

52"已死"二句:死去的春蚕,遗留的情丝还未了,意谓人虽已死而情丝未断。丝,谐"思"。李商隐《无题》:"春蚕到死丝方尽,蜡炬成灰泪始干。"

53赧然:形容难为情、羞愧的样子。

54敛衽(rèn):整理衣襟,表示恭敬,指女子的拜礼。衽,衣襟。

55医国手:对名医的誉称,医术居全国之首,此指能起死回生的神奇手段、本领。

56三山:神话传说中的海上三座神山,即方丈、蓬莱、瀛洲。

57凡三阅月:共历三月。凡,共。阅,经历。

58瘵(zhài)蛊:久治不愈的病,指痨病、痼疾。即民间所谓"色痨"。

古人以为淫欲过度所致，为不治之症。

㊾引：药引子。

㊿丹田：人体部位名，道家认为，人脐下者，为道家炼丹时意守之处。

㉛调摄：调养身体。摄，保养。

㉜刍灵：用茅草扎成的人马，为古人送葬之物。

㉝窈娜：窈窕婀娜，形容体态柔美。

㉞怆恻：悲伤，悲痛。

㉟眷注：关怀，眷念。

㊱硕大无朋：大得没有可以与之相比的。硕，大。朋，比。

㊲宛肖生平：与往日的容貌非常相像。肖，像。

㊳眙（chì）：瞪大眼睛看，惊视。

㊴初度：指初生的时候，后称生日为初度。

㊵认客：辨认客人。

㊶诃谯（qiào）：呵斥、诮让。诃，同“呵”。谯，同“诮”。

㊷浼（měi）女舅执柯：请求女方的舅父做媒人。浼，请托。执柯，谓为人做媒。

㊸赘：招赘，招女婿。古时到女家成婚的男子，称赘婿。

㊹旋里：返回故乡。旋，回还。

㊺罽（jì）毯：毛毯。罽，用毛做成的毡子一类的东西。

㊻青庐：青布搭成的帐篷，是古时北方举行婚礼之处。借指结婚。

㊼卺（jǐn）饮：古时婚礼仪式中，新婚夫妇饮交杯酒，谓之卺饮。

㊽尔日：近日。尔，通“迩”，近。

㊾随风漾泊：随风漂泊。

㊿沉痼弥留：病久即将离世。沉痼，久治不愈之病。弥留，指病重已到死亡的边缘。

81举于乡：即乡试得中，考取举人。

82似曾相识燕归来：语出晏殊《浣溪沙》词：“无可奈何花落去，似曾相识燕归来。”

83泫然：悲伤流泪的样子。

⑧④宿因：佛教语，前世的因缘。

⑧⑤离离：浓密的样子。语出白居易《赋得古原草送别》："离离原上草，一岁一枯荣。"

⑧⑥木已拱矣：墓上之树已有一合抱粗了，比喻人已经死去多年。拱，两手相握。语出《左传·僖公三十二年》："尔墓之木拱矣。"

⑧⑦吉服临穴：穿着吉庆冠服到墓地参加葬礼。穴，墓穴。

⑧⑧庚戌：康熙九年，即公元1670年。

⑧⑨崖略：梗概，大略。

［译文］

沂州有个书生，姓桑，名晓，字子明。他自小失去父亲，独自在红花埠寓居。桑生喜欢安静，很少与人交往，每天除了去东邻家吃两顿饭，其他时间都在住所待着。一次，东邻的书生跟他开玩笑说："你独自一人住在这院子里，不害怕有妖魔鬼怪吗？"桑生笑着说："堂堂男子汉难道还会被鬼狐吓到？雄的来了，我用利剑刺他，雌的来了，开门恭迎她进来！"东邻的书生回家后，和朋友们一起谋划戏弄桑生，半夜，让妓女登着梯子从墙上翻到桑生的院子里。妓女来到房门跟前轻轻敲门，桑生从门缝往外看，问敲门的是谁，妓女称自己是鬼。桑生吓得牙齿咯咯作响。妓女在门外待了一会儿就回去了。

第二天早晨，东邻书生又来到他的书房，桑生把昨夜所见所闻告诉了书生，然后说他打算回家了。东邻书生忍不住拍手大笑，嘲笑他说："为什么不开门把女子请进屋里来呢？"桑生顿时知道了那个女子是假鬼，就跟以前一样安心地住在这里了。

大约半年后，夜里又有个女子来敲门。桑生觉得又是朋友和他开玩笑呢，就开门请女子进屋。一看，真是个标致的美人。桑生惊讶地问她是从哪里来的。女子说："我叫莲香，是西边一家妓院的妓女。”红花埠周边有很多妓院，桑生就信以为真了。随后，两人熄灯上床，极尽欢爱。从此，莲香隔三岔五晚上就来一次。

一天夜里，桑生独自坐在书房里沉思，一个少女飘飘忽忽推门进来。桑生还以为是莲香来了，就走上前，去和她说话。仔细一看，发现不是莲香。这女孩只有十五六岁，披散着头发，长长的袖子，体态风流秀丽，步行之间，飘飘然像个小仙女。桑生有些害怕，担心她是狐狸。女子说：“我姓李，是清白人家的女孩。爱慕你为人风流倜傥，还希望你能不嫌弃我。”桑生听了很高兴。就走上前握住她的手，这女子的手像冰块一样凉，桑生便问她：“怎么这样凉啊？”女子回答说：“我年纪小，身单体弱，夜里披霜蒙露，手怎么可能不凉？”说完就脱衣上床，俨然是个处女。女子说：“我现在因为爱情，把贞操交给了你，已经没有清白可言了。如果你不嫌弃我长得难看，我会经常来陪伴你的。你这屋子里是否还会有别人来？”桑生说：“有一个西邻的妓女，不常来。”李女说：“你应该小心谨慎点儿，别和她走得太近。我和其他妓院里的女子不同，您一定要保守秘密，不要泄露出去。我可以趁她不在的时候来。”过了一会儿，天将要亮了，李女起身告别。离开时送给桑生一只绣花鞋，告诉他说：“这是我平时穿的，拿着可寄托你对我的思念之情。有外人在场的时候，千万别拿出来把玩。”桑生接过绣鞋，仔细一看鞋尖像弯钩似的，很喜欢。第二天夜里，卧室里没别人，桑生就拿出绣鞋来把玩。李女又忽然轻飘飘地来了，两人又亲热了一宿。从那以后，只要桑生把玩绣鞋，李女就会立刻出现。桑生不解，问李女这是怎么回事，李女笑着回答：“只是赶巧罢了。”

一天晚上，莲香来了，吃惊地问：“桑郎，你的精神状态怎么这样不好呢?”桑生说:“我自己没感觉啊。”莲香便和他告辞了,说好十天后再来。莲香不在的这几天晚上,李女天天都来。李女问桑生:“你的情人为什么这么长时间都不来一次呢?”桑生就告诉李女两人约好十天后相见。李女调侃地说:“你觉得我和莲香谁更漂亮啊?”桑生说:“你们两个都是绝世美女。但是莲香的肌肤比你温暖点儿。”李女听完脸色一下就沉了下来,说:“你说都漂亮,是对我说。我一定比不上她这个月殿仙女漂亮。”所以非常不开心。李女掐指计算,和莲香约好的十天就要到了。李女嘱咐桑生不要告诉别人,她想偷偷地看看莲香长什么样。

第二天半夜,莲香信守约定来了。与桑生谈天说地,俩人非常开心。躺下睡觉时,莲香惊骇地说:“糟了!你现在的状况很危险,就十天没看到你,你怎么变得这么虚弱了呢?你敢保证近来没有遇见什么吗?”桑生不明白莲香为什么这么问,莲香说:“我看你的神情气色,脉搏虚弱如丝,像是遇鬼的样子。”等到第二天晚上,李女来的时候,桑生问:“你在背后偷偷看过莲香,觉得她怎么样啊?”李女答:“确实美若天仙。我本觉得世上没有如此好看的人,果然是个狐狸精!她走后,我就在后面跟踪侦查,她就在南山的一个洞穴里住。”桑生觉得李女是嫉妒莲香,并没把她的话放在心上。

一天后的晚上,桑生和莲香开玩笑,说:“我打心底里不相信,却有人说你是狐狸精。”莲香急忙追问:“是谁这么说的啊?”桑生回答:“我和你闹着玩的。”莲香说:“狐狸和人又有哪里不同呢?”桑生说:“被狐狸引诱过的人会得重病,甚至可能会丧命,所以非常担心。”莲香说:“你这样说不对啊。像你这么大的年龄,房事三天后,就能够恢复精力了。即使是狐狸,又有什么不好呢。倘若无节制地淫乐，即使是人也会比狐狸更严重。天底下那么多死去的色鬼，难道都是被狐狸害的吗？即便如此，也一定有人在背后说我坏话。”桑生越是辩解，莲香追问得越急。没办法，桑生只好将李女的事情告诉了莲香。莲香说：“我本来对你的疲惫状态感到奇怪，为什么会突然病到这种程度，难道李女不是人吗？你先不要问李女，明晚，我也学她的做法，在暗地里看看她。”晚上，李女果然来了，还没和桑生说几句话，就听到窗外有咳嗽声，赶紧匆忙逃走了。莲香进屋告诉桑生：“你确实身处险境！李女真是鬼啊！如果你还不舍她的美色，不与她断绝来往的话，你就离死不远了！”桑生觉得莲香这么说是因为嫉妒李女，也没放在心上。莲香说：“我知道你忘不了她，但是我也不忍眼看着你去死。明天，我会带来些药，帮你去除病毒。幸好中毒不深，十天就能好。让我陪着你，照顾你，把病治好。”第二天晚上，莲香果然带药过来，给桑生吃了。没过多长时间，桑生就泻了两三次，他顿时觉得五脏六腑都清爽了，精神倍增。桑生心中虽然对莲香充满感激，但还是不相信李女是鬼。

莲香夜夜和桑生同床，他几次想和她亲热，都被莲香拒绝了。没几天，桑生皮肉丰满，身体变得强壮了。莲香临走，恳切地嘱咐桑生，一定不要再和李女来往了。桑生敷衍着答应了。

到了晚上，桑生闭门点灯后，想念李女，又拿出绣花鞋把玩。李女忽然来了。几天没见桑生，李女颇有些埋怨之色。桑生说：“莲香天天为我煎药治病，你不要怪她，我对你的情意没有改变。”李女脸上这才稍微露出点儿笑容来。桑生在李女耳旁轻声说：“我很爱你，只是有人说你是鬼。”李女张口结舌好一会儿，才骂道：“一定是那个狐狸精造的谣！你如果不和她断绝来往，就再也见不到我了。”说完就大哭起来。桑生想尽办法安慰劝解，这才罢休。

隔了一夜，莲香来后知道李女又来过了，生气地说："你一定要自寻死路啊！"桑生笑着说："你为什么要如此妒忌她呢？"莲香更加生气了，说："你之前得了绝症，是我帮你治好的，不妒忌人又会怎样对你呢？"桑生说谎话糊弄莲香说："李女说，前几天我病重，都是狐狸在作怪。"莲香叹了口气说："如果真如你所说，那你就太固执了！如果发生意外，我即使有一百张嘴又如何能为自己辩解清楚呢？那现在我就告辞吧。一百天后，我再来看望倒在病榻上的你。"桑生诚心挽留她，莲香态度坚决，愤怒地离开了。

从此，李女每天夜里都会来和桑生相会。过了两个多月，桑生就感到疲乏不堪，打不起精神来。刚开始自己还能够宽解，后来，一天比一天虚弱了，每餐就只能喝一碗粥。想回家修养一段时间，但又舍不得李女，不忍心离开。拖拖沓沓地过了几天，最后还是病倒了，躺在床上不能起来。东邻看他病得无法照顾自己，每天就派书童给他送饭送水。直到此时，桑生才对李女产生怀疑，对她说："我后悔当初没听莲香的好言相劝，到头来变成这样！"说完就昏死过去了。过了许久才醒过来，睁开眼环顾四周，李女早从书房离开了，从此就再也没有消息。

桑生骨瘦如柴，独自躺在空寂无人的书房里，像农民盼望好年成一样急切地盼望莲香早些到来。一天，他正凝神思念莲香时，忽然有人掀开门帘走了进来。抬头一看，是莲香来了。她走到桑生的病床前，微笑着说："你个无知的人，我是瞎说吗？"桑生痛哭流涕，抽噎了好一会儿，承认自己错了，只希望莲香能够挽救他。莲香说："你病入膏肓，我也没办法让你痊愈。我来是向你做最后的告别，也想让你知道我并非嫉妒她。"桑生伤心欲绝地说："有件东西在我枕头底下，麻烦你帮我把它扯碎！"莲香伸手去枕头底下翻找，找到一只绣鞋，拿到灯前，反复端详。李女忽然出现，一见莲香，转身想要逃走。莲香用身体挡着大门，李女惊慌失措，不知从哪里能逃出去。桑生埋怨责备李女，李女也无话应答。莲香笑着说："我到现在才有机会与你当面对质。原先你说桑郎的病不是因你而起，今天我看你还怎么辩解？"李女低头承认错误。莲香说："这么漂亮的美人，怎么会用爱情结下仇怨呢？"李女双膝跪地，悲痛万分，泪如雨下，恳求莲香救桑生一条命。

莲香扶李女起来，仔细打听她的生平。李女说："我是李通判的女儿，很久之前就去世了，被埋在这儿的墙外。我就像那死去的春蚕，只是遗留的情丝还未了。能够和桑生相亲相爱，是我这辈子最大的心愿。致桑郎于死地，绝不是我故意而为。"莲香说："听说鬼魂都希望把人杀死，因为死了，两个人就能经常在阴间相聚了，是像传言说的那样吗？"李女回答："不是的。两个鬼魂在一起，并没有什么意思。如有意思的话，阴间难道还缺年轻的小伙子吗？"莲香说："你真是痴傻啊！天天亲昵，就是人也受不了啊，更不用说你们鬼了。"李女问莲香说："听说狐狸也能害死人，你是怎么做到不致如此的呢？"莲香说："只有那些采人心血补养自身的狐狸才害人，我和它们不一样的。所以，你能在世上遇到不害人的狐狸，却碰不到不害人的鬼，因为鬼的阴气太重了！"桑生听后，才确信她们是鬼狐，好在相处时间长了，并不感到害怕。但只是想到自己生命垂危，不觉失声痛哭起来。莲香看着李女问："你能想出救桑生的办法吗？"李女露出惭愧的神情，满脸通红，也想不出办法来。莲香笑说："恐怕桑生的身体痊愈了，有人就要喝杨梅汤了。"李女躬身施礼说："如果能遇上神医妙手回春，让桑生起死回生，让我对得起郎君，我一定老老实实藏身地下，怎么还能厚着脸皮来人间来！"莲香解下随身携带的药囊，从里面取出一丸药，说："我早预料到会有今天，分别后，我就到三山采集草药了，一连采了三个多月，才把所有药配齐，就是那奄奄一息的人，吃下去也能够恢复健康。但是因谁得病，还需谁出药引子，现在就得反过来求你出手相助了。"李女问："需要我做什么呢？"莲香说："仅需你樱桃小口中的一点唾液。一会儿，我把药放到桑生嘴里，然后劳烦你对着桑生的嘴，用自己嘴里的唾液让他把药丸送下去。"李女听了满脸通红，低头盯着脚上的绣鞋，十分难为情。莲香取笑李女说："绣鞋是妹妹最称心如意的宝物呀！"李女越发羞愧，无地自容。莲香又说："这不是你平时最擅长的技巧吗？今天怎么如此吝啬呢？"说完就把药丸放进桑生的嘴里，转身催促李女。李女没办法，就嘴对嘴唾了一口。莲香说："再唾一口。"她又照做。一连唾了三四口，桑生才把药吃下去。不一会儿，能清楚地听到桑生的肚子里发出雷鸣般轰隆隆的响声。莲香又往他嘴里放了一丸药，亲自吻他的嘴唇，往胸膛里送气。桑生感到丹田火热，精神焕发。莲香说："病好了。"此时天已蒙蒙亮，李女一步一回头地告别离开了。

莲香觉得桑生的病才刚刚好，还需调养一段时间，也不便一直去东邻家吃饭，就把院门在外面锁上，让人误以为桑生已经回家了，也好借此断绝和外界的交往，自己日夜守在桑生身边照顾他。李女也每天晚上都来，勤勤恳恳地伺候桑生，把莲香当亲姐姐一样看待，莲香也很喜欢李女。三个月后，桑生恢复了健康。此后，李女好几天晚上也不来一次；偶尔过来，也都是看一眼就走。两人相对而坐，也总是一脸愁眉苦脸的样子。莲香总是让她留下来和桑生同床，她每次都坚决拒绝。有一天桑生追出去，硬生生地把她抱回了屋，觉得她身子轻得像根草似的。李女实在走不了了，没办法就只好穿着衣服躺在床上，蜷缩着身子不到二尺长。莲香更加爱怜她了，让桑生偷偷拥抱她，但不管怎么碰她都不醒，桑生只得自己睡了。第二天醒来找她时，她已经消失不见了。在这之后的十几天里，李女就再也没来过。桑生很想她，经常把绣鞋拿出来和莲香一起把玩。莲香说："这样温婉贤惠的少女，我都非常喜欢她，更不要说你们男人了。"桑生说："以前，一把绣鞋拿出来把玩，她马上就会出现，本来就心生疑问，但是怎么也想不到她竟然是鬼。现在看到绣鞋就想她，实在太难过了。"说着说着，眼泪就流出来了。

此前，一个张姓财主的女儿叫燕儿，十五岁就患病去世了。第二天早上又活了过来，睁眼向这边看看，再望望那边，拔腿就要跑。张财主立即锁上门，防止她逃走。她就自己解释说："我是李通判女儿的灵魂，十分感恩桑郎对我的关心照顾，我送他的绣鞋还留在他那儿。我确确实实是鬼啊，关我也没用啊！"张财主听她说得有模有样，就问她来这里干什么。燕儿踌躇不前，左看看，右望望，茫然说不清来由。有人在一旁说"桑生因病回家了"，燕儿全力解释那不是真的，是谣传，家人也将信将疑。东邻的书生听了燕儿的话，就跳过大墙，暗中察看桑生的居住房间，看到桑生正和一个美女说话呢，东邻生趁他们不注意，就闯了进去，眨眼的工夫，女子就不见了。邻生觉得奇怪，一直追问桑生，桑生笑着说："我之前就说过，雌的来了我就开门欢迎嘛！"邻生就向桑生转述燕儿刚才的话。桑生马上开门出去，要去张家了解事情的原委可又苦于没有前去探听的理由，感到非常苦恼。张母听到桑生没回家的确切消息，更疑惑不解了，就打发一个仆妇去找桑生，说要拿回绣鞋。桑生就让丫鬟把绣鞋带回去了。燕儿把绣鞋拿在手，分外喜悦，赶紧试穿，大吃一惊，绣鞋竟然比脚小一寸多。找来一面镜子照脸，恍惚中才知道自己是借着别人的躯壳还魂了，于是便把来龙去脉告诉了母亲。张母这才相信。燕儿对着镜子哭哭啼啼，说："我对自己原来的长相很有自信，但只要看到莲香姐，我都感到自愧不如。现在反而这样，还不如原来当鬼呢。"拿着绣鞋痛哭不止，谁劝都听不进去。哭完以后，就拿上被子蒙在头上，直挺挺地躺在床上。也不吃饭，没多久身体全肿了起来，七天不吃不喝，不但没死，浮肿还逐渐消退了呢。从那以后，饥饿难忍，逐渐开始饮食。几天后，全身瘙痒难忍，脱了一层皮。早起时绣鞋突然掉下来了，捡起来再往脚上套，鞋子变得比之前肥大了。试穿原来的绣鞋，大小正合适。她很高兴，再去镜子前照，发现容貌也变回原来的样子了，就更高兴了。梳洗打扮完，就去拜见母亲，见到她的人都吃惊地瞅着她。

莲香听说这件怪事，就让桑生托媒人去张家提亲。桑生觉得和张家贫富差距太大，不敢断然行事。一天，恰巧是张母的寿辰，桑生就跟着张家的子婿们一起去给张母拜寿。张母看到桑生的名帖，故意把燕儿藏在帘子后面，让她辨认桑生。桑生是最后一个来给张母拜寿的人，燕儿看到桑生急忙往外跑，一把揪住桑生的袖子，嚷着跟他一起回家。张母大声呵斥燕儿，燕儿这才害羞地躲进屋里去了。桑生见到燕儿，觉得很像李女再生了，泪如雨下，跪在地上不起来。张母没有看不起他，反而急忙上前把他扶起来。桑生回家后，就托燕儿的舅舅去向张母提亲。张母和她舅舅商量说："选个良辰吉日，把桑生招到家里当养老姑爷。"

桑生回去,告诉莲香这个消息,然后一起商量计策。莲香难过了好长时间,决定要告别离去。桑生大为吃惊,忍不住哭了。莲香说:“你被招到别人家做女婿,我跟着去,成何体统?”桑生经过反复考虑,决定先送莲香回老家,然后再把燕儿娶回家,莲香答应了。桑生把事情一五一十地告诉了张家,张家知道他已有家室,就愤怒地谴责他。燕儿在一旁为桑生辩解,终于得到了张家的同意。

结婚那天,桑生亲自去张家迎娶。他家准备的都是破旧的婚礼用品,可是等他把燕儿接到家时,发现从大门到厅堂铺满花毡,还有几千只灯笼蜡烛,华美灿烂地照耀在两旁,亮如白昼。莲香手扶新娘入洞房,把蒙头纱掀开的那一刻,她们相见,欢天喜地,如同生前。他俩喝交杯酒,莲香陪在一旁,并详细地打听了燕儿是怎么借尸还魂的。燕儿说:“自从那天分别,内心郁闷,百无聊赖,只因是个鬼物的身子,没脸再见你们,决定从此再也不回坟里了,就随风到处漂泊。每次碰到世上的人,就心生羡慕。白天在草丛中藏身,夜里便听凭两只脚,深一脚浅一脚,走到哪里算哪里。偶然来到张家,见一个女孩躺在床上,魂灵往她身上一附,没想到还真死而复生了。”莲香听后,不说话,像在思考什么似的。

两个月后,莲香产下一个男孩儿。生完孩子没多久就得了急病,一天比一天严重。她抓着燕儿的胳膊拜托说:“这个孩子我就只能托付给你了,希望你能把他视为己出。”燕儿泪流满面,百般劝解。想法给她找医生看病,莲香通通拒绝了。眼看着莲香病情逐渐加重,奄奄一息,桑生和燕儿都流下难过的泪水。忽然,莲香又睁眼说:“你们都别这样,你们喜欢活着,我却喜欢死去。如果我们有缘,十年后还能再见。”说完就断气了。掀开被要给她穿寿衣时,她的躯体已经变成了狐狸。桑生不忍心把她当作异类,仍用厚礼安葬了她。莲香的孩子取名叫狐儿。燕儿无微不至地关爱照顾他,和亲生儿子没两样。每年的清明节,燕儿都会带狐儿去莲香坟前哭泣悼念。

后来,桑生中了举人,家里渐渐变得有钱了。燕儿却一直很苦恼,自己一直没有生孩子。狐儿可爱聪慧,就是身体单薄好生病。燕儿就劝桑生再纳个小妾。一天,忽然一个丫鬟跑来回禀:"门外一个老太太带着个小姑娘,要把女孩卖给我们。"燕儿就把他们招呼进来。冷不丁一见,就吃惊地说:"莲姐再生了!"桑生仔细瞧了瞧那女孩儿,长得和莲香很像,也觉得很奇怪。就问:"孩子多大了啊?"老太太说:"十四了。"又问:"您想要多少聘金呢?"老太太一脸认真地答:"老身只有这么一个女儿,只要她找到了好人家,我也就有吃饭的地方了,将来就是死了,我这把老骨头也不至于被扔到荒山野谷之中,这样就心满意足了。"桑生给了老太太丰厚的聘金,把姑娘留了下来。燕儿拉着女孩儿的手,走进卧室,不住地揉捏她的下巴,笑着说:"姑娘,你认识我吗?"姑娘说:"不认识。"又细细打听了一下姑娘的身世,回答说:"我姓韦,父亲住徐城,以卖酒为生,已经死了三年了。"燕儿掐指一算,莲香已经死了整整十四年了。再细细端详姑娘的容貌长相,没有不神似莲香的地方。就拍着她的脑袋大声喊叫:"莲姐!莲姐!你之前说的十年的约定,果然没有骗我!"姑娘像大梦初醒似的"咦"了一声,然后不错眼珠地盯着燕儿看。桑生看到此情此景笑着说:"这如同'似曾相识燕归来'啊!"姑娘泪流满面,说:"是的!听妈妈说,我生下来就会说话,家里人认为不吉利,给我找来一些狗血喝,所以现在就忘了前世因果了,今天才如梦初醒。娘子,你就是那个以做鬼为耻辱的李妹妹吗?”三人一起回忆前生发生的事情,真是悲喜交集。

寒食节那天,燕儿说:“每年的今天我和桑郎都会为你哭祭。”就把姑娘领到莲香坟前,看到坟地荒草丛生,树也长得更加粗壮了。姑娘也触景伤情地叹息。燕儿对桑生说:“我和莲香姐姐两世的关系都很好,不忍分开告别,应该将我前世的骨灰和莲姐的合葬。”桑生按照她的心愿去做,挖开李女的坟墓,把尸骨抬回来和莲香的合葬在一起,亲戚朋友听到这件奇闻异事都穿着吉服来墓地观礼,不约而来的有几百人。

康熙九年,我南游到了沂州,被雨阻隔在客店里。桑生家的表亲,是个秀才,叫刘子敬,拿出一篇同乡王子章写的《桑生传》,一万字左右,我认真看了一遍。现在这篇《莲香》只是故事梗概罢了。

异史氏说:“唉!死了的人想要复活,活着的人又急着寻死,天下最难得的东西,生命难道不是最宝贵的吗?无奈身体健康的人,往往不知道爱惜,以至于厚着脸皮活着,还比不上个狐狸(莲香),形销迹灭还不如鬼(李氏)。”

阿宝

〔题解〕

性情憨厚、做事专注的孙子楚，不顾门第观念，痴情于富商大贾的女儿阿宝。他的一片诚心感动了上天，最终与阿宝结成了美满婚姻。这是一篇关于痴情的故事，全篇字字写痴，笔笔关情。孙子楚不是依靠所谓的书生才华，而是凭借满腔的赤诚专一。阿宝也是情深义重，冲破封建世俗观念，收获了圆满的爱情和幸福的婚姻。孙子楚凭借朴诚和专心，收获了意想不到的人生幸福，真是痴人天佑。只要男女双方两情相悦，两心相契，有至情、真心，就可以冲破一切阻力，喜结良缘。现实生活中有很多成功的人，他们并不是靠机巧和聪明。“赤诚”“专心”，是为人做事的良好心态和珍贵品质，人们也最缺少这种品质。正像清代《聊斋志异》评论家但明伦所说：“天下之为人臣、为人子、为人弟、为人友者，果能以至诚之心处之，天下不复有难处之事矣。”

〔原文〕

粤西孙子楚[①]，名士也。生有枝指[②]。性迂讷，人诳之，辄信为真。或值座有歌妓[③]，则必遥望却走。或知其然，诱之来，使妓狎逼之，则赪颜彻颈[④]，汗珠珠下滴。

因共为笑。遂貌其呆状[⑤]，相邮传作丑语[⑥]，而名之“孙痴”。

邑大贾某翁，与王侯埒富[⑦]。姻戚皆贵胄。有女阿宝，绝色也。日择良匹，大家儿争委禽妆[⑧]，皆不当翁意。生时失俪[⑨]，有戏之者，劝其通媒。生殊不自揣，果从其教。翁素耳其名，而贫之。媒媪将出，适遇宝。问之，以告。女戏曰：“渠去其枝指，余当归之[⑩]。”媪告生。生曰：“不难。”媒去，生以斧自断其指，大痛彻心，血益倾注，滨死。过数日，始能起，往见媒而示之。媪惊，奔告女。女亦奇之，戏请再去其痴。生闻而哗辨，自谓不痴，然无由见而自剖。转念阿宝未必美如天人，何遂高自位置如此？由是曩念顿冷。

会值清明，俗于是日，妇女出游，轻薄少年，亦结队随行，恣其月旦[⑪]。有同社数人，强邀生去。或嘲之曰：“莫欲一观可人否[⑫]？”生亦知其戏己；然以受女揶揄故，亦思一见其人，忻然随众物色之。遥见有女子憩树下，恶少年环如墙堵。众曰：“此必阿宝也。”趋之，果宝。审谛之，娟丽无双。少顷，人益稠。女起，遽去。众情颠倒，品头题足，纷纷若狂。生独默然。及众他适[⑬]，回视生，犹痴立故所，呼之不应。群曳之曰：“魂随阿宝去耶？”亦不答。众以其素讷，故不为怪，或推之，或挽之，以归。至家，直上床卧，终日不起，冥如醉，唤之不醒。家人疑其失魂，招于旷野[⑭]，莫能效[⑮]。强拍问之，则蒙眬应云：“我在阿宝家。”及细诘之，又默不语。家人惶惑莫解。

初，生见女去，意不忍舍，觉身已从之行，渐傍其衿带间，人无呵者。遂从女归，坐卧依之，夜辄与狎，甚相得，然觉腹中奇馁[16]，思欲一返家门，而迷不知路。女每梦与人交，问其名，曰："我孙子楚也。"心异之，而不可以告人。生卧三日，气休休若将澌灭[17]，家人大恐，托人婉告翁，欲一招魂其家。翁笑曰："平昔不相往还，何由遗魂吾家？"家人固哀之，翁始允。巫执故服、草荐以往[18]。女诘得其故，骇极，不听他往，直导入室，任招呼而去。巫归至门，生榻上已呻。既醒，女室之香奁什具，何色何名，历言不爽[19]。女闻之，益骇，阴感其情之深。

生既离床寝，坐立凝思，忽忽若忘。每伺察阿宝，希幸一再遘之。浴佛节[20]，闻将降香水月寺，遂早旦往候道左，目眩睛劳。日涉午，女始至，自车中窥见生，以掺手搴帘[21]，凝睇不转。生益动，尾从之。女忽命青衣来诘姓字。生殷勤自展，魂益摇。车去，始归。

归复病，冥然绝食[22]，梦中辄呼宝名。每自恨魂不复灵。家旧养一鹦鹉，忽毙，小儿持弄于床。生自念：倘得身为鹦鹉，振翼可达女室。心方注想，身已翩然鹦鹉，遽飞而去，直达宝所。女喜而扑之，锁其肘，饲以麻子。大呼曰："姐勿锁！我孙子楚也！"大骇，解其缚，亦不去。女祝曰："深情已篆中心[23]。今已人禽异类，姻好何可复圆？"鸟云："得近芳泽，于愿已足。"他人饲之，不食；女自饲之，则食。女坐，则集其膝；卧，则依其床。如是三日。女甚怜之，阴使人瞯生[24]。生则僵卧，气绝已三日，但心头未冰耳。女又祝曰："君能复为人，当誓死相从。"鸟云："诳我！"女乃自矢。鸟侧目，若有所思。少间，女束双弯[25]，解履床下，鹦鹉骤下，衔履飞去。女急呼之，飞已远矣。女使妪往探，则生已寤。

家人见鹦鹉衔绣履来，堕地死，方共异之。生旋苏，即索履。众莫知故。适妪至，入视生，问履所在。生曰："阿宝信誓物。借口相覆：小生不忘金诺也[26]。"妪反命。女益奇之，故使婢泄其情于母。母审之确，乃曰："此子才名亦不恶，但有相如之贫[27]。择数年，得婿若此，恐将为显者笑[28]。"女以履故，矢不他。翁媪从之。驰报生。生喜，疾顿瘳。

翁议赘诸家。女曰："婿不可久处岳家。况郎又贫，久益为人贱。儿既诺之，处蓬茅而甘藜藿[29]，不怨也。"生乃亲迎成礼[30]，相逢如隔世欢。

自是家得奁妆，小阜，颇增物产。而生痴于书，不知理家人生业；女善居积，亦不以他事累生。居三年，家益富。生忽病消渴[31]，卒。女哭之痛，泪眼不晴，至绝眠食。劝之不纳，乘夜自经。婢觉之，急救而醒，终亦不食。三日，集亲党，将以殓生。闻棺中呻以息，启之，已复活。自言："见冥王，以生平朴诚，命作部曹[32]。忽有人白：'孙部曹之妻将至。'王稽鬼录，言：'此未应便死。'又白：'不食三日矣。'王顾谓：'感汝妻节义，姑赐再生。'因使驭卒控马送余还。"

由此体渐平。值岁大比[33]，入闱之前，诸少年玩弄之，共拟隐僻之题七，引生僻处与语，言："此某家关节[34]，敬秘相授。"生信之，昼夜揣摩，制成七艺[35]。众隐笑之。时典试者虑熟题有蹈袭弊[36]，力反常径[37]。题纸下，七艺皆符。生以是抡魁[38]。明年，举进士，授词林[39]。上闻异，召问之。生具启奏。上大嘉悦。后召见阿宝，赏赉有加焉。

异史氏曰："性痴，则其志凝[40]，故书痴者文必工，艺痴者技必良；世之落拓而无成者，皆自谓不痴者也。且如粉花荡产，卢雉倾家[41]，顾痴人事哉，以是知慧黠而过，乃是真痴，彼孙子何痴乎？"

〔注释〕

①粤西：广西的别名。粤，古百粤（百越）之地，指中国南方沿海一带，为今广东、广西地区。

②枝（qí）指：歧指、骈指，大拇指旁枝生一指。俗称"六指"。

③值：遇上，适逢。

④赪（chēng）颜：因害羞而脸红。赪，浅红色。

⑤貌：形容，描述。

⑥相邮传作丑语：当作丑话而讥笑、传扬。邮传，古时传递文书的驿站，此指传播。

⑦王侯埒（liè）富：同王侯一样富有。埒，等同。

⑧委禽妆：订婚下聘礼。委，送。禽，指雁。古时婚礼，纳采时向女方送雁，故称订婚为"委禽"或"委禽妆"。

⑨失俪：失去配偶，丧妻。

⑩归之：嫁给他。古时女子出嫁曰归。

⑪恣其月旦：肆意评论。月旦，指品评人物或诗文字画等，也作“月旦评”。东汉许劭兄弟对当时人物或诗文等进行品评、褒贬，常在每月初一发表，故称月旦评，或省作“月旦”。

⑫可人：称心如意的人，指意中人。

⑬他适：走到别处。适，到。

⑭招：招魂。民间习俗认为人有魂魄，病或亡，魂魄会离开身体，需要招回。

⑮效：有效，指招魂成功，身体复原。

⑯馁：饥饿。

⑰休休：同“咻咻”，喘气声。澌灭：消亡，消失。

⑱故服、草荐：平日穿的衣服和卧席，均是招魂的迷信用具。草荐，用干草编织成的铺床用的床垫子

⑲历言不爽：一一说来，毫无差错。爽，差错。

⑳浴佛节：又称佛诞节、佛诞日，是佛祖释迦的诞辰。中国汉族地区以每年的农历四月初八日为浴佛节。佛寺届时会举行诵经、法会，各地佛教信徒云集寺内礼佛，以香汤浸水浴洗佛像，并供养香花灯烛茶果等。

㉑掺(shān)手：犹纤手，指女子纤柔的手。

㉒冥然：昏迷，恍惚。

㉓已篆中心：在心里深深铭记。篆，铭刻。

㉔瞯(jiàn)：偷看，窥视。

㉕束双弯：指缠足。双弯，指女子的一双小脚。

㉖金诺：珍贵如金的诺言，对人诺言的敬称。金，表示珍贵。

㉗相如之贫：喻贫穷而有才华。汉代文学家司马相如家贫而有才华，爱慕追求富商卓王孙之女卓文君，卓父却嫌憎相如贫穷，后卓文君与其私奔，二人终成眷属。

㉘显者：富贵显达的人。

㉙处蓬茅而甘藜藿：住茅屋吃野菜也心甘情愿。蓬茅，茅屋。甘，乐意。藜藿，野菜，指粗茶淡饭。

㉚亲迎：古代婚礼习俗之一，新郎亲至女家迎娶新娘。

㉛病消渴：患糖尿病。消渴，中医指喝水喝得多、小便也特别多的病，一般指糖尿病。

㉜部曹：汉代尚书分曹办事，魏晋以后，渐改吏曹为吏部。明清时，部曹为各部司官之称。此指冥府某部属官。

㉝大比：指乡试，古代科举考试之一，明清两代每隔三年举行一次乡试，称“大比”。

㉞关节：暗中行贿勾通官员的事，称“关节”。这里指行贿主考官谋求考中而买的试题。

㉟七艺：此指七篇应试文章。乡试初场考试有七道试题。

㊱典试者：主考官员。典，掌管。

㊲力反常径：极力打破常规。径，本义小路，亦指道路、方法。

㊳抡魁：科举考试的第一名。抡，选拔。魁，首，指榜首。

㊴授词林：授官翰林。词林，翰林或翰林院的别称。明初建翰林院，额曰“词林”，故以之为翰林院的别称。

㊵凝：专一，执着。

㊶“粉花”二句：意谓因嫖赌而倾家荡产。粉花，脂粉烟花，指妓女。卢雉，呼卢喝雉，赌徒赌兴正酣时的样子，指掷骰赌博。呼、喝，喊叫。卢、雉，古代博戏中的两种胜彩。

〔译文〕

孙子楚，广西地区的名士。生来有六个手指。他性格拘泥，言语迟钝。别人说谎话骗他，他就当真。如果他从远处看见座席上有歌妓一定转身就走。有人了解他的脾气秉性，就把他骗到一个地方，让妓女引诱逼迫他，他一脸害羞，从脸到脖子都通红，紧张得汗珠成串地往下掉。因此大家都把他当笑柄，模仿他呆呆的神情，随意散播关于他的谣言，还给他起绰号叫“孙痴”。

本县有个做大买卖的富商老头儿，财富可与王侯相比。他的亲戚都是贵族的后代。他有个女儿叫阿宝，极其美貌。父母整天为给她挑选一个好女婿而忙碌。很多贵族子弟争先前来求亲，父亲都不满意。这时候正赶上孙子楚的媳妇死了，有人戏弄他，劝他托媒人去大富商家提亲。孙子楚不自量力，竟托媒人去了。老头儿也听过孙子楚这个人，只是太穷了，不同意将女儿许给他。媒婆正要返回的时候，碰上了阿宝。阿宝向她询问来由，媒人详细地说明情况。阿宝随口开玩笑说："等他把第六只手指头砍掉，我就嫁给他。"媒婆向孙子楚转述了阿宝的话。孙子楚说："这不难。"等媒婆走了以后，孙子楚就用斧头把多余的那个手指砍掉了，血不住地往下流，疼痛难忍，差点儿把他疼死过去。过了几天，孙子楚刚能爬起来，去见媒婆，让她看自己已经剁掉第六个手指了。媒婆很是吃惊，急忙跑去告诉阿宝。阿宝也大吃一惊，又开玩笑，说他还需去掉傻劲才能实现诺言。孙子楚听后费尽心思为自己辩解，说自己并不傻，但是始终没有机会当面跟阿宝解释。他转而一想，阿宝也未必美若天仙，怎么就能把自己的身价抬那么高呢，因此也没那么高的热情去求亲了。

正好赶上清明节，按照以往的风俗习惯，妇女们会一起去郊外踏青，会有一些轻佻的少年随行，还会对妇女们说三道四，随意戏弄。同社的几个人硬拉着孙子楚同去，有人故意调笑他说："难道你不想看看那位意中人吗？"孙子楚明知大家是在嘲弄自己，但是因受过阿宝的戏弄，便也想看看阿宝的样子，就和大家边走边看，心情舒爽。远远望去就有一个女子在树下休息，一帮品行恶劣的少年像一堵墙似的围在她四周。大家都说："这个人定是阿宝。"大家跑过去一看，果然没错。孙子楚仔细打量，发现真是个举世无双的绝色女子。不一会儿，前来围观的人越聚越多，阿宝赶忙起身走开了。众人群情颠倒，品头论足，发了狂似的。只有孙子楚默默地站在那里一言不发。等大家都走到别处，回头一望，孙子楚还傻傻地站在原处没动，叫他也不答应。大家扯他的衣袖说："魂魄随阿宝去了吗？"他还是没有回答。大家知道他素来说话迟钝，也并不感到奇怪，就推拉着把他拽回了家。孙子楚回到家，直挺挺地躺在床上，整天昏昏欲睡，像是喝醉了，无法被叫醒。家里人以为他的魂魄丢了，就到空旷的野外去为他招魂，也没有效果。使出浑身解数拍打着问他，他才迷迷糊糊地说："我在阿宝家呢。"再仔细盘问他时，又默默无语了。家里人惊慌失措，不明白到底发生了什么事情。

刚开始孙子楚还对阿宝的离开，感到伤心不舍，好像自己的魂魄也跟着阿宝走了，慢慢地靠在她的衣襟和裙带上，也没有人训斥他。因此他就跟阿宝回家了，坐卧都靠着阿宝，夜里就和阿宝亲昵地睡在一起，互相很投合。忽然他感到饥饿难忍，打算回家一趟，却迷迷糊糊找不到回家的路了。阿宝时常梦到有人睡在她身边，问那人姓名，那人每次都说："我是孙子楚。"阿宝心中诧异，可这种事又不便告诉别人。孙子楚躺了三天，眼看就要死去了，家里人害怕极了，托人委婉地向阿宝的父亲求情去他家为孙子楚招魂。老头儿笑着说："我们两家平时一直没有交际往来，他的魂怎么会丢在我家呢？"孙家再三请求，老头儿才答应了。巫婆拿着孙子楚穿过的旧衣服、铺过的草席子去阿宝家帮他招魂。阿宝问明白巫婆来的原因后，感到很惊讶，没让巫婆去别处，直接领到自己的卧室，任凭巫婆召唤一番后离开了。巫婆刚走到孙家门口，就听到孙子楚开始在床上呻吟了。清醒后，竟能准确地说出阿宝绣房中粉盒镜匣的位置，丝毫没有差错。阿宝听说后，感到更惊讶了，心里也被孙子楚的情深意切感动了。

孙子楚病好后，坐卧不安，心里时刻挂念着阿宝，神情恍惚，像丢了魂一样。他经常去外面打探阿宝的情况,希望自己能有好运,和阿宝再相见。浴佛节那天,听说阿宝会到水月寺去烧香,孙子楚很早就赶到那里,在路旁等候,望得两眼昏花,眼珠子发酸。一直等到中午,阿宝才来到水月寺。阿宝在车上就看见了孙子楚,用纤美的小手掀起车帘,目不转睛地望着他。孙子楚被阿宝的眼神吸引住了,越发动情,就跟在车后面走。忽然有个阿宝的丫鬟来询问他的姓名。孙子楚殷勤地介绍自己,更加神魂颠倒。等阿宝的车走了,他才往家走。

孙子楚到家后,旧病复发,整天迷迷糊糊的,不吃不喝,总能听到他梦里喊阿宝的名字,每天懊恼怨恨自己灵魂再也不能像以前那样灵验了。家中原来养了一只鹦鹉,突然死了,小孩子在他床边玩弄死去的鹦鹉。孙子楚见了,心想:我要是能变成鹦鹉多好,那样就能展翅飞进阿宝的卧房中去了。心里想着,身子就随即变成了鹦鹉,迫不及待地飞了出去,进入阿宝的房中。阿宝开心地捉住鹦鹉,用绳子捆住他的腿,喂它麻籽吃。鹦鹉大声呼叫说:“姐姐,我是孙子楚啊! 不要把我绑上。”阿宝很吃惊,连忙把绳子解开,鹦鹉也不飞走。阿宝对着鹦鹉祷告说:“你的深情已铭记在了我的心里,可现在我们不是同类,好姻缘也没办法复圆啊!”鹦鹉说:“能陪在你身边就是我的愿望。”别人喂食,鹦鹉都不吃,除非阿宝亲自喂它,鹦鹉才肯进食。阿宝坐着,鹦鹉就卧在她膝上;阿宝躺下,鹦鹉就飞落在她床上陪伴着。过了三天,阿宝怜悯它,私下打发下人去孙家了解情况。只见孙子楚躺在床上,身体僵直,已经断气三天了,但是心口窝还有点儿温度。阿宝又向鹦鹉祷告说:“你要是能死而复活,我死也要嫁给你。”鹦鹉说:“你骗我!”阿宝就立刻向他发誓,以表诚心。鹦鹉斜着眼睛,若有所思。过了一会儿阿宝缠裹小脚,脱下绣鞋放到床下，鹦鹉猛地向下飞去，叼起绣鞋向远处飞走了。等到阿宝反应过来呼喊它，鹦鹉已经飞到很远的地方了。阿宝打发老婆婆去孙家打探消息，得知孙子楚已经神奇地醒过来了。

鹦鹉叼着绣鞋飞回家，落地就死了，家里人都觉得很奇怪。孙子楚苏醒过来了。一醒就说找绣鞋，家人不明原因。正好赶上阿宝打发来的老婆婆到了，她进屋问孙子楚把绣鞋放哪里了。孙子楚说："那绣鞋是阿宝答应嫁给我的信物，请你帮我给阿宝带话，告诉她我会把她的诺言铭记于心。"老婆婆回来把孙子楚的话告诉了阿宝。阿宝更加惊奇，让丫鬟故意把这些事泄露给母亲。母亲详查明白后才说："这个年轻人才华横溢，也很有声誉，只是家境像司马相如那样贫寒。选了好几年，最后选中了这个女婿，恐怕会成为世家大族茶余饭后的笑料。"阿宝因为鞋的缘故，发誓非孙子楚不嫁，最后父母只能同意。有人迅速把消息告诉了孙子楚。他欢喜不已，病马上全好了。

阿宝的父母和她商量把孙子楚招赘到家里。阿宝说："哪有女婿一直住在老丈人家的。况且他家境贫寒，长久住下去，更被人看不起了。女儿心甘情愿嫁给他，即使住茅屋吃野菜也心甘情愿。"孙子楚就去迎娶阿宝，二人喜结良缘，高兴得像重逢的隔世夫妻一样。

自那时起，阿宝的嫁妆为孙家增添了不少产业，生活越来越好了。孙子楚痴迷于读书，不知道谋生理业；而阿宝会过日子，精明能干，善于经营，家里的事一概不需要孙子楚操心。三年后，家里更加富有了。不料孙子楚忽然患病离开了人世。阿宝痛哭不已，泪水几乎就没有停止过，睡不着觉，也吃不下饭。听不进去任何人的劝解，趁半夜没人，上吊自杀了。丫鬟发现了，赶紧抢救，才被救过来，但还是不进食。三天后，家人通知亲朋好友来给孙子楚送葬。有人听到棺材里传出微弱的呻吟声，打开棺材一看，发现孙子楚又活过来了。自己向众人解释：“我见到了阎王，他认为我生前真挚诚恳，让我担任部曹。忽然听到有人报告：‘孙部曹的妻子马上就到。’阎王让人拿来生死簿查看，说：‘他的妻子还没到死的时候。’报告的人说：‘足足三天没有饮食了。’阎王回身说：‘我被你妻子的气节和情义深深打动了，暂时把你放回阳间吧。’就派个马夫把我送回家了。”

此后，孙子楚身体渐渐好了。正好赶上这年乡试，考试前夕，几个年轻人有意戏弄他，专门研究出七个偏难偏怪的考题，把他引诱到没人的地方，偷偷告诉他说：“这是有门路的人通过各种关系才买到的试题，因为我们彼此是最要好的朋友，冒险偷着提前向你透露试题内容。”孙子楚深信不疑，昼思夜想，写成七篇八股文。那些年轻人都在背地里嘲笑他。当时的主考官为避免考试抄袭，摒弃之前的考题，有意力反常规，拟出一些生僻的题目。试题一发下来，竟然和孙子楚准备的题目一模一样，孙子楚因此以第一名的成绩考中举人。次年，又中了进士，进翰林院工作。皇上听闻孙子楚的神奇考试经历，召他来询问情况。孙子楚一五一十地向皇帝奏明了。皇上听了十分高兴，对他大加赞赏。后又把阿宝招进宫中，给了加倍的赏赐。

异史氏说：“性情痴的人，他的注意力十分专注，所以书痴必然善于写文章；艺痴的人，他们的技艺一定高超；世上那些一生毫无成就的人，都是那些自认聪明（不痴）的人。而那些因为贪恋女色、爱好赌博而倾家荡产的人，也算得上是‘痴’吧！由此可见，过分的聪明狡诈，那才是真正的傻子啊！（即聪明反被聪明误），而孙子楚哪里算得上是傻子呢！”

口　技

〔题解〕

《聊斋志异》中有很多描摹世态众生、讲述奇闻异事、记载风土人情的篇章,这类故事一般内容较短,大多具有很高的艺术价值,也为我们研究当时的社会文化提供了重要依据。《口技》是一篇记载中国高超的民间艺术口技的小说,充分展现了我国古代口技艺人的智慧和才能,六百多字的篇幅,生动形象地再现了复杂的生活场景,让人产生身临其境之感,达到了以假乱真的境界。行医售药的女子,在暗夜的室内施演口技,营造请神下界的情境,仅凭自己一人的声音特技,模仿出九人一猫的声音,绘声绘色,宛然若现。此篇最精彩的部分是对声音的描摹,从请神开药到众女子的喋喋不休,声音模拟得既惟妙惟肖,又实演琐碎的生活细节,步步为营,渐入高潮。作者在读者正兴趣盎然的时候,也就是小说的结尾点出女子的药方没有什么特别的疗效,产生了强烈的艺术效果。

〔原文〕

村中来一女子,年二十有四五,携一药囊①,售其医②。有问病者,女不能自为方,俟暮夜问诸神③。晚洁斗室④,闭置其中。众绕门窗,倾耳寂听,但窃窃语⑤,莫敢咳。内外动息俱冥[6]。至半更许,忽闻帘声。女在内曰:“九姑来耶?”一女子答云:“来矣。”又曰:“腊梅从九姑来耶?”似一婢答云:“来矣。”三人絮语间杂[7],刺刺不休。俄闻帘钩复动,女曰:“六姑至矣。”乱言曰:“春梅亦抱小郎子来耶?”一女子曰:“拗哥子[8]!呜呜不睡,定要从娘子来。身如百钧重,负累煞人[9]!”旋闻女子殷勤声,九姑问讯声,六姑寒暄声[10],二婢慰劳声,小儿喜笑声,一齐嘈杂。即闻女子笑曰:“小郎君亦大好耍,远迢迢抱猫儿来。”既而声渐疏。帘又响,满室俱哗,曰:“四姑来何迟也?”有一小女子细声答曰:“路有千里且溢[11],与阿姑走尔许时始至。阿姑行且缓。”遂各各道温凉声,并移坐声[12],唤添坐声,参差并作,喧繁满室,食顷始定。即闻女子问病。九姑以为宜得参[13],六姑以为宜得芪[14],四姑以为宜得术[15]。参酌移时[16],即闻九姑唤笔砚。无何,折纸戢戢然[17],拔笔掷帽丁丁然[18],磨墨隆隆然;既而投笔触几,震震作响,便闻撮药包裹苏苏然。顷之,女子推帘,呼病者授药并方。反身入室[19],即闻三姑作别,三婢作别,小儿哑哑,猫儿唔唔,又一时并起。九姑之声清以越,六姑之声缓以苍,四姑之声娇以婉,以及三婢之声,各有态响,听之了了可辨[20]。群讶以为真神。而试其方,亦不甚效。此即所谓口技,特借之以售其术耳。然亦奇矣!

昔王心逸尝言[21]:在都偶过市廛[22],闻弦歌声,观者如堵。近窥之,则见一少年曼声度曲[23]。并无乐器,惟以一指捺颊际，且捺且讴；听之铿铿，与弦索无异[24]。亦口技之苗裔也[25]。

〔注释〕

①囊：一种口袋。

②售：施展，此处指行医。

③俟：等待。诸：之于。

④洁：清理打扫。

⑤窃窃：暗地里，悄悄。

⑥冥：消失。

⑦絮语：絮絮叨叨地说话。

⑧拗：倔强固执，不顺从。

⑨负：背，负重。煞：副词，极，很，表示极度。

⑩寒暄：冷暖，嘘寒问暖，见面时谈天气冷暖之类的应酬话。

⑪溢：超出，多。此指路特别远。

⑫坐：即“座”，通假字。

⑬参：人参，多年生草木，根入药。

⑭芪：黄芪，多年生草木，根入药。

⑮术（zhú）：药草名，指白术或苍术。

⑯参酌：思考酌量。

⑰戢戢然：折纸的声音。戢戢，拟声词。

⑱丁丁（zhēng）然：掷落毛笔铜帽的声音。

⑲反：通“返”。

⑳了了：清清楚楚。

㉑王心逸：清顺治年间进士。

㉒市廛（chán）：集市。廛，古代一户人家所占的地方。

㉓曼声度曲：舒缓歌唱。

㉔弦索：指弦乐器。

㉕苗裔(yì):后代。

［译文］

村中来了一个二十四五岁的少女,身背药囊,来此给人看病。有人去找她看病,女子自己不开药方,得等夜里去向神仙请教。晚上,她把一间小房子打扫干净,再把自己关在屋里。众人站在门窗口,侧耳倾听,只听屋里窃窃私语,谁都不敢咳嗽一声。屋里屋外,黑漆漆、静悄悄的一片。约莫半夜十分,突然听到有人撩动门帘。只听女子在屋里问:“九姑来了?”另一个女子回答:“来了。”接着又问:“腊梅跟着来了?”似乎有个丫鬟答道:“来了。”三个人啰里啰唆,絮叨个没完。不一会儿,又听到帘钩响动,女子说:“六姑来了。”接着就听到屋里七嘴八舌,闹闹吵吵的说话声:“春梅把小郎子抱来了?”有个女子说:“这孩子真顽皮,怎么哄都不睡,嚷嚷着要跟娘子来。身子像有百十斤重一样,背到这里都要把我累死了。”紧接着又听见女子盛情接待的声音,九姑的问讯声,六姑的寒暄声,两个丫鬟的慰劳声,小孩子的嬉笑打闹声,喧闹的声音,不绝于耳。就听女子笑着说:“小郎君真有意思,这么老远还把猫儿抱来了。”接着,屋里说话的人少了,声音小了。又听见帘钩响动,屋里就又吵嚷起来了,说:“四姑怎么这么晚才来呢?”听见个女孩儿轻言细语地说:“路太远了,有一千多里地,我和四姑在路上走这么长时间才到,四姑腿脚慢。”然后大家互相寒暄问候的声音,移动座位的声音,招呼客人的声音,一齐吵嚷起来,满屋子的喧闹声,得有一顿饭的工夫才静下来点儿。然后又听到女子向众仙介绍病情,请他们帮忙开药方。九姑建议用人参,六姑建议用黄芪,四姑觉得应该用白术。大家研讨了一会儿,然后听见九姑叫人拿笔墨纸砚。

不一会儿,就听到齐刷刷的裁纸声,拔笔帽扔到桌上的丁丁声,还有隆隆的研墨声。接着又听到笔扔到桌子上"啪"的一声,用纸包药的苏苏声。过了一会儿,女子掀帘叫病人,把药包连同药方一起都递给她了。递完药,她转身回屋了,随即听见姑姑们、丫鬟们的道别声,小孩子咿呀学语的声音,喵喵的猫叫声,众声齐发。九姑的声音清脆而又悠扬,六姑的声音缓慢而又沧桑,四姑的声音娇嫩而又婉转;三个丫鬟的声音也各有特色,能清晰地辨别出是谁发出的声音。大家目瞪口呆,惊讶不已,还以为真有神仙驾到呢。但回家一试药方,也没她说的那么见效。这就是口技艺术,有人特意用此法卖药罢了。这真是位口技水平精湛的女子啊!

原来有个叫王心逸的人说过:在京城时,有时路过集市,就能听到一段段弦乐的声音,前来聆听围观的人像一面围墙一样。亲自去前边了解情况,才知道是一位少年正在展示嘹亮的歌声。发现他手中并无乐器,只是用一根手指头按在脸蛋上,边按边唱,声音悠扬明快,跟弦乐一样。这也属于口技的传承者啊。

连　城

〔**题解**〕

《连城》讲述的是感天动地的爱情故事。乔生是身处社会底层的穷书生,为人侠肝义胆,为情执着热诚,为爱废寝忘食。乔生为了报答连城的知己之爱,不惜剜肉相救,甚至能为连城慷慨赴死。乔生也真正践行了"士为知己者死"的约定,他是《聊斋志异》中男性形象的杰出代表。这篇爱情故事,不同于众多的才子佳人爱情,也与《聊斋志异》中的大部分故事相异,乔生和连城的爱情故事不以一般的郎才女貌的一见钟情为开端,而是始于彼此才智的相互欣赏,注重心灵和理想的契合。乔生与连城是互敬互重、相知相惜的知己。他们先后冲破了封建家长的阻挠、豪强的蛮横要挟、官府的贪赃枉法,才获得婚姻的自由。他们不顾生死、超越贫富的至情之爱,使这部作品具有永恒的艺术魅力。

〔**原文**〕

乔生,晋宁人[①]。少负才名。年二十余,犹偃蹇[②]。为人有肝胆[③]。与顾生善;顾卒,时恤其妻子。邑宰以文相契重[④];宰终于任,家口淹滞[⑤],不能归。生破产扶柩,往返二千余里。以故士林益重之[⑥],而家由此益替[7]。

史孝廉有女，字连城，工刺绣，知书。父娇爱之[8]。出所刺“倦绣图”，征少年题咏[9]，意在择婿。生献诗云：“慵鬟高髻绿婆娑，早向兰窗绣碧荷。刺到鸳鸯魂欲断，暗停针线蹙双蛾[10]。”又赞挑绣之工云[11]：“绣线挑来似写生[12]，幅中花鸟自天成[13]。当年织锦非长技，幸把回文感圣明[14]。”女得诗喜，对父称赏。父贫之。女逢人辄称道；又遣媪矫父命[15]，赠金以助灯火[16]。生叹曰：“连城我知己也！”倾怀结想，如饥思啖。

无何，女许字于鹾贾之子王化成[17]，生始绝望；然梦魂中犹佩戴之[18]。未几，女病瘵[19]，沉痼不起。有西域头陀[20]，自谓能疗，但须男子膺肉一钱，捣合药屑。史使人诣王家告婿。婿笑曰：“痴老翁，欲我剜心头肉也[21]！”使返。史乃言于人曰：“有能割肉者妻之。”生闻而往，自出白刃，刲膺授僧[22]。血濡袍裤，僧敷药始止。合药三丸。三日服尽，疾若失。史将践其言[23]，先告王。王怒，欲讼官。史乃设筵招生，以千金列几上，曰：“重负大德，请以相报。”因具白背盟之由。生怫然曰[24]：“仆所以不爱膺肉者，聊以报知己耳，岂货肉哉！”拂袖而归。女闻之，意良不忍，托媪慰谕之。且云：“以彼才华，当不久落[25]。天下何患无佳人？我梦不祥，三年必死，不必与人争此泉下物也[26]。”生告媪曰：“‘士为知己者死’[27]，不以色也。诚恐连城未必真知我，但得真知我，不谐何害[28]？”媪代女郎矢诚自剖[29]。生曰：“果尔，相逢时当为我一笑，死无憾！”

媪既去，逾数日，生偶出，遇女自叔氏归，睨之。女秋波转顾，启齿嫣然[30]。生大喜曰：“连城真知我者！”会王氏来议吉期[31]。女前症又作，数月寻卒。生往临吊[32]，一痛而绝。史舁送其家。

生自知已死，亦无所戚。出村去，犹冀一见连城。遥望南北一道，行人连绪如蚁[33]，因亦混身杂迹其中。俄顷，入一廨署，值顾生。惊问：“君何得来？”即把手将送令归。生太息言：“心事殊未了。”顾曰：“仆在此典牍[34]，颇得委任。倘可效力，不惜也。”生问连城。顾即导生旋转多所，见连城与一白衣女郎，泪睫惨黛[35]，藉坐廊隅[36]。见生至，骤起似喜，略问所来。生曰：“卿死，仆何敢生！”连城泣曰：“如此负义人，尚不吐弃之，身殉何为？然已不能许君今生，愿矢来世耳。”生告顾曰：“有事君自去，仆乐死不愿生矣。但烦稽连城托生何里，行与俱去耳[37]。”顾诺而去。

白衣女郎问生何人，连城为缅述之。女郎闻之，若不胜悲。连城告生曰：“此妾同姓，小字宾娘，长沙史太守女[38]。一路同来，遂相怜爱。”生视之，意态怜人。方欲研问，而顾已反，向生贺曰：“我为君平章已确[39]，即教小娘子从君返魂，好否？”两人各喜。方将拜别，宾娘大哭曰：“姊去，我安归？乞垂怜救，妾为姊捧帨耳[40]。”连城凄然，无所为计，转谋生。生又哀顾。顾难之，峻辞以为不可。生固强之，乃曰：“试妄为之[41]。”去食顷而返，摇手曰："何如！诚万分不能为力矣！"宾娘闻之，宛转娇啼，惟依连城肘下，恐其即去。惨怛无术[42]，相对默默。而睹其愁颜戚容[43]，使人肺腑酸柔[44]。顾生愤然曰："请携宾娘去。脱有愆尤[45]，小生拼身受之！"宾娘乃喜，从生出。生忧其道远无侣。宾娘曰："妾从君去，不愿归也。"生曰："卿大痴矣[46]。不归，何以得活也？他日至湖南，勿复走避，为幸多矣。"适有两媪摄牒赴长沙[47]，生属[48]，宾娘泣别而去。

途中，连城行蹇缓，里余辄一息。凡十余息，始见里门。连城曰："重生后，惧有反覆。请索妾骸骨来，妾以君家生，当无悔也。"生然之。偕归生家。女惕惕若不能步[49]，生伫待之。女曰："妾至此，四肢摇摇，似无所主。志恐不遂，尚宜审谋；不然，生后何能自由？"相将入侧厢中。嘿定少时[50]，连城笑曰："君憎妾耶？"生惊问其故。赧然曰："恐事不谐，重负君矣。请先以魂报也。"生喜，极尽欢恋。因徘徊不敢遽出，寄厢中者三日。连城曰："谚有之：'丑妇终须见姑嫜。'戚戚于此，终非久计。"乃促生入。才至灵寝[51]，豁然顿苏。家人惊异，进以汤水。生乃使人要史来[52]，请得连城之尸，自言能活之。史喜，从其言。方舁入室，视之已醒。告父曰："儿已委身乔郎矣[53]，更无归理。如有变动，但仍一死！"

史归，遣婢往役给奉。王闻，具词申理。官受赂，判归王。生愤懑欲死，亦无奈之[54]。连城至王家，忿不饮食，惟乞速死。室无人，则带悬梁上。越日，益惫，殆将奄逝。王惧,送归史。史复舁归生。王知之,亦无如何,遂安焉。

连城起,每念宾娘,欲遣信探之[55],以道远而艰于往。一日,家人进曰:“门有车马。”夫妇出视,则宾娘已至庭中矣。相见悲喜。太守亲诣送女,生延入。太守曰:“小女子赖君复生,誓不他适,今从其志。”生叩谢如礼。孝廉亦至,叙宗好焉[56]。生名年,字大年。

异史氏曰:“一笑之知,许之以身,世人或议其痴;彼田横五百人,岂尽愚哉[57]!此知希之贵,贤豪所以感结而不能自已也[58]。顾茫茫海内,遂使锦绣才人[59],仅倾心于蛾眉之一笑也,悲夫!”

〔注释〕

①晋宁:州县名,原云南省晋宁县,现为云南省昆明市晋宁区。

②偃蹇:窘迫,困顿,此指科举不得志。

③有肝胆:忠勇诚信,敢于担当。

④契重:赏识,器重。

⑤淹滞:困阻,久留。

⑥士林:文人、读书人中间,旧指知识界、学术界。

⑦替:衰落、废。

⑧娇爱:娇宠爱护。

⑨征:征集。题咏:题诗赞咏。

⑩“慵鬟”四句:此诗即图题咏,大意谓:闺中少女早起娇慵地梳起环形的发卷挽于头顶,梳完妆,于窗前刺绣。先绣绿荷。待绣到荷底鸳鸯时,不由得引起万般愁苦和思念,停下手里的针线,皱起了美丽的双眉。慵鬟,慵懒时的发鬟。婆娑,飘拂盘旋的样子。兰窗,兰闺之窗,女子闺房

的窗户。魂欲断,非常惆怅,失魂落魄的样子。暗停,默默停下。

⑪挑绣:挑花和刺绣。绣花时的两道工艺。

⑫写生:以实物和风景为对象进行描绘的作画方式。

⑬天成:天然生成。

⑭"当年织锦"二句:意思是,连城刺绣中的花鸟栩栩如生,绣艺高超,绣品之美,即使当年苏蕙把回文图诗织在锦缎上也无法相比,她不过侥幸取得女皇武则天的赏识罢了。

⑮矫:假托。

⑯助灯火:指资助读书费用。灯火,古时读书人灯下读书用的灯油等。

⑰许字:许婚,把女子许配于人。鹾(cuó)贾:盐商。鹾,盐。

⑱佩戴:感恩戴德,感念不忘。

⑲瘵(zhài):病,多指痨病,即肺结核。

⑳头陀:梵语,苦行僧,此指行脚乞食的僧人。

㉑心头肉:指一个人最重要的难以割舍的东西。此指"膺肉"。

㉒刲(kuī):割取。

㉓践其言:履行自己的诺言。指把女嫁给乔生。

㉔怫(fú)然:生气愤怒的样子。

㉕落:沉沦。

㉖泉下物:指死人。泉下,黄泉之下,指阴间。

㉗士为知己者死:男人甘愿为赏识自己、了解自己的人而死。《史纪·刺客列传》:"士为知己者死,女为悦己者容。"

㉘不谐:不能成事,没有成功。指不能结为夫妻。何害:何妨。

㉙矢诚自剖:诚心发誓自我表白,表明心迹。

㉚嫣然:娇媚的样子,常指笑容。

㉛吉期:好日子,特指结婚的日子。

㉜临吊:临丧哭吊。哭死者叫临,慰问其亲属叫吊。

㉝连绪:犹连续。

㉞典牍:管理文书案卷。

㉟泪睫惨黛:犹言愁眉泪眼。黛,可供画眉的青黑色颜料,借指眉。

㊱藉坐廊隅:在廊下的角落里席地而坐。藉,垫着,坐着。隅,角落。

㊲行:将。

㊳太守:官名,州郡的最高行政长官。

㊴平章已确:已商量办妥。平章,商酌,商量处理。

㊵捧帨(shuì):服侍洗脸梳头洗浴,意为作为妾媵给役侍奉。帨,佩巾,古代妇女用以擦拭之物。

㊶试妄为之:姑且试着办一下看看。妄,姑妄,姑且。表示没有把握。

㊷惨怛(dá):忧伤,悲痛。

㊸戚容:悲伤的神情。

㊹肺腑酸柔:心中酸楚,柔肠愁苦。

㊺脱有愆(qiān)尤:假如有罪责、过失。脱,倘若。愆尤,过失,罪过。

㊻大痴:太痴,太傻。大,很。

㊼摄牒:携带公文。指出公差。牒,文书。

㊽生属:乔生嘱托两媪。属,同“嘱”,意谓嘱托。

㊾惕惕:忧劳、恐惧的样子。

㊿嘿定:沉默安静。嘿,同“默”。

51灵寝:停放尸体之处,指灵床,即停尸床。

52要:邀。

53委身:以身相许,多指女子许身。

54无奈之:无可奈何。

55信:古称使者为“信”,即信使。

56叙宗好:叙同宗之族谊。孝廉与太守同姓史。

57“彼田横五百人”二句:田横部下五百人忠于田横,赞扬乔生“士为知己者死”可比田横。

58“此知希之贵”二句:正因知己难求,“知遇”的稀少和珍贵,所以贤人豪杰才会感动于知己的真心诚意,不能自已。

59锦绣才人:富有才华的读书人。此指乔生。

〔译文〕

乔生是云南省晋宁人。少年时就因才气而闻名。如今二十多岁了,还困在科举考试上。乔生为人正直而又重义气。他有一个姓顾的好朋友,不幸的是,顾生早年就死了,乔生常常周济照顾他的妻子儿女。本县县令与乔生以文相交,知道乔生的文章写得好,很赏识他。后来,县令死在任上,家口由于贫寒长期滞留晋宁,没有能力返回故乡。乔生变卖了自己的家产,买了棺椁,往返两千多里,亲自把县令的遗体及他的家眷一起送回了老家。因为此事,当时的文人们对乔生更加敬重,而他的家境也因此更加衰落了。

当地的史孝廉有个女儿,名叫连城,善于刺绣,又读过一些书。史举人对她非常娇宠爱护。有一天,史举人拿出一幅连城绣的"倦绣图",征求少年书生依图题诗,其用意是通过这个方法选个有才学的好女婿。乔生题赠了一首诗,诗中说:"慵鬟高髻绿婆娑,早向兰窗绣碧荷。刺到鸳鸯魂欲断,暗停针线蹙双蛾。"还题了一首专赞刺绣精妙的诗,写的是:"绣线挑来似写生,幅中花鸟自天成。当年织锦非长技,幸把回文感圣明。"连城读完这两首诗后,非常高兴,当着父亲的面夸奖乔生的才华。但是父亲嫌乔生家里太贫穷,没有答应这门亲事。此后,连城见人就夸奖乔生的才华,又打发了个老妈子,假借父亲的名义赠给他一些银子,帮助他解决了一些读书的费用。乔生感叹地说:"连城真是我的知心之人啊!"于是每天倾心凝思,如饥似渴地想念她。

不久,连城和盐商的儿子王化成定了亲,乔生听到消息后开始绝望起来;但仍然魂牵梦绕,时刻都想着连城。过了几天,连城生了重病，卧床不起。有一个西域来的和尚，说他能治好连城的病，但必须有一钱男人的胸口肉，捣碎了放在药末里。史举人打发人去告诉王家未婚的女婿。王化成笑着说："呆老头！是想让我剜心头上的肉吗？"竟置之不理，把派去送信的人又打发回来了。史举人便对人说："谁能从自己身上割下肉治好我女儿的病，我就把女儿许配给他！"乔生听到这个消息，马上来到史家，自己拿出一把刀子，从胸口上割下一片肉，交给和尚。只见他胸口上的鲜血染红了衣裤，和尚给他敷上药才把血止住了。然后和尚用乔生的肉给连城配了三个药丸，让连城分三天吃，病果然好了。史举人便要兑现自己的诺言，把连城许配给乔生，就打发人先去通知王化成。王化成听后大怒，要去官府告状打官司。史举人不得已摆下酒席，把乔生请来，然后取出一千两银子，放在桌子上，对乔生说："辜负了您的大恩大德，就用这点儿银子来表达一下谢意吧！"又向乔生解释了毁约的原因。乔生气愤地说："我之所以不吝惜心头肉，是为了借以报答一下知心人罢了，难道是为了卖肉吗？"说完，便拂袖而去。连城听说后，心里很过意不去，就托老妈子去劝慰乔生。并说："凭借他的才华，不会长期落魄失意的。何必担心天下没有美女？我近来做的梦都很不吉利，三年内必死无疑，叫他不必跟王家争我这个即将死去的人了！"老妈子来到乔生家，乔生告诉老妈子说："'士为知己者死'，我报答她不是因为她长得漂亮。我确实担心连城未必真正了解我的心，如果真的了解我，就是做不成夫妻又有什么关系呢？"老妈子一再替连城说明她的诚意。乔生说："果然这样，那么我们相逢时，她若能为我笑一下，我就是死了也没有什么遗憾了！"

老妈子回去没几天，乔生偶然外出办事，正好碰上连城从叔叔家回来,就默默地注视着她。连城也回过头脉脉含情地看着他。只见她秋波送情,微微地启齿一笑。乔生异常欣喜,说:"连城果真是最了解我的知心人!"过了不久,王盐商家来人到史家商量与连城结婚的日子。连城听说后旧病复发,几个月便死了。乔生亲自前去吊唁,痛哭一场,也断气了。史举人派人把他抬回他家里。

乔生的魂灵知道自己已经死了,也没觉得有什么可悲的。径直走出村去,还希望再看看连城。远远望见有条南北大路,行人络绎不绝,像成群的蚂蚁一样,他走过去,混杂在人群中。走了一会儿,进到一个衙门里,正好碰上他过去的好朋友顾生。顾生吃惊地问他:"你怎么到这儿来了?"然后就拉着乔生的手,要把他送回阳间。乔生长叹一声,说:"我的心事还没解决呢!"顾生说:"我在这里掌管档案文书,很受上司信任。如能为老兄出力,我一定毫不吝惜!"乔生就向他打听连城在哪里。顾生领着他转了很多房间,才看见连城和一个穿白衣服的女郎,泪眼婆娑地互相依偎着坐在走廊的一角。连城看见乔生来了,赶忙站起来,好像很高兴,简略地问了问他是怎么到这儿来的。乔生说:"你死了,我哪敢还活在世上!"连城听了,哭着说:"我这样一个忘恩负义的人,你还不唾弃我,又以身殉情,这是为个啥?我今生不能嫁给你了,来生我一定以身相许!"乔生回头告诉顾生说:"您有事就去忙吧,我很乐意死,不愿意再活了。只是想麻烦你查一下连城将托生到什么地方,我准备和她一起去!"顾生答应了一声走了。

那白衣女郎问连城,乔生是她什么人,连城就向她追述了以往的经历。女郎听了像是心中不胜悲伤。连城告诉乔生说:"这姑娘跟我同姓,小名叫宾娘,是长沙史太守的女儿。我们一路同来,所以关系很亲密,互相同情依恋。”乔生仔细端详宾娘,见她凄楚的样子,体态也十分惹人怜爱。正想仔细询问,就见顾生已回来了,便向乔生庆贺说:“我已经帮你办理好了,就让连城姑娘和你一起还阳复生,好不好?”两人听了,都很高兴。正想拜别顾生,这时宾娘大哭起来,说:“姐姐回去了,我要去哪里呢?恳求您发发怜悯之心,救救我,我愿意去给您当丫鬟。”连城难过不已,想不出办法,就转过头和乔生商量。乔生转而再次哀求顾生帮忙。顾生很为难,坚持说没办法。乔生一再恳求,顾生才无可奈何地说:“我大胆去试一下看吧!”去了有一顿饭的工夫回来了,摇手说:“怎么样!确实无能为力了!”宾娘听说,委委屈屈,细声细气地啼哭,紧紧地依偎着连城的胳膊,恋恋不舍,唯恐她马上就走了。三人默默无语,想不出办法来,一筹莫展。再看看宾娘那布满愁苦的面容,真叫人心酸痛楚。顾生愤然而起,说:“请你们带着宾娘一块走吧。若有罪过,我豁上这条命一人承担了!”宾娘听了破涕为笑,跟着乔生、连城一起出来。乔生担心她一人去长沙路远没人照应。宾娘说:“我想跟你们走,不愿意回家了!”乔生说:“你太傻了!不回去,找不到你的尸身,怎么能复活呢?日后我们到了湖南,你不远远地躲着我们,我们就很高兴了!”这时,正好有两个鬼老太婆拿着勾牒要去长沙勾魂,乔生便让她们带宾娘回去,宾娘只好洒泪告别。

回家的路上,连城缓慢行走,每走一里多路就要停下来歇息歇息。一路上共歇了十多次,才看见城门。连城说:“我重生后,怕我们的事又有反复。请你先去我家,把我的遗骸要来,然后我就在你家复活,他们就不能再反悔了!”乔生认为这是个好办法。于是两人就一起来到乔生家。一进门,连城战战兢兢,几乎迈不动步了,乔生站在一旁等着她。连城说:“我一走到这里就浑身发抖，六神无主，真怕我们的心愿不能实现！我们还得再好好谋划谋划才行，不然，我们重生后，可就又不能自己说了算了！”两人拉着手，进入一间厢房。默默相望，过了很久，谁也没开口，连城忽然笑着说：“你讨厌我吗？”乔生十分惊讶，连忙询问连城这话是什么意思。连城害羞地说：“我担心我们的事不能如愿以偿，再次辜负了你的情意！请让我先用鬼身报答你吧！”乔生喜出望外，两人同床共枕，极尽欢娱。因为贪恋欢娱，乔生拖延着不愿还生，在厢房中悄悄待了三天。连城说：“俗话说：‘丑媳妇终得见公婆’。整天躲在这里忧愁担心，终究不是长久的办法！”于是催促乔生赶快还阳。乔生一走近灵床，就立刻苏醒过来了。乔生家人十分惊异，马上给他喝了一些汤水。乔生打发人赶快去把史举人请来，并请求把连城的尸身带来，声称自己能使她复活。史举人听了非常高兴，按照乔生说的做了。刚把连城的尸体抬进乔生家门，一看，连城果然也苏醒过来了。连城对父亲说：“女儿已委身乔郎了，再没有回家的道理了。如果父亲不答应，我只好再死一次！”

史举人回到家，就打发奴婢去乔家侍候女儿。王化成听说连城复活并委身乔生的消息后，立即写了份状子告到官府。官府收受了王化成的贿赂，竟又把连城判给了王化成。乔生愤懑至极，直想着要死，但终究还是没办法。连城被迫到了王家，气愤地不吃不喝，只求快快死去。她趁屋里没人，把带子挂到房梁上要悬梁自尽，没死成，被人救下来了。过了一天，连城的病情更加严重，奄奄一息了。王化成害怕了，赶紧把连城送回了娘家。史举人又把连城抬回乔生家。王化成听说后，也没有什么办法，就只得放手作罢了。

连城痊愈后，常常想念宾娘，打算派个人去探听情况，只因路途遥远一直未能成行。一天，家人跑进来禀报说：“门外来了很多车马。”乔生夫妇迎出门去看，只见宾娘已经到院子里了。三人重聚，悲喜交集。原来是史太守亲自送女儿来的。乔生忙把史太守请进屋里。史太守说：“小女多亏您才得以复生，她早就立誓不会嫁给别人，今天我就听从她的心愿！”乔生忙行女婿的叩拜大礼。这时，史孝廉也来了，和史太守又叙上了同宗的情谊。乔生名年，字大年。

异史氏说：“因为嫣然一笑而相知，于是竟以生命相许，世上也许有人会说他太傻了，秦末那田横五百壮士，难道都是傻子吗？由此可见‘知遇’的稀少和珍贵，所以贤人豪杰才会感动于知己的真心诚意，不能自已。纵观茫茫四海，知己难寻，所以使得锦绣人才，只能渴望于女子的蛾眉一笑，可悲呀！”

姊妹易嫁

〔题解〕

世家大族张某因梦示毛纪郎日后定能显贵发达，见其勤恳上进，就把大女儿许配给毛纪。饱食终日嫌贫爱富的姐姐嫌毛纪家境贫寒不肯上轿，无奈之下，乖巧懂事的妹妹只好代替姐姐出嫁。姐姐在妹妹出嫁之后嫁给富家子弟，本来得意扬扬，后其夫因浪荡而死，家道败落，看到妹夫考上秀才、进士，做了高官，羡慕嫉妒恨之下愤然出家，当了尼姑。姊妹人生轨迹从此截然相反，二人的心志见识天差地别。好逸恶劳的姐姐贪得一时的风光却没有享受到一生的幸福，妹妹因善良和信念给自己带来了丰厚的人生回报，二人不同的人生选择造就了迥乎不同的命运。而毛纪娶了妹妹后因妹妹发量稀少而心生易妻的想法，立刻遭受了惩罚，后来幡然悔悟。现实生活中，能够经得起生活中大起大落的考验、经得起世态人心的长久检验的婚姻都需要男女双方具有坚定不移的爱情信念，女人能够坚守贫困寂寞，男人富贵也不忘往日的朋友、贫贱时的妻子，才有可能享受幸福的生活。

〔原文〕

掖县相国毛公①，家素微②。其父常为人牧牛。时邑世族张姓者，有新阡在东山之阳[3]。或经其侧，闻墓中叱咤声曰[4]："若等速避去，勿久溷贵人宅[5]！"张闻，亦未深信。既又频得梦，警曰："汝家墓地，本是毛公佳城[6]，何得久假此[7]？"由是家数不利[8]。客劝徙葬吉，张听之，徙焉。一日，相国父牧，出张家故墓，猝遇雨，匿身废圹中[9]。已而雨益倾盆，潦水奔穴[10]，崩溜灌注[11]，遂溺以死。相国时尚孩童。母自诣张，愿丐咫尺地[12]，掩儿父。张徵知其姓氏，大异之。行视溺死所，俨当置棺处，又益骇，乃使就故圹窆焉[13]。且令携若儿来。葬已，母偕儿诣张谢。张一见，辄喜，即留其家，教之读，以齿子弟行[14]。又请以长女妻儿。母不敢应。张妻云："既已有言，奈何中改！"卒许之。

然此女甚薄毛家[15]，怨惭之意，形于言色。有人或道及，辄掩其耳，每向人曰："我死不从牧牛儿！"及亲迎[16]，新郎入宴，彩舆在门，而女掩袂向隅而哭。催之妆，不妆；劝之亦不解。俄而新郎告行[17]，鼓乐大作，女犹眼零雨而首飞蓬也[18]。父止婿，自入劝女，女涕若罔闻。怒而逼之，益哭失声。父无奈之。又有家人传白：新郎欲行。父急出，言："衣妆未竟，乞郎少停待。"即又奔入视女。往来者，无停履。迁延少时，事愈急，女终无回意。父无计，周张欲自死[19]。其次女在侧，颇非其姊，苦逼劝之。姊怒曰："小妮子，亦学人喋聒[20]！尔何不从他去？"妹曰："阿爷原不曾以妹子属毛郎[21]；若以妹子属毛郎，何烦姊姊劝驾也？"父以其言慷爽，因与伊母窃议，以次易长。母即向女曰："忤逆婢不遵父母命[22]，今欲以儿代若姊，儿肯之否？"女慨然曰："父母教儿往也，即乞丐不敢辞。且何以见毛家郎便终身饿莩死乎[23]？"父母闻其言，大喜，即以姊妆妆女，仓猝登车而去。入门，夫妇雅敦逑好[24]。然女素病赤鬝[25]，稍稍介公意。久之浸知易嫁之说[26]，益以知己德女。居无何，公补博士弟子[27]，应秋闱试[28]。道经王舍人店[29]，店主人先一夕梦神曰："旦夕当有毛解元来[30]，后且脱汝于厄[31]。"以故晨起，专伺察东来客。及得公，甚喜。供具殊丰善，不索直。特以梦兆厚自托。公亦颇自负；私以细君发鬑鬑[32]，虑为显者笑，富贵后念当易之。

已而晓榜既揭[33]，竟落孙山[34]，咨嗟蹇步，懊惋丧志。心赧旧主人[35]，不敢复由王舍，以他道归。后三年，再赴试，店主人延候如初。公曰："尔言初不验，殊惭祇奉。"主人曰："秀才以阴欲易妻，故被冥司黜落[36]，岂妖梦不足以践[37]？"公愕而问故。盖别后复梦而云。公闻之，惕然悔惧，木立若偶。主人谓："秀才宜自爱，终当作解首[38]。"未几，果举贤书第一人[39]。夫人发亦寻长[40]，云鬟委绿[41]，转更增媚。

姊适里中富室儿，意气颇自高。夫荡惰，家渐陵夷，空舍无烟火。闻妹为孝廉妇，弥增惭怍。姊妹辄避路而行。又无何，良人卒[42]，家落。顷之，公又擢进士[43]。女闻，刻骨自恨，遂忿然废身为尼。及公以宰相归，强遣女行者诣府谒问[44]，冀有所贻。比至，夫人以绮縠罗绢若干匹[45]，以金纳其中，而行者不知也。携归见师。师失所望，恚曰："与我金钱，尚可作薪米费；此等仪物我何须尔！"遂令将回。公及夫人疑之。启视而金具在，方悟见却之意。发金笑曰："汝师百余金尚不能任，焉有福泽从我老尚书也。"遂以五十金付尼去，曰："将去作尔师用度。多恐福薄人难承荷耳。"行者归，具以告。师嘿然自叹，念平生所为，辄自颠倒，美恶避就[46]，繄岂由人耶[47]？后店主人以人命逮系囹圄，公为力解释罪。

异史氏曰："张家故墓，毛氏佳城，斯已奇矣。余闻时人有'大姨夫作小姨夫，前解元为后解元'之戏[48]，此岂慧黠者所能较计耶？呜呼！彼苍者天，久不可问，何至毛公，其应如响？"

〔注释〕

①掖县：县名，在今山东省。相国：官名，战国秦及汉朝辅佐皇帝的最高官职。唐以后多用以对实际任宰相之职者的尊称。明清对于内阁大学士也尊称相国。毛公：毛纪，字维之，明成化年间进士，官至内阁大学士，首辅宰相。为官清廉，颇有政绩。

②素微：原本贫寒卑微。素，本来，原本。

③新阡：新筑的墓道，指新墓。阡，墓道。阳：山南为"阳"。

④叱咤声：怒斥、呼喝声。

⑤溷（hùn）：混，污浊，扰乱。

⑥佳城：好宅地，指墓地。

⑦假：借。这里意思是占据。

⑧家数（shuò）不利：家中屡次发生不吉利之事，意谓受到鬼神惩戒。数，多次。

⑨废圹(kuàng):迁葬后废弃的墓穴。圹,墓穴。

⑩潦水:雨后的积水、流水。

⑪崩洶(hōng):水浪奔涌声。

⑫丐:乞求。

⑬窆(biǎn):埋葬。

⑭以齿子弟行(háng):意谓把他当作自家子弟辈对待。齿,列,收录。

⑮薄:鄙薄,轻视。

⑯亲迎:古婚礼之一。成婚日新郎亲自到女方家迎娶新娘。

⑰告行:请行。告,请。

⑱眼零雨:泪流如雨。零雨,断续不止的雨。

⑲周张:焦躁急迫,不知所措。

⑳喋聒:多嘴多舌,啰唆。

㉑属:归属,指许配。

㉒忤逆婢:不孝顺不听话的丫头。忤逆,不孝顺,违抗父母之命。婢,这里是对长女的恨称。

㉓饿莩死:犹言饿死。饿莩,饿死的人,也作饿殍。

㉔雅敦逑好:非常和睦融洽。雅,甚、很。敦,敦睦,亲厚和睦。逑好,指夫妇融洽相处。

㉕赤𩬆(qiān):头发稀秃。赤,光着。𩬆,头鬓少发。

㉖浸知:渐渐知道。浸,逐渐。

㉗补博士弟子:指考中秀才。补,递补,增补。博士弟子,明清时期县学生员。

㉘应秋闱试:指参加乡试。秋闱,明清时期乡试在秋天进行,故称秋闱。一般每隔三年,于八月间在北京及各省省城举行,考中的称为举人。闱,考场。

㉙王舍人店:村镇名,又称“王舍人庄”,在今济南市东郊。

㉚解(jiè)元:科举制度中乡试第一名称解元。唐代各州县送举子赴京应礼部试,称“解”。

㉛脱汝于厄:救你脱离苦难。厄,苦难。

㉜细君：古代诸侯之妻为细君，后为妻子的代称。鬑鬑（lián）：鬓发稀少的样子。

㉝晓榜既揭：录取榜文公布之后。晓榜，犹言正榜。乡试于放榜前一日午后写榜，先写草榜，后写正榜。正榜写成，已至半夜，天晓时张挂出去，故称“晓榜”。

㉞落孙山：即“名落孙山”，指榜上无名。

㉟心赧（nǎn）旧主人：意谓心中羞愧，怕见那位店主人。赧，羞愧脸红。

㊱黜落：除名，落榜。

㊲岂妖梦不足以践：难道是怪异的梦兆不能应验。妖梦，指前时店主人所梦的神人告语。践，实现。

㊳解首：犹言“解元”。

㊴举贤书第一人：指考中第一名举人。举贤书，这里指乡试榜文。

㊵寻：旋即，一会儿。

㊶云鬟委绿：发髻乌黑光亮。云鬟，美丽的发髻。云，形容发多。委，堆积。绿，绿云，发黑有光彩似浓绿，故云。

㊷良人：古时女子对丈夫的称呼。

㊸擢进士：擢进士第，指考中进士。擢，选拔。科举时代考试及第，称“擢第”。

㊹女行者：女尼行者。指修行佛道的人。

㊺绮縠：绉纱一类的丝织品。

㊻美恶避就：犹言避美就恶。

㊼繄（yī）：语气词。

㊽大姨夫作小姨夫：事见《事文类聚》：宋朝欧阳修与王拱辰同为薛家女婿。欧阳修娶薛家长女，王拱辰娶薛家次女。后欧阳修妻死，继娶其小妹。因而当时有“旧女婿为新女婿，大姨夫作小姨夫”之说。这里指毛公本该娶张家的大女儿，后来竟娶了张家的小女儿。前解元为后解元：指毛公本该为前届乡试的解元，现在成了后一届的解元。

〔译文〕

掖县在明朝时有个大学士毛纪，家境一向贫寒。他的父亲经常以给别人放牛为生。当时，县城姓张的世家大族，在东山南面有一座新坟墓。有人从旁边经过，听到墓里面发出呵斥声："你们快点儿迁走，不要总是扰乱玷污贵人的宅地。"张某听说这事，也没太相信。接着又多次在梦中受到警告，说："你家的新墓地，本是毛公家的坟场，你怎么能长久占据在这里？"此后，张家接连发生不吉利的事。别人劝张某还是改葬别的地方比较好，张某听从劝告，把坟迁走了。有一天，毛纪的父亲放牛时，经过张家原先的坟地，突然赶上天下起大雨，就躲到废弃的墓穴里。不一会儿，雨越下越大，积水不断地向墓穴奔涌，滔滔雨水，把墓穴灌满了，于是毛纪的父亲被水淹死在里面。当时毛公还是小孩子。他的母亲一个人去见张某，乞求能够得到一块地方掩埋毛纪的父亲。姓张的问清楚他们的姓氏，十分惊异。他就到毛父淹死的地方察看，俨然毛父正好死在应该安放棺材的地方。张某越发惊骇，就让毛父在原有的这个墓穴里下葬。还让毛母把儿子带来看看。安葬完毕，毛母带着儿子一同来到张家致谢。张某一见毛纪，非常喜欢，便把他留在家中，教他读书，把他当作自家子弟一样看待。又提出把大女儿许配给他当妻子。毛母吓得不敢答应。张某的妻子说："既然话已出口，怎能中途变卦！"毛母最终只好答应了。

然而张家这个大女儿很看不起毛家，言谈、神色中经常流露出怨恨、惭愧的情绪。只要有人偶然提起与毛家这桩婚事，她就把耳朵捂上不听，还常对别人说："我就是死了也不嫁给放牛汉的儿子。"到了迎亲那天，新郎坐入宴席，花轿停在门外，毛家大女儿还用衣袖捂着脸，面对墙壁哭泣。催她梳妆，她不肯，劝解也不奏效。不一会儿，新郎告辞请行，鼓乐齐声奏起，她还是蓬头散发地泪如雨下。父亲拦住女婿，自己亲自进屋去劝大女儿，女儿只管流泪，置若罔闻。父亲大怒，强迫她上轿，她更加痛哭失声。父亲也一点儿办法没有。这时，又有奴仆传话说："新郎要走了！"父亲急忙出来说："穿衣打扮还没好，请你再稍等一会儿。"就又立刻跑进屋去看大女儿，就这样好几次出来进去不停脚。虽然又拖延了一点儿时间，而外面催得更加紧急，大女儿始终没有回心转意。父亲虽然焦躁急迫，却也束手无策。小女儿在一旁看了，认为姐姐的态度不对，就苦苦相劝。姐姐怒气冲冲地说："小妮子，也学会别人多嘴多舌，你怎么不嫁给他呢？"妹妹说："阿爸原先并没有把我许配给毛郎；若把我许配毛郎，哪里还需要姐姐上轿！"父亲听到小女儿的话爽快干净，就和她母亲暗中商议，让小女儿顶替大女儿嫁给毛郎。母亲就问小女儿："那不孝顺的丫头不听父母亲的话，现在叫你代替你姐姐出嫁，你肯吗？"小女儿毫不踟蹰地说："父母叫我出嫁，就是嫁给乞丐也不推辞。再说，怎么就知道毛郎一定会穷一辈子，最终饿死了呢？"父母听了她的话非常高兴，就用大女儿的婚妆给小女儿装扮起来，急匆匆地送小女儿上轿走了。过了门，两口子感情融洽，相敬如宾。但是小女儿从小头发稀少，毛公稍微有些不满意。时间长了，毛公渐渐听说了妹妹代姐姐出嫁的事，从此对她更加心怀感恩，把小女儿视为贴心知己。没过多久，毛公考中了秀才，去参加乡试，途经王舍人庄的客店。店主人前一天晚上梦见一位神人对他说："明天会有个姓毛的解元前来，日后他会帮你摆脱危难。"于是店主人从早上起床后，就专门留心察看从东方来的客人。等见到毛纪，店主人非常高兴，提供了一桌丰盛的酒菜，也不收钱。又特地把梦中预示的事情郑重地告诉了他。毛公也很自负，暗自想起：妻子的头发稀疏，如果考中举人，恐怕会招致显贵讥笑，富贵之后应当另娶一个妻子。

录取榜文公布之后，毛公却名落孙山，他精神不振，步履沉重，觉得十分丧气。心中羞愧，没脸再见店主人，只好绕道回家。三年以后，毛公又去赴试，那家店主人仍像上次那样热情招待。毛公说："你的话那次没应验，实在对不起你那一番诚意。"店主人说："秀才是因为暗想要换妻子，所以被阴间除名落榜了，并不是我的梦不灵验。"毛公惊愕地问他是怎么知道的。店主告诉他，那次分别后，又做了一个梦才知道的。毛公听了，又心惊又后悔，呆若木偶。店主人说："秀才应当自爱，终究会做解元的。"不久，毛公果然考中第一名举人。妻子的头发也长起来了，乌黑油亮的发髻，更增添了她的美丽。

张家大女儿嫁给了同村的一个富户，非常趾高气扬。可是，她丈夫是个懒惰的浪荡公子，家境渐渐衰败，连家产也卖光了，穷得连饭都吃不上。听说妹妹做了举人的夫人，越发感到惭愧。有时和妹妹在路上相遇，就赶紧躲开。又过不久，张家大女儿的丈夫死了，家里更加破落。不久，毛公又考中进士。大女儿听说，刻骨般恨自己，气恼地削发当了尼姑。到毛公当上宰相回家乡时，她强行打发女尼到毛府去拜问，盼望着能得到点什么。女尼来到毛府，毛夫人赠送了许多绫罗绸缎，将银子裹在里面。女尼并不知道，拿回去交给师父。师父大失所望，生气地说："给我点金钱，还可买点柴米，这些东西给我有什么用？"于是又让女尼送了回去。毛公和夫人很疑惑，打开一看银子还在里面，才明白退回来的意思。毛公拿出银子笑着说："你师父连一百两银子都承受不起，哪有福分嫁给我这个老尚书啊！"随即拿了五十两银子给女尼说:“带回去做你师父的日常用度。多了,怕她福薄,承受不起。”女尼回去,如实汇报。师父默默不语,不停地叹息。想想自己的一生作为,常常正反颠倒,美的恶的,追求什么和躲避什么,哪里由得了自己呢!后来那家店主人因人命案子被捕入狱,毛公竭力解说,他才被免罪释放。

异史氏说:“张家的墓地,竟成了毛家的坟茔,这已经是怪事了。我还听说过‘大姨夫做小姨夫,前解元为后解元’的玩笑话,这难道是聪明人所能算计的?唉!老天爷的心意已经昏聩很久了,为什么到了毛相公就这样灵验呢?”

续黄粱

〔题解〕

《聊斋志异》是中国志怪小说的典型代表，写“梦”是志怪小说的手段之一。《续黄粱》是根据唐人传奇《枕中记》中“黄粱梦”的典故命名的，故事情节曲折离奇，精彩不断。它和黄粱梦相似，都是描写痴迷于荣华富贵的书生在梦境中实现当官掌权的欲望，经历的富贵荣辱、悲喜起伏，都有寓言教化的性质。也都旨在告诫人们所谓功名利禄、飞黄腾达都只不过是黄粱一梦而已。但《续黄粱》表现的主题思想更加深刻，更多的是借梦境刺贪刺虐，是对黑暗官场的揭露。主人公短暂的梦境，暴露了当时官场凶险、仕途黑暗的现状。《续黄粱》中曾生梦中的世界也是现实社会的夸张缩影，虽是写梦，但从现实、梦境和地府之间的无穷变幻中体现了作者对社会、对官场的无情控诉。而梦中曾生在地府遭受的严刑拷打，也是对为官者戒贪戒虐现象的一种警示和告诫，又是人们对横征暴敛者的愤恨的一种情感表达。

〔原文〕

福建曾孝廉，高捷南宫时[①]，与二三新贵[②]，遨游郊郭。偶闻毗卢禅院寓一星者[③]，因并骑往诣问卜。入揖而坐。星者见其意气[④]，稍佞谀之[⑤]。曾摇箑微笑[⑥]，便问："有蟒玉分否[7]？"星者正容许二十年太平宰相。曾大悦，气益高。值小雨，乃与游侣避雨僧舍。舍中一老僧，深目高鼻，坐蒲团上，淹蹇不为礼[8]。众一举手[9]，登榻自话，群以宰相相贺。曾心气殊高，指同游曰："某为宰相时，推张年丈作南抚[10]，家中表为参游[11]，我家老苍头亦得小千把[12]，于愿足矣。"一坐大笑。

俄闻门外雨益倾注，曾倦伏榻间。忽见有二中使[13]，赍天子手诏[14]，召曾太师决国计[15]。曾得意，疾趋入朝。天子前席[16]，温语良久。命三品以下，听其黜陟[17]。赐蟒玉名马。曾被服稽拜以出。入家，则非旧所居第，绘栋雕榱[18]，穷极壮丽。自亦不解何以遽至于此。然捻髯微呼，则应诺雷动[19]。俄而公卿赠海物[20]，伛偻足恭者[21]，叠出其门。六卿来[22]，倒屣而迎[23]；侍郎辈，揖与语；下此者，颔之而已。晋抚馈女乐十人[24]，皆是好女子。其尤者为袅袅[25]，为仙仙，二人尤蒙宠顾。科头休沐[26]，日事声歌。

一日，念微时尝得邑绅王子良周济，我今置身青云[27]，渠尚蹉跎仕路[28]，何不一引手[29]？早旦一疏，荐为谏议[30]。即奉俞旨[31]，立行擢用。又念郭太仆曾睚眦我[32]，即传吕给谏及侍御陈昌等[33]，授以意旨。越日，弹章交至[34]，奉旨削职以去。恩怨了了[35]，颇快心意。

偶出郊衢，醉人适触卤簿，即遣人缚付京尹[36]，立毙杖下。接第连阡者，皆畏势献沃产。自此，富可埒国。无何，而袅袅、仙仙，以次殂谢，朝夕遐想。忽忆曩年见东家女绝美，每思购充媵御，辄以绵薄违宿愿，今日幸可适志。乃使干仆数辈，强纳资于其家。俄顷，藤舆舁至，则较昔之望见时，尤艳绝也。自顾生平，于愿斯足。

又逾年，朝士窃窃[37]，似有腹非之者[38]。然各为立仗马[39]；曾亦高情盛气，不以置怀。有龙图学士包上疏[40]，其略曰："窃以曾某，原一饮赌无赖，市井小人。一言之合，荣膺圣眷[41]，父紫儿朱[42]，恩宠为极。不思捐躯摩顶，以报万一[43]；反恣胸臆，擅作威福[44]。可死之罪，擢发难数！朝廷名器，居为奇货，量缺肥瘠，为价重轻[45]。因而公卿将士，尽奔走于门下，估计夤缘，俨如负贩[46]，仰息望尘，不可算数[47]。或有杰士贤臣，不肯阿附[48]，轻则置之闲散[49]，重则褫以编氓[50]。甚且一臂不袒，辄迕鹿马之奸；片语方干，远窜豺狼之地[51]。朝士为之寒心，朝廷因而孤立。又且平民膏腴[52]，任肆蚕食[53]；良家女子，强委禽妆。沴气冤氛[54]，暗无天日！奴仆一到，则守、令承颜[55]；书函一投，则司、院枉法[56]。或有厮养之儿[57]，瓜葛之亲，出则乘传[58]，风行雷动。地方之供给稍迟，马上之鞭挞立至。荼毒人民，奴隶官府[59]，扈从所临，野无青草[60]。而某方炎炎赫赫，怙宠无悔[61]。召对方承于阙下，萋菲辄进于君前[62]，委蛇才退于自公，声歌已起于后苑[63]。声色狗马[64]，昼夜荒淫；国计民生，罔存念虑。世上宁有此宰相乎？内外骇讹，人情汹汹。若不急加斧锧之诛，势必酿成操、莽之祸[65]。臣夙夜祇惧[66]，不敢宁处[67]，冒死列款[68]，仰达宸听[69]。伏祈断奸佞之头，籍贪冒之产，上回天怒，下快舆情。如果臣言虚谬，刀锯鼎镬[70]，即加臣身。”云云。

疏上，曾闻之，气魄悚骇[71]，如饮冰水[72]。幸而皇上优容[73]，留中不发[74]。又继而科、道、九卿[75]，交章劾奏；即昔之拜门墙、称假父者[76]，亦反颜相向。奉旨籍家，充云南军。子任平阳太守[77]，已差员前往提问。曾方闻旨惊怛，旋有武士数十人，带剑操戈，直抵内寝，褫其衣冠，与妻并系。俄见数夫运资于庭，金银钱钞以数百万，珠翠瑙玉数百斛[78]，幄幕帘榻之属，又数千事，以至儿襁女舄，遗坠庭阶。曾一一视之，酸心刺目。又俄而一人掠美妾出，披发娇啼，玉容无主。悲火烧心，含愤不敢言。俄楼阁仓库，并已封志。立叱曾出。监者牵罗曳而出。夫妻吞声就道，求一下驷劣车，少作代步，亦不得。十里外，妻足弱，欲倾跌，曾时以一手相攀引。又十余里，己亦困惫。欻见高山，直插霄汉，自忧不能登越，时挽妻相对泣。而监者狞目来窥，不容稍停驻。又顾斜日已坠，无可投止，不得已，参差蹩躠而行[79]。比至山腰，妻力已尽，泣坐路隅。曾亦憩止，任监者叱骂。忽闻百声齐噪，有群盗各操利刃，跳梁而前[80]。监者大骇，逸去。曾长跪言：“孤身远谪，橐中无长物。”哀求宥免。群盗裂眦宣言：“我辈皆被害冤民，只乞得佞贼头，他无索取。”曾叱怒曰：“我虽待罪，乃朝廷命官[81]，贼子何敢尔！”贼亦怒，以巨斧挥曾项。觉头堕地作声，魂方骇疑，即有二鬼来，反接其手，驱之行。

行逾数刻，入一都会。顷之，睹宫殿，殿上一丑形王者，凭几决罪福。曾前，匐伏请命[82]。王者阅卷，才数行，即震怒曰："此欺君误国之罪，宜置油鼎[83]！"万鬼群和，声如雷霆。即有巨鬼捽至墀下。见鼎高七尺已来，四围炽炭，鼎足尽赤。曾觳觫哀啼[84]，窜迹无路[85]。鬼以左手抓发，右手握踝，抛置鼎中。觉块然一身，随油波而上下；皮肉焦灼，痛彻于心；沸油入口，煎烹肺腑。念欲速死，而万计不能得死。约食时，鬼方以巨叉取曾出，复伏堂下。王又检册籍，怒曰："倚势凌人，合受刀山狱！"鬼复捽去。见一山，不甚广阔；而峻削壁立，利刃纵横，乱如密笋。先有数人罥肠刺腹于其上，呼号之声，惨绝心目。鬼促曾上，曾大哭退缩。鬼以毒锥刺脑，曾负痛乞怜。鬼怒，捉曾起，望空力掷。觉身在云霄之上，晕然一落，刃交于胸，痛苦不可言状。又移时，身躯重赘，刀孔渐阔，忽焉脱落，四支蠖屈。鬼又逐以见王。王命会计生平卖爵鬻名，枉法霸产，所得金钱几何。即有髯须人持筹握算，曰："三百二十一万。"王曰："彼既积来，还令饮去！"少间，取金钱堆阶上，如丘陵。渐入铁釜，熔以烈火。鬼使数辈，更以杓灌其口，流颐则皮肤臭裂[86]，入喉则脏腑腾沸。生时患此物之少，是时患此物之多也。半日方尽。王者令押去甘州为女[87]。

行数步，见架上铁梁，围可数尺，绾一火轮，其大不知几百由旬[88]，焰生五采，光耿云霄[89]。鬼挞使登轮。方合眼跃登，则轮随足转[90]，似觉倾坠，遍体生凉。

开眸自顾，身已婴儿，而又女也。视其父母，则悬鹑败絮[91]。土室之中，瓢杖犹存。心知为乞人子。日随乞儿托钵[92]，腹辘辘然常不得一饱，着败衣，风常刺骨。十四岁，鬻与顾秀才备媵妾，衣食粗足自给。而冢室悍甚，日以鞭棰从事，辄以赤铁烙胸乳。幸而良人颇怜爱，稍自宽慰。东邻恶少年，忽逾垣来逼与私。乃自念前身恶孽，已被鬼责，今那得复尔。于是大声疾呼。良人与嫡妇尽起，恶少年始窜去。居无何，秀才宿诸其室，枕上喋喋，方自诉冤苦。忽震厉一声，室门大辟，有两贼持刀入，竟决秀才首，囊括衣物。团伏被底，不敢复作声。既而贼去，乃喊奔嫡室。嫡大惊，相与泣验。遂疑妾以奸夫杀良人，因以状白刺史。刺史严鞫，竟以酷刑定罪案，依律凌迟处死[93]。絷赴刑所，胸中冤气扼塞，距踊声屈[94]，觉九幽十八狱[95]，无此黑黯也。

正悲号间，闻游者呼曰："兄梦魇耶？"豁然而寤，见老僧犹跏趺座上[96]。同侣竞相谓曰："日暮腹枵，何久酣睡？"曾乃惨淡而起。僧微笑曰："宰相之占验否？"曾益惊异，拜而请教。僧曰："修德行仁，火坑中有青莲也[97]。山僧何知焉？"曾胜气而来，不觉丧气而返。台阁之想[98]，由此淡焉。入山不知所终。

异史氏曰："福善祸淫，天之常道[99]。闻作宰相而忻然于中者，必非喜其鞠躬尽瘁可知矣[100]。是时方寸中[101]，宫室妻妾，无所不有。然而梦固为妄，想亦非真。彼以虚作[102]，神以幻报[103]。黄粱将熟，此梦在所必有，当以附之邯郸之后[104]。”

〔注释〕

①高捷南宫:指考中进士。南宫,古称尚书省为南宫,此指礼部。礼部主持会试。

②新贵:新近做高官的人。此指会试中试的新贵人。

③毗(pí)卢禅院:佛寺名。毗卢,“毗卢遮那”佛的略称。禅院,佛寺。

④星者:迷信说法,人的命运同星宿的位置、运行有关。因此给人算命的人叫“星者”。意气:此指扬扬得意的神态。

⑤佞谀:巧言奉承讨好。

⑥摇箑(shà):得意的样子。箑,扇子。

⑦蟒玉分:指做高官的福分。蟒玉,指官服。绣有蟒纹的长袍、饰有玉石的腰带,古时高官服饰。明代阁臣多赐蟒服。分,福分,缘分。

⑧淹蹇:傲慢。

⑨举手:举手作礼,略示敬意,形容新贵的狂傲。

⑩推:荐举。年丈:科举时代,同科考中者互称“同年”,称同年的父辈或父辈的同年为“年丈”。南抚:明代应天巡抚的专称。

⑪中表:中表兄弟。古时称姑父的儿子为外兄弟,称舅父或姨母的儿子为内兄弟;外为表,内为中,合称“中表兄弟”。参、游:参将、游击,明清时代中级武官名。

⑫千把:千总、把总,明清时代低级武官名。

⑬中使:宫中派出的使者,多由太监充任。

⑭赍(jī):持奉、带着。手诏:皇帝的亲笔诏令。

⑮太师:官名,始于商朝。后以太师、太傅、太保为“三师”或“三公”,太师在三公中职位最尊。多为重臣加衔,作为最高荣典以示恩宠,并无实职。

⑯天子前席:意谓天子倾听专注,不觉地移身向前。

⑰黜陟(zhì):指官吏的升降。黜,降低、废掉官职。陟,提升官职。

⑱绘栋雕榱(cuī):彩绘的屋梁和雕饰的屋椽。栋,屋的中梁。榱,屋椽、屋桷的总称。

⑲应诺雷动:应答的声音如同雷震。形容侍从众多,应者云集。

⑳海物:海外珍物。又指海产之物。

㉑伛偻足恭者:指巴结奉承的人。伛偻,曲身,恭敬从命的样子。足恭,过分的恭敬。足,过分。

㉒六卿:原指春秋时晋国的三军将佐,即冢宰、司徒、宗伯、司马、司寇、司空,共六官,为古代统军执政之官。后世往往称吏、户、礼、兵、刑、工六部的尚书为六卿。此处为六部尚书之意。

㉓倒屣而迎:急于迎客,将鞋穿倒,表示热情欢迎宾客。古人家居,脱鞋席地而坐。倒屣,把鞋穿倒。屣,鞋。

㉔晋抚:山西巡抚。女乐:歌女。

㉕其尤者:其中最好的。

㉖科头休沐:指衣着随便,家居休假。科头,结发,不戴帽。休沐,休息沐浴,指古时官吏休假。

㉗置身青云:谓身居高官,仕路得意。青云,高空,喻官高爵显。

㉘蹉跎仕路:宦途失意。蹉跎,耽误时机,虚度光阴,谓不得志。

㉙引手:提拔,援引。

㉚谏议:古代官名,秦代置谏议大夫之官,专掌谏诤论议,元以后废。明清时谏官称"给事中",又名"给谏"。

㉛俞旨:皇帝应允同意的圣旨。俞,应允。

㉜太仆:古代官名,始置于春秋,秦汉沿袭,为九卿之一,掌管皇帝的舆马和马政。北齐置太仆寺,有卿、少卿各一人,历代因之。睚眦:怒目而视,指有小的怨恨。

㉝给谏:明清时谏官"给事中"的别称,主管监察、纠弹官吏。侍御,侍御史。

㉞弹章交至:指吕、陈等人的弹劾奏章同时并至。

㉟恩怨了了:恩怨分明。了了,分明。

㊱京尹:京兆尹,京城的行政长官。

㊲朝士窃窃:朝廷官员暗中议论。窃窃,私语,低声议论。

㊳腹非:即腹诽。心怀异议而口中不言。

㊴各为立仗马:意谓朝臣不敢说话。唐代皇帝临朝,立八马于宫门之外,作为仪仗,称为“立仗马”。这种马静立无声,从不嘶叫。“立仗马”比喻遇事不敢直言进谏的官员。

㊵龙图学士包:本指宋代龙图阁直学士包拯。这里借指刚正不阿的朝臣。

㊶荣膺圣眷:幸获皇帝恩宠。膺,接受,承当。眷,眷顾、关怀。

㊷父紫儿朱:指父子均做高官。唐制,三品以上官员着紫色朝服,五品以上着朱色朝服。

㊸“不思捐躯”二句:谓曾某不为国事操劳以报皇恩。捐躯,献身。捐,舍弃。摩顶,指不畏劳苦,不顾身体。以报万一,谓报答皇帝恩宠于万一。

㊹“反恣胸臆”二句:谓曾某反而肆意而为,滥用职权。恣,放纵。胸臆,胸怀,指个人的欲望。作威福,作威作福。

㊺“朝廷名器”四句:谓曾某视朝廷官爵为己有,卖官鬻爵,以官位的高低,售出贵贱不同的价格。名器,指封建朝廷官员的等级称号和车服仪制,代指官秩。缺,官缺。肥瘠,指官俸及进项的多寡。

㊻“估计夤缘”二句:意谓评估出售官职的价钱,设法攀附,如同商贩交易。俨,俨然。

㊼“仰息望尘”二句:仰其鼻息、依附曾某的人,极其众多。仰息,仰人鼻息,比喻依附、投靠别人。望尘,望尘而拜,指巴结权贵。

㊽阿附:阿谀附和。

㊾置之闲散:安排他担任清闲官职。闲散,指清闲无权之官。

㊿褫以编氓:革职为民。褫,剥夺,指革除官职。编氓,编入户籍的平民。氓,百姓。

51“甚且一臂不袒”四句:意谓只要触犯了他,只要几句话不合他心意,不依顺他,就会被流放到豺狼出没的边远地区。干,冒犯。窜,放逐。豺狼之地,野兽出没的地方。

52膏腴：肥沃的土地；良田。

53任肆蚕食：任其肆意侵并。蚕食，逐渐侵占。

54沴(lì)气：灾害恶气，指曾的凶恶气焰。冤氛：指受害者的冤气。

55守、令承颜：意谓太守和县令都得看曾家奴仆的脸色行事。承颜，仰承脸色。

56司、院枉法：省级地方大吏则徇情枉法。司，指布政使司和按察使司，前者主管一省行政，后者主管一省刑名。院，指总督和巡抚，他们分别兼有都察院右都御史和右副都御史的官衔，称之为“两院”。

57厮养：即厮役，干粗活杂活的男性奴仆，。

58乘传：乘官府驿站的车马。传，驿站或驿站的车马。

59奴隶：役使，奴役。

60“扈从所临”二句：谓他的随从所到之处，连荒野里的蒿草都会被搜刮一光。扈从，随从服役人员。野无青草，指田无野菜可食。

61“炎炎赫赫”二句：谓曾某仰仗皇帝的宠信，为非作歹，毫无心思悔改。炎炎赫赫，形容气焰嚣张。怙宠，依恃皇帝的恩宠。

62“召对方承于阙下”二句：意谓每当皇帝召见他去宫中，他就借机进谗言陷害别人。阙，宫阙。萋菲，也作“萋斐”，花纹错杂，喻巧语谗言。

63“委(wēi)蛇(yí)才退于自公”二句：意谓曾某刚在衙门中办完公事回家，他家中的轻歌曼舞就已经在花园中响起。委蛇，从容自得的样子。苑，花园，园林。

64声色狗马：指歌舞、美色以及狗马等供玩乐之物，泛指糜烂淫乐的生活。

65操、莽之祸：曹操、王莽那样的祸国之乱，指篡夺帝位。操，指东汉末年的曹操，他挟持汉献帝，篡夺朝廷大权。莽，指西汉末年王莽，他曾篡汉自立，改国号为“新”。

66祗惧：心怀戒惧。

67宁处：安居。

68列款：列举罪状。款，条款，指罪状。

69仰达宸听：上报皇帝知道。宸听，皇帝的听闻。宸，北极星所居，代指皇帝的住处。

⑦0刀锯鼎镬:指最残酷的刑罚。刀锯,杀人的刑具。鼎镬,烹人的刑具。

⑦1气魄悚骇:魂飞魄散,形容惊恐至极。

⑦2如饮冰水:意谓恐惧至极,如饮冰水般瑟瑟发抖。

⑦3优容:宽容。

⑦4留中不发:把奏章留在宫中,暂不批复。

⑦5科、道、九卿:意指全体朝臣。科、道,明清时都察院下属吏、户、礼、兵、刑、工六科给事中和各道御史的合称。九卿,中央各主要行政长官的总称。

⑦6拜门墙、称假父者:投靠门下做“门生”“干儿”的人。门墙,指师门。假父,义父。

⑦7平阳:旧府名,府治在今山西临汾县。

⑦8珠翠瑙玉:珍珠、翡翠、玛瑙、玉石,指贵重珠宝。斛:量器,古代以十斗为斛,后改五斗为斛。

⑦9参(cēn)差(cī)蹩(bié)躠(xiè):一前一后,匍匐而行,意谓步履艰难。参差,不齐的样子。蹩,匍匐而行,此谓弯腰爬山。

⑧0跳梁:腾跃,乱跑乱跳。

⑧1命官:受过“皇封”的官吏。

⑧2请命:请求饶命。

⑧3置油鼎:置于油锅中。鼎,古代用来烹煮肉的器具。

⑧4觳觫(húsù):恐惧颤抖的样子。

⑧5窜迹:遁迹,隐迹。

⑧6颐:面颊。

⑧7甘州:清代府名,府治在今甘肃张掖市。

⑧8由旬:梵文音译。古代印度计算里数的单位名称。由旬有大、中、小之别。大者六十里或八十里,小者四十里。

㉝耿：光亮，这里意思是照耀。

⑩轮随足转：这是形象地表现迷信的轮回之说。按照佛教的说法，人都要在地狱道、饿鬼道、畜生道、修罗道、人道、天道这六道内轮回。

⑪悬鹑：衣服破烂。鹌鹑毛斑尾秃，如披破衣，因以悬鹑比喻衣服破烂。

⑫托钵：本指僧人手捧钵盂向人乞食，这里指乞丐捧碗乞讨。

⑬凌迟：封建社会最残酷的一种死刑，俗称"剐刑"，先斩断犯人的肢体，最后割断喉管。

⑭距踊声屈：顿足喊冤。距踊，跳跃、跺脚。

⑮九幽十八狱：指迷信传说中的阴间十八层地狱。九幽，犹"九泉"，指冥间。

⑯跏趺（jiāfū）：佛教用语"结跏趺坐"的省称。俗称"打坐"，双足交叉，盘腿而坐。

⑰火坑中有青莲：修炼德行，广施仁义，就是火坑中也能长出青莲。意谓身处险恶之中修德行仁，也能得到神佛的度脱。火坑，佛教认为人死后，如堕入地狱、饿鬼、畜生三恶道，其苦无比，因喻之为"火坑"。青莲，梵语"优钵罗"的意译，是一种青色莲花，瓣长面广，青白分明，故佛教用以比作佛眼。

⑱台阁之想：指曾某做宰相的念头。台阁，指朝廷重臣，明清时则指尚书、内阁大学士之类的辅佐大臣。

⑲"福善"二句：行善的得福，淫恶的受祸，这是上天不变的道理。

⑽鞠躬尽瘁：尽心竭力，不辞劳苦，奉献自己的全部精力。鞠躬，恭敬谨慎。尽瘁，尽心尽力。

⑾方寸：本指一寸见方的心部，代指内心。

⑿彼以虚作：指曾在幻梦中的恶行。

⒀神以幻报：指在幻梦中鬼神给曾的恶报。

⒁"黄粱将熟"三句：意谓在人们还没有理解人生苦短的时候，这种飞

黄腾达的梦幻是难免的，应该把这篇故事当作《黄粱梦》的续编，也就是《续黄粱》。唐人小说《枕中记》，谓卢生在邯郸道中的旅店里遇见仙人吕翁。卢生自叹不得志，吕翁给他一个枕头，说枕着它就可事事如意。卢生乃倚枕睡去。在梦中，他一生享尽了人间的荣华富贵，而梦醒时，店主人的一锅黄粱饭还没有煮熟。这个题材后世改编为戏曲《黄粱梦》和《邯郸记》。

〔译文〕

福建有个姓曾的举人，考中进士时，和两三个同科考取的进士去京郊游逛。他无意间听说有一位算命先生在佛寺中住着，于是就去拜访他，想要求卦问卜。进屋后，他给算命先生行了礼，告了座。算命先生见他的神态很得意，就故意奉承了他几句。曾某很高兴，微笑地摇着扇子，向算命先生询问道："我是否有福分穿蟒袍、系玉带啊？"算命先生回答说："你可以做太平宰相二十年。"曾某听了更欣喜、更神气了。这时外边下起了小雨，他就和几位同游的人到和尚的屋里避雨。屋里有个老和尚，眼窝很深，鼻梁很高，在蒲团上端正地坐着，磨磨蹭蹭没有主动行礼。几个人挥手打招呼，坐在床榻上聊了起来，同游的人都把曾某当成宰相，纷纷祝贺他。这让曾某的心气更加高涨，他指着身边的一位同游者说："曾某如果当了宰相，就推荐张年丈去做南京巡抚；我家里的表亲戚，都能做参将、游击；就连家里的老仆人也能当个小千总或小把总。如此，我就心满意足了。"在座的同游者都跟着大笑起来。

一会儿的工夫，雨下得更大了，曾某觉得有些累，就躺在床上了。忽然，他看到两位宦官送来了皇帝诏书，召见曾太师入宫商讨国事。曾某因为得到皇帝的恩宠感到很得意，随即跟着宦官去觐见皇帝。皇帝态度温和，移坐近前，与他促膝长谈。然后下口谕，允许他无须奉旨便可以任免、提升三品以下的官员。又将一套蟒袍、一条玉带和两匹名马赐给他。曾某穿戴严整，向皇帝磕头谢恩后便退下了。他回去后，发现家里的破房旧屋已经变成了雕梁画栋的深宅大院，十分轩昂壮丽，他自己也不明白怎么变得如此豪华。他捻着胡须轻轻地召唤，家中立刻就出现了前呼后应的奴仆，应答声响如惊雷。不一会儿，公卿大臣们给他送来了山珍海味，奉承他的人来往不绝，全都对他卑躬屈膝、毕恭毕敬。六卿一级的官员来了，他赶忙倒屣相迎，十分热情；侍郎一级的官差来了，他只是拱手作揖，稍稍陪话；要是级别更低一级的小官来访，他仅仅是点头示意罢了。山西巡抚赠送给他十个歌女，个个都貌美如花。其中名叫袅袅和仙仙的，艳冠群芳，曾某特别宠爱她们。只要他休假在家，便整日沉湎于歌舞声色。

有一天，曾某忽然记起，在他尚未发迹时，曾经受过县里士绅王子良的恩惠，如今自己平步青云，而王子良却仕途失意，怎么能不拉他一把呢？次日一早，他给皇帝写了一道奏疏，推荐王子良为谏议大夫。奏疏刚获得皇帝批准，他就立刻把王子良调任到朝中。又有一天，忽然想起郭太仆曾怨怼过自己，于是他马上传令吕给谏和陈侍郎，授意他们如此这般。第二天，皇帝接二连三地收到了弹劾郭太仆的奏章，曾某就借着皇帝的诏令把郭太仆从朝廷中赶走了。曾某有恩报恩，有怨报怨，泾渭分明，心中很是痛快。

有一次，曾某偶然来到了京郊，一个醉汉无意中不小心冲撞了他的仪仗队，他就指使手下把醉汉捆起来，交给京兆尹，醉汉到那里就被乱棍打死了。那些好房子、好地连成片的富裕人家都畏惧他的权势，争先恐后地把自己的美宅良田献给他。此后，他便富可敌国了。不久，袅袅和仙仙先后香消玉殒，他昼思夜想地怀念她们。忽然，他想起从前见到过一个非常漂亮的少女，就住在自己的东邻，他几次三番想买她做妾，但因当时无权无势无财而未能如愿，现在他终于能如愿以偿了。于是曾某派了几个干练的家奴去邻家说亲，强逼着少女父母收下彩礼。不一会儿，仆人们就用藤轿把姑娘抬来了，他看那女子似乎比之前更加美丽动人了。他自己回忆平生时，感到一切都已经得偿所愿了。

又过了一年，曾某时常能听到朝廷中的人窃窃交谈，好像对他有所不满。但仔细一想，他又认为这些人就像朝廷门口那些摆样子的立仗马一样害怕自己，仍然嚣张跋扈，颐指气使，从不在乎别人的议论。龙图阁直学士包拯大胆上奏皇帝，极力弹劾曾某，奏疏上大略写道："我自认为，曾某酒赌成性，是一个无赖小人。只不过他无意间的一句话契合了圣意，就得到了皇帝的宠爱，父亲和儿子都披紫穿红，恩宠已经达到极点。曾某既不想献出自己的躯体，也不想摩顶放踵，来报答万分之一的皇恩；反而在朝中为所欲为、作威作福、不可一世。他所犯的死罪次数，就像头发那样数不胜数；他垄断朝廷中的重要官职，卖官鬻爵，以官位的高低，售出贵贱不同的价格。公卿将领都听命于他，为他评估出售官职的价钱，设法攀附，如同商贩交易一般门庭若市，仰其鼻息、慕其后尘者不可胜数。不肯阿谀奉承他的高洁之士和贤臣，轻则被他贬置在有职无权的闲散岗位，重则被他削官去职，贬为平民。甚至中立之人，动不动就触犯了他这指鹿为马的奸相，只要几句话不合他心意，就会被流放到豺狼出没的边远地区。满朝有志之士为此寒心，朝廷也因此陷于孤立之中。还有那平民百姓的肥田，他任意蚕食；良家女子，他强聘为妾。整个社会充满冤愤，暗无天日。他家的奴仆所到之处，当地的太守、县令都要想方设法地谄媚；他的书信一送到，当地的按察司、都察院都要为之徇情枉法。甚至连他家那些服贱役的人，或者沾亲带故的人，出门就乘坐驿站的车马，气势浩大。他们索要的东西，地方官员供货稍迟，那些骑着高头大马的兵卒就会立即过来抽打。他们肆意残害百姓，尽情奴役地方官府。凡是他的随从所到之处，连荒野里的蒿草都会被搜刮一空。现在的曾某炙手可热，威名赫赫，他仰仗皇帝的宠信，毫无悔改之心。每当皇帝召见他去宫中，他就借机进谗言陷害别人。曾某刚在衙门中办完公事，他家中的轻歌曼舞就已经在花园中响起。他耽于声色犬马，昼夜荒淫无度，从来不去考虑国计民生，世间哪有这样的宰相啊？现在朝廷中内外惊恐，社会上人心浮动，如果不立即处死他，势必要酿成曹操、王莽那样的祸国之乱。臣朝夕忧虑，不能安居，我冒着被杀的危险，检举曾某的罪状呈报给圣上。请求皇帝将这奸佞之臣斩首示众，他贪污霸占的财产全部没收充公，只有这样才上可以平息愤怒的上天，下可以安抚惶恐的人心，顺通阻塞的民情。如果臣捏造事实，就请皇帝用刀、锯、鼎、镬处置我。”

包拯的奏章呈上去后，曾某探听到了消息吓得魂飞魄散、毛骨悚然，好像灌下了一杯冰水一般瑟瑟发抖。幸亏皇帝优待宽容，把奏章留在宫中没作理会。但是，各科各道、三司六部等文武百官接二连三地上表弹劾曾某，就连那些从前拜倒在他门下、认他作父的人们也开始翻脸攻击他。锦衣卫奉旨查抄了他家中的所有财产，他的家人奴仆也被发配到云南充军了。他的儿子在山西平阳当太守，也被公差拘到了京师审问。曾某接到圣旨，正胆战心惊的时候，立即就来了几十名士兵，带着剑拿着刀，径直闯进了曾某的内房，扒掉他的官服和纱帽，把他夫妻二人一起捆绑起来。不一会儿，几个差役把他家中数百万的金银钱钞都搬到院子里，珍珠、翡翠、玛瑙、玉石有数百斛；幄幕、绣帘、床榻有数千件；小儿的襁褓、女人的睡鞋掉得满地都是。曾某看在眼里，痛在心里。不一会儿，有一个武士把他的爱妾从绣房里拖了出来，她披头散发，嘤嘤地啼哭，花容失色，六神无主。曾某在一旁，心如火燎，悲从中来，心中有怨却怒不敢言。顷刻之间，楼阁仓库全被贴上了封条。差役呵斥他立即滚出去。监管他的人在他的身前身后围得严严实实，用绳子套着他的脖子，把他拉出相府。曾某和他妻子忍气吞声地上了路，请求能有一辆劣等小马车用来代步，差役未允。走了十里路，他的妻子脚酸无力，趔趔趄趄地总是要跌倒，曾某一直用手搀扶着她前进。又走了十多里，他自己也感到非常疲劳乏力。忽然他看见前边有一座高山直插云霄，暗自发愁无法翻越这座大山，他夫妻二人执手相对，泪流满面。监押的官差面目狰狞地盯着他，一刻也不让他们停歇。太阳下山了，他们夜晚无处投宿，迫不得已弯着腰，步履艰难地一步一步往上爬。快爬到半山腰时，他的妻子已经筋疲力尽了，只能坐在路旁流眼泪。曾某也在道旁坐下，稍事休息，无论差役怎么叱骂催赶，他们都不走了。忽然听到很多人齐声喊叫，吵吵嚷嚷的，原来有一群强盗，个个都拿着锋利的刀，蹿蹿跳跳地追过来了。监押的差役大吃一惊，逃走了。曾某直挺挺地跪在地上哀求强盗放过他，说："我孤身一人被发配到遥远的边疆，身上也没有值钱的东西。"强盗们都瞪大了眼睛，气愤地说："我们都是被你害死的冤民，只要你这奸贼的脑袋，其他的都不要！"曾某很生气地斥责那些强盗："我虽然是罪人，但仍然是朝廷命官，你们这群乱贼，竟敢如此无法无天！"强盗也恼怒了，抡起巨大的斧头朝曾某的脖子砍去。曾某随即听到自己的头"砰"的一声落地了。正在他惊魂不定的时候，来了两个小鬼，把他反绑双手，赶着他往前走。

走了一段时间后，进到一座大都市。很快看到一座宫殿，殿上一个相貌丑陋的大王，正坐在桌案前判决鬼魂的刑罚和福报。曾某往前走了几步，趴在地上求阎王饶命。阎王查阅他的卷宗，还没看几行就大发雷霆，说："你这种犯了欺君误国大罪的人，应该扔到油锅里炸！"殿下的鬼差们齐声附和，声如雷霆。有一个健硕的鬼马上揪起曾某，一把将他摔到台阶之下。只见有一个七尺多高的油锅，四周炭火熊熊，连油锅的支架腿都烧红了。曾某吓得浑身发抖，哀号痛哭，他环顾四周发现无路可逃。巨鬼左手抓着他的头发，右手握着他的双脚，一把将曾某扔到油锅里，他顿时觉得整个身子随着油波上下翻滚，皮肉都焦烂了，钻心的疼痛；滚烫的油灌进嘴里，把他的肺腑都烹煎了。这时，他很想快点儿死去，但是千方百计也没死了。大约一顿饭的工夫，巨鬼才用大铁叉子从油锅里把曾某挑出来，又扔到殿下跪着。阎王又查阅记事的薄册子，气冲冲地说："你仗势欺人，应该遭受刀山之刑。"巨鬼又把曾某抓出去了。他看到一座小山，山势不甚广阔，而峭壁却高峻陡立，山上锋利的尖刀纵横交错，像丛生的竹笋，乱麻麻一大片，在这之前已经有好几个人被刮住肠子，刺破肚子，哀号之声不绝于耳，惨不忍听。曾某被巨鬼催赶着上山，不由得放声痛哭，畏缩不前，节节后退。巨鬼用毒锥扎他的后脑勺，曾某忍痛乞求巨鬼同情可怜他。巨鬼恼怒发火，把曾某抓起来，用力抛向空中。他觉得自己钻进了云霄之中，接着又昏昏沉沉地向下坠落，锋利交错的尖刀刺进他的胸膛，痛苦的滋味无法形容。又过了一段时间，沉重的身体往下坠，被穿破的孔洞越来越大，他忽然从刀山上掉下去，四肢像毛毛虫一样蜷曲起来。于是巨鬼又赶他去见阎王。阎王下令统计他通过卖官鬻爵、徇私枉法和霸占田产总共敛得多少不义之财。有一个胡须卷曲的人立即手持算筹算了一会儿说："三百二十一万。"阎王说："这些东西既然是他贪赂下来的，还是让他都喝了吧。"不一会儿，把金钱拿来堆在殿阶上，累积得像一座小山丘似的。小鬼陆续把铜钱放到铁锅里，用烈火将其都熔化成铜水。几个鬼使轮番用勺子往他的口里灌铜汁，铜汁一直流到面颊上，把皮肤都烫得焦烂发臭了；铜汁灌到喉咙里，五脏六腑也都沸腾起来了。曾某活着的时候，总嫌搜刮的财产太少，而这时又后悔不义之财太多了。半天才把铜水都灌完。阎王命令一个小鬼，把曾某押解到甘肃甘州当女人。

曾某走了几步，看到地上有一个好几尺粗的大铁梁，铁梁上安着一个几百里大的火轮子，闪耀着五彩斑斓的火焰，光焰炯炯，照亮云霄。巨鬼用鞭子抽打曾某，让他蹬上火轮子。他刚刚闭上眼睛，跳上火轮子，就感到火轮随着两只脚转动，忽然身子向下一歪，掉了下来，感觉全身冰凉。

他睁开眼睛一看，自己已经变成一个女婴了。再一看他的亲生父母，都穿着破破烂烂的短衣服，他出生的土房子中还放着要饭的破瓢和打狗的棍子。他心里明白，他变成了要饭花子的女儿。此后，曾某每天都跟着一帮讨饭的人出去要饭，每天饥肠辘辘，常年吃不到一顿饱饭，衣服都很破烂，时常被风吹得疼痛刺骨。曾某长到十四岁时被卖给了一个姓顾的秀才当小老婆，每日粗衣粗食，勉强自给。顾秀才家中的大老婆很彪悍，她每天不是用鞭子抽曾某，就是用烧红的烙铁烙曾某的胸乳。好在丈夫顾秀才还心疼曾某，曾某心中稍感宽慰。一天，东邻有个品行恶劣的少年，忽然爬过墙头，逼着要强奸曾某。曾某心想，自己前世造的罪孽，已经受到阴间的惩罚，今生哪还敢再造孽呢！于是就大声疾呼。丈夫和大老婆都爬起来了，那个恶少年才逃走了。没过多久，一天，顾秀才到她的房中歇息，她在枕上喋喋不休地诉说自己的冤苦。忽然哐啷一声巨响，房门被撞开，两个强盗持刀闯入，竟然把秀才的脑袋砍掉了，还抢走了所有衣物。曾某蜷缩在被子底下不敢出声。直到强盗走后，她才哭喊着跑进大老婆的卧室。大老婆听到消息大惊，就哭着和她一同前去查验丈夫的尸体。看完以后，大老婆怀疑曾某勾结奸夫杀害了丈夫，就写了状子，告到州官刺史那里。知府把曾某抓上大堂，以谋害亲夫的罪名，严刑拷问她。曾某遭到了酷刑毒打，被迫招认定案。依照法律，被判凌迟。随后曾某被押赴刑场行刑，她胸中冤愤难解，跳着脚地叫屈，觉得十八层地狱也没有这么黑暗。

曾某正在悲痛号叫，忽然听到同游的朋友招呼他说："老兄，你梦魇了吗？"他忽然醒了过来，只见老和尚仍然盘坐在蒲团上。同游的人争着问他："天色晚了，我们肚子早都饿了，你怎么酣睡了这么长时间？"他这才面色惨淡地爬起来。老和尚微笑着问他："宰相的预测，是否灵验？"曾某听到这话，心里越发惊异，就向老和尚行礼请教，询问刚才的梦境，老和尚说："要修炼德行，广施仁义，就是火坑中也能长出青莲。你的梦境是你自己的事情，我这个出家人，哪里能参透其中的玄妙！"他来到这里时兴高采烈，回去时垂头丧气，那追求荣华富贵的幻想，从此就渐渐淡薄下去了。后来，他住进了深山之中，不知在什么地方隐居了一辈子。

异史氏说："给行善的人降福，给淫恶的人降祸，这是上天的常规。一听要做宰相，心里就万分高兴的人，一定不是因为自己能为国家鞠躬尽瘁而高兴。在梦中，娇妻美妾无所不有。然而梦固然是虚妄的，妄想也是不真实的。他（曾某）在幻梦中想要的虚荣，鬼神在用梦幻的形式让其变成泡影，给他恶报。在人们还没有理解人生苦短的时候，这种飞黄腾达的幻梦是一定要有的，应该把这篇故事当作《黄梁梦》的续编，作为《续黄梁》。"

辛十四娘

〔题解〕

《辛十四娘》中的主人公十四娘是完美女性的代表。她不仅美若天仙，而且识人善谋、勤俭持家、精明干练。她的娇媚、勤俭、温婉、聪慧，满足了男性对女性的所有期待，也能够帮助男性解决生活中可能遇到的各种人生难题。辛十四娘嫁给爱慕她的冯生后，并没有获得想象中的“幸福”婚姻和美满的家庭生活，在教化改造丈夫后不再留恋尘缘，成仙而去。而男主人公冯生有严重的性格问题，轻狂傲慢，轻脱纵酒，莽撞冒失，多次放纵任性闯下大祸。但是在情感上，他忠诚于十四娘，这也使得十四娘屡次为其善后，并拼死相救。这是一篇带有浓重男性主义色彩的文章，特别是对十四娘“牺牲精神”的推崇和称赞，实际上是现实生活中男性对完美女性的一种期待和呼唤。

〔原文〕

广平冯生[①]，正德间人[②]。少轻脱，纵酒。昧爽偶行，遇一少女，着红帔，容色娟好。从小奚奴[③]，蹑露奔波，履袜沾濡。心窃好之。薄暮醉归，道侧故有兰若，久芜废，有女子自内出，则向丽人也。忽见生来，即转身入。阴念：丽者何得在禅院中？絷驴于门，往觇其异。

入则断垣零落，阶上细草如毯。彷徨间，一斑白叟出，衣帽整洁，问："客何来？"生曰："偶过古刹[4]，欲一瞻仰。翁何至此？"叟曰："老夫流寓无所，暂借此安顿细小[5]。既承宠降，有山茶可以当酒。"乃肃宾入。见殿后一院，石路光明，无复榛莽。入其室，则帘幌床幕，香雾喷人。坐展姓字，云："蒙叟姓辛。"生乘醉遽问曰："闻有女公子，未遭良匹[6]。窃不自揣，愿以镜台自献[7]。"辛笑曰："容谋之荆人。"生即索笔为诗曰："千金觅玉杵，殷勤手自将。云英如有意，亲为捣元霜[8]。"主人笑付左右。少间，有婢与辛耳语。辛起，慰客耐坐，牵幕入。隐约三数语，即趋出。生意必有佳报，而辛乃坐与嗢噱[9]，不复有他言。生不能忍，问曰："未审意旨，幸释疑抱[10]。"辛曰："君卓荦士[11]，倾风已久。但有私衷，所不敢言耳。"生固请之。辛曰："弱息十九人[12]，嫁者十有二。醮命任之荆人[13]，老夫不与焉。"生曰："小生只要得今朝领小奚奴带露行者。"辛不应，相对默然。闻房内嘤嘤腻语，生乘醉搴帘曰："伉俪既不可得，当一见颜色，以消吾憾。"内闻钩动，群立愕顾。果有红衣人，振袖倾鬟[14]，亭亭拈带。望见生入，遍室张皇。辛怒，命数人捽生出。酒愈涌上，倒榛芜中[15]。瓦石乱落如雨，幸不着体。

卧移时，听驴子犹龁草路侧，乃起跨驴，踉跄而行。夜色迷闷，误入涧谷，狼奔鸱叫，竖毛寒心。踟蹰四顾，并不知其何所。遥望苍林中，灯火明灭，疑必村落，竟驰投之。仰见高闳[16]，以策挝门。内有问者曰："何处郎君，半夜来此？"生以失路告，问者曰："待达主人。"生累足鹄俟[17]。忽闻振管辟扉[18]，一健仆出，代客捉驴。生入，见室甚华好，堂上张灯火。少坐。有妇人出，问客姓氏。生以告。逾刻，青衣数人扶一老妪出，曰："郡君至[19]。"生起立，肃身欲拜[20]。妪止之坐，谓生曰："尔非冯云子之孙耶？"曰："然。"妪曰："子当是我弥甥[21]。老身钟漏并歇[22]，残年向尽，骨肉之间，殊所乖阔[23]。"生曰："儿少失怙[24]，与我祖父处者，十不识一焉。素未拜省，乞便指示。"妪曰："子自知之。"生不敢复问，坐对悬想。妪曰："甥深夜何得来此？"生以胆力自矜诩，遂一一历陈所遇。妪笑曰："此大好事。况甥名士，殊不玷于姻娅[25]，野狐精何得强自高？甥勿虑，我能为若致之。"生称谢唯唯。妪顾左右曰："我不知辛家女儿，遂如此端好。"青衣人曰："渠有十九女，都翩翩有风格，不知官人所聘行几？"生曰："年约十五余矣。"青衣曰："此是十四娘。三月间，曾从阿母寿郡君，何忘却？"妪笑曰："是非刻莲瓣为高履[26]，实以香屑，蒙纱而步者乎？"青衣曰："是也。"妪曰："此婢大会作意弄媚巧[27]。然果窕窈，阿甥赏鉴不谬。"即谓青衣曰："可遣小狸奴唤之来[28]。"青衣应诺去。移时，入白："呼得辛家十四娘至矣。"旋见红衣女子，望妪俯拜。妪曳之曰："后为我家甥妇，勿得修婢子礼。"女子起，娉娉而立[29]，红袖低垂。妪理其鬓发，捻其耳环，曰："十四娘，近在闺中作么生[30]？"女低应曰:“闲来只挑绣。”回首见生,羞缩不安。妪曰:“此吾甥也。盛意与儿作姻好,何便教迷途,终夜窜溪谷?”女俯首无语。妪曰:“我唤汝非他,欲为吾甥作伐耳。”女默默而已。妪命扫榻展裀褥,即为合卺。女觍然曰:“还以告之父母。”妪曰:“我为汝作冰[31],有何舛谬?”女曰:“郡君之命,父母当不敢违。然如此草草,婢子即死不敢奉命!”妪笑曰:“小女子志不可夺,真吾甥妇也!”乃拔女头上金花一朵,付生收之。命归家检历[32],以良辰为定。乃使青衣送女去。听远鸡已唱,遣人持驴送生出。数步外,欻一回顾,则村舍已失,但见松楸浓黑,蓬颗蔽冢而已[33]。定想移时,乃悟其处为薛尚书墓。薛故生祖母弟,故相呼以甥。心知遇鬼,然亦不知十四娘何人。咨嗟而归,漫检历以待之,而心恐鬼约难恃。再往兰若,则殿宇荒凉。问之居人,则寺中往往见狐狸云。阴念:若得丽人,狐亦自佳。

至日,除舍扫途,更仆眺望,夜半犹寂。生已无望。顷之。门外哗然。蹑屣出窥[34],则绣幰已驻于庭[35],双鬟扶女坐青庐中[36]。妆奁亦无长物,惟两长鬣奴扛一扑满[37],大如瓮,息肩置堂隅。生喜得佳丽偶,并不疑其异类。问女曰:“一死鬼,卿家何帖服之甚?”女曰:“薛尚书今作五都巡环使,数百里鬼狐皆备扈从,故归墓时常少。”生不忘蹇修[38],翼日,往祭其墓。归,见二青衣持贝锦为贺[39],竟委几上而去。生以告女,女视之曰:“此郡君物也。”

邑有楚银台之公子[40]，少与生共笔砚，相狎。闻生得狐妇。馈遗为馔[41]，即登堂称觞。越数日，又折简来招饮。女闻，谓生曰："曩公子来，我穴壁窥之，其人猿睛而鹰準[42]，不可与久居也[43]。宜勿往。"生诺之。翼日，公子造门，问负约之罪，且献新什[44]。生评涉嘲笑，公子大惭，不欢而散。生归，笑述于房。女惨然曰："公子豺狼，不可狎也！子不听吾言，将及于难！"生笑谢之。后与公子辄相谀噱[45]，前郤渐释[46]。会提学试[47]，公子第一，生第二。公子沾沾自喜，走伻来邀生饮[48]。生辞，频招乃往。至则知为公子初度[49]，客从满堂，列筵甚盛。公子出试卷示生。亲友叠肩叹赏。酒数行，乐奏作于堂，鼓吹伧儜[50]，宾主甚乐，公子忽谓生曰："谚云：'场中莫论文[51]。'此言今知其谬。小生所以忝出君上者，以起处数语[52]，略高一筹耳。"公子言已，一座尽赞。生醉不能忍，大笑曰："君到于今，尚以为文章至是耶！"生言已，一座失色。公子惭忿气结。客渐去，生亦遁。醒而悔之，因以告女。女不乐曰："君诚乡曲之儇子也[53]！轻薄之态，施之君子则丧吾德，施之小人则杀吾身。君祸不远矣！我不忍见君流落，请从此辞。"生惧而涕，且告之悔。女曰："如欲我留，与君约：从今闭户绝交游，勿浪饮[54]。"生谨受教。

十四娘为人勤俭洒脱，日以衽织为事[55]。时自归宁，未尝逾夜。又时出金帛作生计。日有赢余，辄投扑满。日杜门户，有造访者辄嘱苍头谢去。一日，楚公子驰函来，女焚爇，不以闻。翼日，出吊于城，遇公子于丧者之家，捉臂苦邀。生辞以故。公子使圉人挽辔[56]，拥之以行。至家，立命洗腆[57]。继辞夙退。公子要遮无已[58]，出家姬弹筝为乐。生素不羁，向闭置庭中，颇觉闷损，忽逢剧饮，兴顿豪，无复萦念。因而酣醉，颓卧席间。

公子妻阮氏，最悍妒，婢妾不敢施脂泽[59]。日前，婢入斋中，为阮掩执，以杖击首，脑裂立毙。公子以生嘲慢故，衔生，日思所报，遂谋醉以酒而诬之。乘生醉寐，扛尸床间，合扉径去。生五更酲解[60]，始觉身卧几上；起寻枕榻，则有物腻然，绁绊步履[61]；摸之，人也，意主人遣僮伴睡。又蹴之，不动而僵。大骇，出门怪呼。厮役尽起，爇之，见尸，执生怒闹。公子出，验之，诬生逼奸杀婢，执送广平。

隔日，十四娘始知，潸然曰："早知今日矣！"因按日以金钱遗生。生见府尹，无理可伸，朝夕搒掠，皮肉尽脱。女自诣问。生见之，悲气塞心，不能言说。女知陷阱已深，劝令诬服，以免刑宪[62]。生泣听命。女还往之间，人咫尺不相窥。归家咨惋，遽遣婢子去。独居数日，又托媒媪购良家女，名禄儿，年已及笄，容华颇丽。与同寝食，抚爱异于群小[63]。生认误杀，拟绞，苍头得信归，恸述不成声。女闻，坦然若不介意。既而秋决有日[64]，女始皇皇躁动，昼去夕来无停履。每于寂所於邑悲哀[65]，至损眠食。

一日，日晡[66]，狐婢忽来。女顿起，相引屏语[67]。出则笑色满容，料理门户如平时。翼日，苍头至狱，生寄语娘子，一往永诀。苍头复命。女漫应之，亦不怆恻，殊落落置之[68]。家人窃议其忍[69]。忽道路沸传：楚银台革爵，平阳观察奉特旨治冯生案[70]。苍头闻之，喜告主母。女亦喜，即遣入府探视，则生已出狱，相见悲喜。俄捕公子至，一鞫，尽得其情。生立释宁家[71]。归见闱中人[72]，泫然流涕，女亦相对怆楚，悲已而喜。然终不知何以得达上听。女笑指婢曰："此君之功臣也。"生愕问故。

先是，女遣婢赴燕都，欲达宫闱，为生陈冤。婢至，则宫中有神守护，徘徊御沟间[73]，数月不得入。婢惧误事，方欲归谋，忽闻今上将幸大同[74]，婢乃预往，伪作流妓。上至构栏[75]，极蒙宠眷。疑婢不似风尘人[76]，婢乃垂泣。上问："有何冤苦？"婢对："妾原籍隶广平，生员冯某之女。父以冤狱将死，遂鬻妾勾栏中。"上惨然，赐金百两。临行，细问颠末，以纸笔记姓名，且言欲与共富贵。婢言："但得父子团聚，不愿华朊也[77]。"上颔之，乃去。婢以此情告生。生急拜，泪眦双荧[78]。

居无几何，女忽谓生曰："妾不为情缘，何处得烦恼？君被逮时，妾奔走戚眷间，并无一人代一谋者。尔时酸衷，诚不可以告诉。今视尘俗益厌苦。我已为君蓄良偶，可从此别。"生闻，泣伏不起。女乃止。夜遣禄儿侍生寝，生拒不纳。朝视十四娘，容光顿减。又月余，渐以衰老。半载，黯黑如村妪。生敬之，终不替[79]。女忽复言别，且曰："君自有佳侣，安用此鸠盘为[80]？"生哀泣如前日。又逾月，女暴疾，绝饮食，羸卧闺闼。生侍汤药，如奉父母。巫医无灵，竟以溘逝[81]。生悲怛欲绝。即以婢赐金为营斋葬。数日，婢亦去，遂以禄儿为室。逾年，举一子。然比岁不登[82]，家益落。夫妻无计，对影长愁。忽忆堂陬扑满，常见十四娘投钱于中，不知尚在否。近临之，则豉具盐盎[83]，罗列殆满。头头置去[84]，箸探其中，坚不可入，扑而碎之，金钱溢出。由此顿大充裕。

后苍头至太华山[85]，遇十四娘，乘青骡，婢子跨蹇以从[86]，问："冯郎安否？"且言："致意主人，我已名列仙籍矣。"言讫，不见。

异史氏曰："轻薄之词，多出于士类[87]，此君子所悼惜也。余尝冒不韪之名[88]，言冤则已迂；然未尝不刻苦自励，以勉附于君子之林，而祸福之说不与焉[89]。若冯生者，一言之微，几至杀身，苟非室有仙人，亦何能解脱囹圄，以再生于当世耶？可惧哉！"

〔注释〕

①广平：即明清时代的广平府，在今河北省南部邯郸一带，治所在今永年东南广府镇广平府古城。

②正德：公元1506年至1521年间，明武宗朱厚照年号。

③奚奴：旧指仆役、家役。此指婢女。

④刹：梵语"刹多罗"的省称，为佛塔顶部的装饰，亦指寺前的幡杆。寺庙佛塔称为"刹"，或"寺刹""梵刹""僧刹"。

⑤细小：家小，指眷属。

⑥未遭良匹：意谓不曾选配合适的好人家。遭，遇。匹，配偶。

⑦镜台自献：把自己的梳妆台献出来，代指亲自求婚。镜台，镜匣。

⑧“千金觅玉杵”四句：这是用裴航和云英的故事，表示求婚。出自唐人裴铏《传奇》。唐代秀才裴航路过蓝桥驿，遇见少女云英。裴向其祖母求婚。祖母说，神仙曾给我长生不老的灵丹，但须用玉杵臼去捣一百天，方可服用，你若找到玉杵和臼，我就把云英许给你。后来，裴航果然购得玉杵臼，并亲自捣药百天。两人终成眷属。玉杵，玉杵臼，捣药的用具。将，持奉。元霜，丹药。元，玄。清代避康熙帝玄晔讳，书“玄”为“元”。

⑨嗢噱（wàjué）：谈笑不止，乐不胜收。

⑩幸释疑抱：希望消除我心中的疑虑。幸，希望。释，解除。疑抱，疑虑。

⑪卓荦（luò）：卓越，超出一般。

⑫弱息：谦辞，幼弱的子女，专指女儿。

⑬醮命：嫁女的使命，指许婚之权。醮，旧指女子嫁人。古礼女子出嫁，父母酌酒饮之，叫“醮”。

⑭振袖倾鬟：犹言抖袖低头。鬟，古代妇女的环形发髻。

⑮榛芜：丛杂的草木。

⑯闳（hóng）：巷门；大门。

⑰累足鹄俟：双足站立，引颈翘首等待。累足，两足相叠侧立不动，形容小心戒惧。鹄，一种长颈鸟，俗称天鹅。俟，等。

⑱振管：开锁。管，锁钥。

⑲郡君：古代命妇的封号。唐制，四品官以上之母或妻为郡君。明代宗室女也称郡君。

⑳肃身欲拜：欲躬身下拜。肃身，直身肃容。

㉑弥甥：外甥的儿子。

㉒钟漏并歇：暗示死亡。以钟漏待尽比喻年老衰残。钟与漏，古代计时的时钟和漏刻，借指时辰、时间。歇，停止。

㉓乖阔：离别，疏远。

㉔失怙：丧父。怙，父之代称。

㉕姻娅：指姻缘。

㉖刻莲瓣为高履：指将鞋的木底镂刻上莲瓣花纹。古代缠足妇女用木制后跟衬于鞋底，这种鞋子称为高履。

㉗作意：特意求奇，别出心裁。

㉘狸奴：猫的别名，这里似指精灵之类的仆婢。

㉙娉娉：苗条俊美的样子。

㉚作么生：做什么营生。生，山东方言“营生”“生活”。

㉛作冰：旧指做媒人。冰，冰人，指媒人。典出《晋书·索沈传》晋人梦见自己与冰下的人谈话，索沈解梦，谓冰上为阳，冰下为阴，同冰下的人谈话，阳阴代表男女，将要为人做媒。

㉜检历：查阅历书，指选择吉日。

㉝蓬颗蔽冢：坟墓上掩盖着蓬草土块。蓬颗，长有蓬草的土块，借指坟头。

㉞蹝(xǐ)屣：趿拉着鞋，形容急促、急迫。蹝，曳履而行。

㉟绣幰(xiǎn)：绣花车帷，代指花轿或彩车。

㊱青庐：代指新房。青布搭成的帐篷，是举行婚礼的地方。东汉至唐，有此风俗。北方一带，拜堂有在青庐举行的。

㊲长鬣(liè)奴：满脸长须的仆人。鬣，胡须。扑满：古代用来存钱币的瓦器，像没口的小酒坛，上有细长的孔，钱币放入后，要打破才能取出。

㊳蹇(jiǎn)修：代指媒人。蹇修是传说中伏羲氏的臣子，古贤者。后世以“蹇修”作为媒人的代称。

㊴贝锦：一种上有贝形花纹的锦缎。

㊵银台：古代官名，宋时有银台司，设在银台门内，故名，掌管天下奏状案牍。明清的通政司职位与银台司相当，也称通政使为银台。

㊶餪(nuǎn)：古代的一种礼仪，嫁女三日后，娘家馈送食物给女儿叫“餪”。

㊷鹰準：鹰钩鼻子。準，鼻梁。

㊸居：相处。

㊹新什：新作。什，篇什，指诗篇或文卷。

㊺谀噱：恭维谄笑。噱，大笑。

㊻郤：同“隙”，嫌隙，隔阂。

㊼提学试：清代提督学政主持一省童生院试及生员岁、科两试。这里的“提学试”当指岁试或科试。

㊽走伻（bēng）：派遣仆从。伻，使者。

㊾初度：指生日。

㊿伧儜（níng）：形容音调粗浊杂乱。

51场中莫论文：意谓在考场中靠命运，不靠文章。场，科举考场。

52起处：八股文每篇由破题、承题、起讲、入手、起股、中股、后股、束股八部分组成。起股至中股是正式的议论。起处，指正式议论之前阐明题旨，引起议论的部分。

53乡曲之儇（xuān）子：识见寡陋的轻薄子弟。乡曲，乡里，亦指穷乡僻壤。儇子，轻薄刁巧的男子。

54浪饮：过量地饮酒。浪，滥，放纵。

55纴织：纺纱织布。

56圉（yǔ）人：古代官名，掌管养马放牧等事，泛指马夫。

57洗腆（tiǎn）：置办洁净丰盛的酒食。腆，丰盛。

58要（yāo）遮：阻拦，拦截。

59施脂泽：涂脂抹粉，指修饰打扮。脂泽，化妆用的脂粉、头油等。

60酲（chéng）解：酒醒。酲，酒醉。

61绁（xiè）绊：缠绕阻绊。绁，绳索。

62刑宪：刑法。这里指刑罚。

63群小：指仆从、婢妾。

64秋决有日：将近秋季决囚之日。古代执行死刑一般在秋季，秋冬草木凋零象征肃杀，天子要按照天时行事，所以处决犯人在秋季执行。决，处死。

65於（wū）邑：同“呜咽”，悲气郁结。

66晡（bū）：申时，午后三至五时。

67相引屏（bǐng）语：两人到无人处谈话。屏语，避人共语。

㊳落落：豁达，安然。

㊴忍：狠心。

㊵平阳：府名，辖令山西省临汾等十县。观察，古代官名，唐代于不设节度使的区域设观察使，为州以上的长官。清时对道员的尊称。

㊶宁家：回家。宁，已婚女子归望父母，这里为归家之意。

㊷闱中人：即闺中人，指妻。

㊸徘徊御沟间：丫鬟想要见皇帝申冤，看到宫中有神灵守护，只好在御沟外徘徊，不得入宫。御沟，环绕宫墙的河沟。

㊹幸：封建时代，皇帝至某处叫"幸"或"临幸"。大同：旧府名，治所在今山西省大同市。

㊺构栏：即勾栏，指妓院。宋元时伎乐在城市中的主要表演场所，相当于现在的戏院。元以后指妓院。

㊻风尘人：流落江湖的人，喻指妓女。

㊼华朊（wǔ）：美衣丰食，指富贵。朊，肥美大块的鱼肉。

㊽泪眦（zì）双荧：两眼泪珠闪烁。眦，眼眶。荧，闪光。

㊾替：废，懈怠。

㊿鸠盘：梵语"鸠盘茶"的省称，义译为瓮形鬼、冬瓜鬼；后用以形容极端丑陋的妇人。

81溘（kè）逝：忽然死去。溘，忽然。

82比岁不登：连年收成不好。比，接连，挨着。登，指庄稼成熟。

83豉（chǐ）具盐盎：豆豉盆、盐罐子。豉，豆豉。盎，一种腹大口小的器皿。

84头头置去：一件一件地移去。

85太华：即西岳华山。

86蹇：蹇卫，即驴子。

87士类：文人、读书人的总称。

88不韪（wěi）：不是，过失。意思是别人指责他说话轻薄。

89而祸福之说不与焉：意谓并非迷信祸福之说。不与，不从。

〔译文〕

广平府的书生冯生，是明朝正德年间的人。他从小轻佻放荡，纵酒无度。一天早晨，他走在路上，偶然遇到一个披着红色披肩的少女，容貌秀丽。身后跟着个小丫鬟，正踏着露水向前赶路，鞋袜都被浸湿了。冯生心里偷偷地爱上了她。黄昏时分，冯生喝得醉醺醺地往回走，路过一座荒废很久的寺庙，来到寺庙前，他看到一个女子从庙里走出来，一看，正是清晨看到的那个女子。少女见他走过来，就转身又进了庙门。冯生心里暗想：美人怎会住在寺庙里？就把驴拴在庙门前，想进庙里看看有什么怪现象。

进入庙门，满眼的断壁残垣，石阶上像铺了层绿毯一样，长满了小草。正当冯生来回张望、犹豫不决的时候，一个衣帽整洁、头发斑白的老翁从里面走了出来，问道："客人来这里干什么？"冯生说："我偶然路过古刹，进来瞻仰瞻仰。您老人家为什么到这里啊？"老翁说："老夫流落到这里，没有固定的住所，暂时借住在这里，安顿家小。既然承蒙你的尊敬，到此光临，没有待客的东西，只有山茶可以当酒。"说完，恭敬地把冯生请进庙里来。转过大殿，冯生见殿后有一个院子，石头铺的道路，光滑洁净，没有荒芜杂乱的草木。进入卧室，他嗅到帷幔床帐，都散发着香气。坐下后，他问老翁的姓名，老人说："老夫姓辛。"冯生趁着酒兴唐突地问道："听说您家有位女公子，还没找到理想的配偶。我不自量力，愿意替我自己做媒。"老翁笑着说："请容许我和老伴儿商量商量。"冯生当即要来笔，写下一首诗："千金觅玉杵，殷勤手自将。云英如有意，亲为捣元霜。"主人看后，笑容满面，把诗交给了仆人。不一会儿，有个丫鬟走出来，和老翁耳语了几句。老人起身,叫客人耐心地坐会儿,然后就撩起门帘进屋了。隐约听到屋里说了三五句话,老翁退了出来。冯生认为一定有好消息告诉他,可老翁坐下来,只和他谈笑,并没有说婚事。冯生忍不住,就问:“我不知道您什么意思,希望能够消除我的疑惑。”老翁说:“您是卓越不凡的书生,我仰慕您的风度已经很长时间了。只是我还有一些不能说明的隐衷,所以不敢答应你。”冯生一再请求说明不答应的原因。老翁说:“我有十九个姑娘,已经嫁出去的有十二个。他们的婚姻大事都由老伴儿做主,老夫不过问。”冯生说:“我只想迎娶今天早晨带着小丫鬟、踏着露水赶路的那个姑娘。”辛老翁没回答他,两人默默无语。冯生听见屋里传来女子的嘤嘤细语,他乘着醉意,撩起门帘说:“既然不能做夫妻,也要看看她美丽的容貌,以消除我的遗憾!”屋里的人听到帘钩响动,都站起来,惊愕地看着他。冯生看到果然有那位红衣少女,亭亭玉立,手捻着腰带。她们看见冯生闯进里屋,屋里的人都张皇失措。老人大怒,喊来几个人把冯生推了出去,冯生感到酒劲儿涌到喉咙上来了,就倒在乱草丛里。砖头瓦块像雨点般地落下来,幸而没打在身上。

冯生躺了一会儿,听见驴子还在路边吃草,他爬起来跨上驴背,跌跌撞撞地上了路。夜色迷茫,冯生迷路了,走进了山谷,狼奔鸱叫,把他吓得毛发都竖了起来。他犹豫踌躇,环顾四周,不知道这是什么地方。远远望见黑森森的林子里正闪烁着灯光,冯生猜想一定是个村庄,就鞭打毛驴跑了过去。来到跟前,一看,只见面前耸立着一座高大的门楼,就用鞭子敲门。门里有人问:“哪里来的小伙子,半夜三更跑到这里来?”冯生回答说:“是迷了路的人。”那人说:“稍等一下,我去禀告主人。”冯生伸着脖子,侧着身子呆呆地等着。忽然听见开锁的声音,出来一个壮健的仆人，替他牵着驴子。冯生跨进大门，看到院子里的房屋都很华美，大堂上点着明亮的灯火。坐了一会儿，有个妇人出来打听他的姓名。冯生告诉了她。过了一会儿，见好几个丫鬟搀扶着一位老太太走出来，说："郡君来了！"冯生站了起来，很恭敬地想跪下磕头。老太太止住他，让他坐下。对他说："你是冯云子的孙子吗？"冯生回答说："是的。"老太太说："你该是我外甥的儿子。我是晨钟已停、风烛残年了，至亲骨肉很久都没有来往了，都疏远了。"冯生说："我从小没了父亲，和我祖父交往的人，十个人也不认得一个。一直没来拜见您，不知道怎么称呼您老人家？"老太太说："你自然会知道的！"他不敢再问，坐在那里回忆着。老太太问："外孙子怎么深夜跑到这里来？"冯生平素常自吹自擂地夸耀自己的胆量，就把自己的经历一一告诉了老太太。老太太笑着说："这是件大好事。何况外孙子是名士，做一门亲戚，也不会玷污她家。野狐狸精怎么就把自己的身份抬得那么高呢？外孙子不要担心，我能帮你娶到那位姑娘。"冯生连连称谢。老太太瞅着身边伺候的人说："我不知辛家的姑娘，竟然这么端庄漂亮。"一个丫鬟说："他家有十九个女儿，都很有风韵。不知道官人想要聘娶哪个姑娘？"冯生说："想娶大约十五岁那个。"丫鬟说："这是十四娘。三月间，曾跟着她的母亲来给郡君拜寿，郡君怎么不记得了呢？"老太太笑着说："是高底鞋上刻着莲花瓣，里面填着香末子，穿着头纱，走路来的那个吧？"丫鬟说："就是她。"老太太说："这个丫头倒很会出花样、弄媚态，讨人喜欢。但的确很漂亮，外孙子的眼光不错。"便对丫鬟说："可打发一个小丫鬟把十四娘请来。"丫鬟答应了一声走了。不一会儿，丫鬟回来说："把辛家十四娘召唤来了！"就看见一个身着红衣的女子，对着老太太下跪行礼。老太太把她拉起来说：

“以后你就是我外孙媳妇了，不要行婢女的礼节了。”女子起来，姿态优美，低垂着两只长长的红袖。老太太理理她的鬓发，又捻捻她的耳环，说：“十四娘近来在闺房中都做些什么？”少女低声说：“闲着没事，只是绣花。”说着，回头看到冯生，马上羞涩起来，很不安。老太太说：“这是我外孙子。他诚心诚意要和你结为夫妻，你怎么就半夜将他赶出家门，让他迷了路，在山谷里转悠一夜呢？”女子低着头，不说话。老太太说：“我把你叫来，没有别的事，只是想给我外孙子做媒人。”女子仍旧默默不语。老太太叫丫鬟去收拾床铺，要马上给他们举行婚礼。女子羞涩地说：“我应该回去把婚事告诉父母。”老太太说：“我给你做媒，还能有什么差错？”女子说：“郡君的命令，父母自然不敢违抗。但这样草率，我就是死，也不敢遵命！”老太太笑着说：“小女子的心意不能强夺啊，你不屈从威势，真是我的外孙媳妇。”于是，就从十四娘头发上取下一朵金花，交给冯生收起来，让他回去看看黄历，选择个良辰吉日；又派一个丫鬟把十四娘送回去了。这时，听见远处雄鸡报晓，老太太就派人牵着毛驴将冯生亲送出门外。冯生出来走了几步，猛然回头一看，村里房舍都消失了，只有黑压压的一片松树，蓬草掩盖着一座坟墓而已。冯生定神默默想了一会儿，才想起来这里是薛尚书的坟墓。薛尚书是冯生已故的祖母的弟弟，所以薛老太太称他为外孙。冯生心中明白遇到了鬼，但依旧不知道辛十四娘是什么人。他唉声叹气地回了家，漫不经心地挑选了个日子，等着这一天的到来，心里唯恐与鬼的约定靠不住。再去那座寺庙，只见那里殿宇荒凉，寂寥无人。询问当地居民，说是寺中常有狐狸出没。冯生暗想：如能得到美人，即使是狐狸也挺好的。

到了选定的婚礼那天，冯生整理好房间，打扫干净道路，派仆人轮番在门外等候美人。直到半夜，仍然声迹杳然，冯生觉得没有希望了。不一会儿，忽听门外人声喧哗，冯生趿拉着鞋出门一看，只见花轿已停在院子里了，丫鬟已经把十四娘搀扶到轿子里坐下。嫁妆也没有多余的东西，只有两个大胡子仆人扛着个瓮般大小的储钱罐，卸下来放在屋子一角。冯生为娶了个美丽妻子而高兴，并不怀疑辛十四娘不是人类。他问十四娘："一个死鬼，你们家怎么那样百般顺从她？"十四娘说："薛尚书如今已做了五都巡环使，几百里以内的鬼狐都是他的侍从护卫。所以他不常回家。"冯生不忘自己的媒人，第二天，到薛尚书的墓上祭奠了一番。回家后，看见两个丫鬟带着绣有贝纹的锦帛前来祝贺，把被锦放到桌子上走了。冯生将此事告诉十四娘，十四娘一看被锦，说："这是郡君家的东西！"

本县有一个叫楚银台的公子，小时候和冯生是同学，两人关系亲近。他听说冯生娶的是狐夫人，便在冯生婚后三日，送来礼物，随即亲自上门举杯庆贺。过了几天，楚公子又送来请柬，叫冯生去喝酒。十四娘闻讯，对冯生说："前几天楚公子前来时，我从墙缝里偷看，他猿眼鹰鼻，不能跟他过多来往，还是不去为好。"冯生答应了。第二天，楚公子登门责问冯生失约，还送来自己新作的诗篇。冯生的评论中含有嘲笑话，楚公子很羞惭，两人不欢而散。冯生回屋，笑着和十四娘讲述这件事。十四娘面色凄惨地说："楚公子像豺狼般凶狠，不能靠近他！你不听我的话，将会大难临头！"冯生笑着道歉。此后，冯生看到楚公子经常恭维地说笑，原来的嫌隙渐渐消除了。正好提督学政主持科考，楚公子考了第一，冯生考第二。楚公子沾沾自喜，打发仆人来邀请冯生喝酒。冯生推辞不去，多次邀请，才去了。到了才知道是楚公子的生日，宾客满堂，酒宴非常丰盛。楚公子拿出试卷给冯生看,亲友争相凑上来观赏赞叹,酒过数巡,堂上奏起音乐,吹吹打打,一片喧杂,宾主都非常高兴。楚公子突然对冯生说:“俗语说‘考场中莫论文’,现在才知道这句话大错特错。我之所以名次排在你前面,不过因为文章起首几句略高一筹罢了。”楚公子说完,满座宾客都纷纷赞扬起来。冯生醉中再也不能隐忍,大笑着说:“到现在你还以为你是凭文章取得第一名的吗?”冯生话音刚落,满座宾客都变了脸色。楚公子羞惭愤恨,气得说不出话。客人们渐渐散去,冯生也悄悄溜走了。冯生酒醒后,很后悔,把事情告诉了十四娘。十四娘不高兴地说:“你真是乡下没见识的轻薄子弟!用轻薄之态对待君子,就会使自己丧失德行;用来对待小人,就会惹来杀身之祸。你离大难不远了!我不忍心看见你衰落破败,请让我现在和你告别!”冯生心中害怕,哭泣着说,自己已经很后悔了。十四娘说:“如果想要我留下来,我与你约定,从今往后你必须闭门不出,断绝交游,不能随意酗酒!”冯生照十四娘说的做。

辛十四娘为人勤俭持家,办事利落,每天纺线织布度日。也时而独自回娘家,但从不在娘家住。还经常拿出些金银布帛维持生活,每有盈余,就投进储钱罐里。整天关门闭户,有人来访,就吩咐仆人加以谢绝。一天,楚公子又派人送信请冯生,辛十四娘把信烧了,没告诉冯生。第二天,冯生出门进城去吊丧,在死者家里碰上了楚公子。楚公子抓着他的胳膊,苦苦相邀。冯生借故推辞,楚公子让马夫帮冯生拉着马,簇拥着冯生走。来到楚家,楚公子立即让家人摆上丰盛的酒席。冯生又说有事要早点回去。楚公子不断阻拦,又让家姬弹筝奏乐。冯生本来就放荡不羁,近来又一直被关在家里,觉得非常烦闷,现在忽然遇上今天这个痛饮的机会,酒兴大起,忘记了辛十四娘的嘱咐,喝得酩酊大醉,在席间昏沉沉地倒下了。

楚公子的妻子阮氏,十分凶悍妒忌,家中的婢妾们都不敢修饰打扮。前一天,有个丫鬟进了楚公子的书房,被阮氏抓住,用木杖狠狠地打丫鬟的头部,丫鬟被打得脑浆迸裂,立即毙命。楚公子因为上次受到冯生的当众讥讽挖苦,怀恨在心,天天都想着报复冯生,于是图谋借这个事用酒先把冯生灌醉,然后诬陷他杀人。楚公子趁冯生昏睡之际,把丫鬟的尸体扛到床上,关上房门走了。五更天时,冯生醒过酒来,发现自己躺在桌子上,便起身去寻找枕头和卧榻,觉得有个腻软的东西绊住了脚,用手一摸,发现是个人,他还以为是主人打发的陪自己睡觉的童仆。又用脚去踢这个人,那个人纹丝不动,身体已经僵硬。冯生十分恐惧,跑出房门怪声喊叫。楚家的奴仆都起来了,点上灯一看,发现了一具尸首,就抓住冯生,愤怒地吵闹起来。楚公子出来察看尸体,污蔑冯生强奸不遂,杀死了丫鬟,将他捆起来,押送到广平县。

过了一天,辛十四娘才听到这件事,她流着泪说:"我早就知道会有今天。"于是每日都给冯生送些钱去。冯生见了府尹,无理可讲,早晚遭受严刑拷问,被打得皮开肉绽。辛十四娘亲自前去看望冯生。与冯生见面后,气愤填膺,说不出话来。十四娘知道这次设下的陷阱很深,就劝冯生先委屈承认罪行,以免再遭受拷打。冯生哭着答应了。十四娘往返于家中和监狱之间时,别的人近在咫尺却看不见她。十四娘回家后不住地叹息,然后把丫鬟都打发出去了。独自一人住了几天,她又托媒婆买了个良家女子,名叫禄儿,及笄之年,相貌非常漂亮。十四娘跟禄儿同吃共住,对禄儿的关怀爱护超过一般丫鬟。冯生招认了酒后误杀丫鬟,被判了绞刑。仆人泣不成声地将消息告诉了十四娘。

十四娘听说，神色坦然，好像并不介意。不久，秋后处决犯人的日子临近了，十四娘才开始惶惶不安，焦急奔走，白天出去，晚上才回来，脚不停步。常在寂静无人的时候，悲伤哀痛，以至于睡眠与饮食大减。

一天午后申时，十四娘派出的那个狐女丫鬟忽然赶回来了。十四娘立即起身，把丫鬟带到没人的地方，二人小声交谈。十四娘从屋里出来时，笑容满面，像平常一样去料理家务了。第二天，仆人前往监狱，冯生托仆人帮他给十四娘带话回来，要十四娘去和他见一面，以做最后的告别。十四娘随便答应了一声，也不悲痛，冷淡地放到一边。家人都暗中议论她心太狠。忽然街头沸沸扬扬地流传楚银台被革职的消息，平阳观察奉皇帝特旨来办冯生的案子。仆人听说后非常高兴，急忙把消息告诉了十四娘。十四娘也很高兴，立即派人到官衙中探望冯生，而冯生已经出狱，主仆见面，悲喜交集。过了不久，官府将楚公子抓到，一经平阳观察审问，便得知其中的全部实情，就立即释放冯生，让他回家了。冯生回家见了十四娘，不禁泪水涟涟；十四娘见到冯生也心酸不已。悲伤过后，又高兴起来。但冯生一直不知道自己的案子是怎么让皇帝知道的。十四娘指着丫鬟说：“她就是你的功臣啊！”冯生惊愕地询问原因。

在此之前，十四娘打发丫鬟进京，想直接到皇宫为冯生申冤。丫鬟赶到京城后，看到宫中有神灵守护，只好在御沟外徘徊，一连好几个月都进不去。丫鬟害怕误事，正想回来再做计议，忽然听说皇帝要到大同巡查，于是丫鬟就预先赶到大同，打扮成妓女。皇帝到妓院游逛，丫鬟特别受皇帝的宠爱眷顾。皇上觉得她不是一般的风尘女子，丫鬟于是低头哭起来。皇帝问：“有什么冤屈苦楚吗？”丫鬟回答说：“我原籍隶属广平县，是生员冯某的女儿。父亲因冤案将要被处死，就把我卖进了妓院。”皇帝听罢，面色凄惨，赐给她黄金百两。临行前，皇帝又详细问了案件的原委，拿来纸笔记下姓名，还说想和她共享富贵。丫鬟说：“我只求父女团聚，不想富贵生活。”皇帝点头答应，于是丫鬟就离开了。丫鬟把事情的经过讲给冯生听，冯生急忙下拜，两眼泪光闪闪。

没过多久，辛十四娘忽然对冯生说：“我如果不是为了情缘，怎么会招致这些烦恼？你被拘捕时，我奔走在亲戚中间，却没有一个人帮我想办法。当时那酸楚心情，真让人没处去说。现在我看到这尘俗世界越发感到厌烦苦恼。我已替你找好如意的女子，我们可以从此分别了！”冯生听到这话，哭泣不止，跪在地上不起来。辛十四娘这才没走。到夜里，辛十四娘打发禄儿去陪冯生睡，冯生拒而不接纳。第二天早晨，冯生来见辛十四娘，发现她容光顿减。又过了一个多月，她渐渐显得衰老。半年后，脸色又黑又丑，像个乡村老太太。但冯生始终恭恭敬敬地对待她，没有变心。这时，辛十四娘忽然又要告别，并说：“你自有称心如意的妻子，为什么还要我这丑老婆子？”冯生像上次那样哭着哀求。又过了一个月，十四娘突然生病，不吃不喝，虚弱地躺在床上。冯生伺候汤药，像对待父母一样。请来巫婆、医生，全都无效，十四娘终于还是溘然长逝了。冯生悲痛欲绝，便将皇帝赐给丫鬟的钱，为十四娘料理下葬的事。过了几天，狐狸丫鬟也走了。冯生就娶了禄儿做妻子，不久后便生了个儿子。然而，连年歉收，家境逐渐破败，夫妻二人一点儿办法也没有，整天相对发愁。冯生突然想起厅堂角落里的储钱罐，过去经常看到十四娘往里投钱，不知钱罐如今还在不在。走进一看，那里摆满了豆豉盆子、盐罐子。他们一件件地把这些东西移开，见储钱罐还在,用筷子往储钱罐里插了插,里面坚硬得插不进去,便把罐子摔碎,金钱哗哗地撒了一地。从此,冯生家大为富裕起来。

后来,冯生的老仆人到了太华山,看见辛十四娘骑着青骡子,丫鬟骑驴跟在后面。十四娘见了仆人问道:“冯郎安好吗?”又说:“请告诉你的主人,我已名列仙籍了。”说完就消失不见了。

异史氏说:“轻薄的言辞,多出于读书人口中,这是君子所惋惜的。我也曾经落着这样的罪名,说自己冤太过迂腐,然而未尝不刻苦自励,以勉附于君子的行列,至于祸福的说法就不管了。像冯生那样的,一言不慎,几乎招致杀身的祸患,如果不是家有仙人,又怎能从监牢中解脱,再来当世重新生活下去呢!真可怕呀!”

狼三则

〔题解〕

《狼三则》集中描写了屠夫在不同情况下和狼斗智斗勇的故事，描绘了贪婪、凶恶、狡黠的狼的形象。故事中的屠夫能够随机应变，采用适当的手段将恶狼杀死，勇气可嘉，智慧不凡。第一则故事着重表现狼的贪婪本性，第二则着重表现了狼耍小聪明的伎俩，第三则着重表现了狼的爪牙锐利，但终究被屠夫用吹猪的手段杀死，作者借此肯定了屠夫杀狼的正义行为和机智策略。三个故事情节都生动曲折，都能够独立成篇，然而又联系密切，完整统一，从不同角度阐发了主题思想。第一则故事告诫我们贪婪会丧命，要学会分清主次，不要因小失大。第二则故事告诫我们耍小聪明不能长久生存，只能徒增笑柄；要耐心地伺机等待，抓住机会，扭转局面。第三则故事启示我们要学会随机应变，扬长避短。三则故事告诫人们，要敢于并善于与像狼一样的恶势力做斗争，只有这样才能取得胜利。

〔原文〕

有屠人货肉归①，日已暮。欻一狼来②。瞰担中肉③，似甚涎垂④，步亦步尾行数里。屠惧，示之以刃，少却，既走⑤，又从之。屠无计，默念狼所欲者肉，不如姑悬诸树而蚤取之[6]。遂钩肉，翘足挂树间，示以空空。狼乃止。屠即径归。昧爽往取肉[7]，遥望树上悬巨物，似人缢死状，大骇。逡巡近之[8]，则死狼也。仰首审视，见口中含肉，肉钩刺狼腭[9]，如鱼吞饵。时狼革价昂[10]，直十余金[11]，屠小裕焉。缘木求鱼[12]，狼则罹之[13]。亦可笑已！

一屠晚归[14]，担中肉尽[15]，止有剩骨[16]。途中两狼，缀行甚远[17]。屠惧[18]，投以骨[19]。一狼得骨止[20]，一狼仍从[21]。复投之，后狼止而前狼又至。骨已尽，而两狼之并驱如故[22]。屠大窘[23]，恐前后受其敌[24]。顾野有麦场[25]，场主积薪其中[26]，苫蔽成丘[27]。屠乃奔倚其下[28]，弛担持刀[29]。狼不敢前[30]，眈眈相向[31]。少时[32]，一狼径去[33]，其一犬坐于前[34]。久之[35]，目似瞑[36]，意暇甚[37]。屠暴起[38]，以刀劈狼首[39]，又数刀毙之[40]。方欲行[41]，转视积薪后[42]，一狼洞其中[43]，意将隧入以攻其后也[44]。身已半入，止露尻尾[45]。屠自后断其股[46]，亦毙之。乃悟前狼假寐[47]，盖以诱敌[48]。狼亦黠矣[49]！而顷刻两毙[50]，禽兽之变诈几何哉[51]，止增笑耳[52]！

一屠暮行[53]，为狼所逼[54]。道傍有夜耕者所遗行室[55]，奔入伏焉[56]。狼自苫中探爪入[57]。屠急捉之，令不可去[58]。顾无计可以死之[59]。惟有小刀不盈寸[60]，遂割破爪下皮，以吹豕之法吹之[61]。极力吹移时，觉狼不甚动，方缚以带[62]。出视，则狼胀如牛[63]，股直不能屈，口张不得合。遂负之以归[64]。非屠，乌能作此谋也[65]！

三事皆出于屠;则屠人之残,杀狼亦可用也。

〔注释〕

①货:出售、卖。

②欻(xū):忽然。

③瞰(kàn):窥视。

④垂涎:流口水,这里形容狼馋肉的样子。

⑤既:已经。

⑥诸:相当于“之于”。蚤(zǎo):通“早”,早晨。

⑦昧爽:拂晓,黎明。

⑧逡(qūn)巡:因有所顾虑而徘徊或后退。

⑨腭:口腔的上膛。

⑩革:皮。昂:昂贵。

⑪直:通“值”,价值。

⑫缘:沿着

⑬罹(lí):遭受,遭遇(疾病或祸患)。

⑭屠:这里指屠夫,即以宰杀牲畜为职业的生意人。晚:傍晚。归:返回,回家。

⑮尽:完。

⑯止:通“只”,仅。

⑰缀(zhuì)行甚远:紧随着走了很远。缀,连接,这里是紧跟的意思。

⑱惧:畏惧,害怕。

⑲投以骨:倒装句,即“以骨投之”,把骨头投给狼。

⑳止:停止。

㉑从:跟从。

㉒并驱:一起追赶。故:旧,原来。

㉓屠大窘:屠户非常困窘急迫。大,很,非常。窘,处境困难,为难。

㉔恐:担心,害怕。敌:敌对,这里是胁迫、攻击的意思。

㉕顾:回头看,这里指往旁边看。

㉖积薪:把柴草堆积在一起。薪,柴草。

㉗苫(shàn)蔽成丘:覆盖成小山似的。苫,盖上。蔽,遮蔽。

㉘乃:副词,于是,就。

㉙弛:放松,这里指卸下。

㉚前:上前。

㉛眈(dān)眈相向:瞪眼朝着屠户。眈眈,注视的样子。相,偏指一方。

㉜少(shǎo)时:一会儿。

㉝径去:径直走开。去,离开。

㉞犬坐于前:如犬一样蹲坐在前面。

㉟久之:过了一会儿。之,助词,无意义。

㊱瞑(míng):闭眼。

㊲意暇(xiá)甚:神情悠闲得很。意,这里指神情、态度。暇,空闲。

㊳暴:突然。

㊴以:用。

㊵毙:杀死。

㊶方:副词,正。

㊷转:转身。

㊸洞其中:在柴草堆里打洞。洞,挖洞。

㊹意:意图。隧入:从通道进入。隧,这里作状语,“从通道”的意思。以:来。

㊺尻(kāo):屁股。

㊻股:大腿。

㊼乃悟:才明白。假寐(mèi):原意是不脱衣服小睡,这里是假装睡觉的意思。寐,睡觉。

㊽盖:承接上文,表示原因,这里有“原来是”的意思。

㊾黠(xiá):狡猾。

㊿顷刻:一会儿。

㉛禽兽之变诈几何哉：禽兽的欺骗手段能有多少啊。变诈，作假，欺骗。几何，多少，这里是“能有多少”的意思。哉，语气助词，啊。

㉜耳：语气助词，罢了。

㉝暮：傍晚。

㉞为（wèi）：被。

㉟夜耕：夜晚替人耕田，打短工的。遗：留下。行（xíng）室：临时搭盖的住所，指农民在田中所搭的草棚。

㊱伏：躲藏（一说埋伏）。

㊲苫（shān）：用草编的席子。

㊳去：离开。

㊴顾：但是。死之：杀死它。

㊵不盈：不满，不足。盈，超过。

㊶豕（shǐ）：猪。

㊷方：才。

㊸则：就。

㊹负：背。

㊺乌：哪里，怎么。

〔译文〕

有一个屠夫，卖完肉回家途中，天色已经昏黑了。忽然碰上一只狼。狼的眼睛紧紧地盯着屠夫担子里的肉，似乎要垂涎三尺了，它紧跟着屠夫走了好几里路。屠夫很害怕，就将屠刀拿起来给狼看，狼稍微往后退缩了几步，接着屠夫继续向前走，狼又紧跟上来了。屠夫无计可施了，就在心里默默地想，狼紧盯着的是肉，不如暂时将肉挂在树上，明天早上再回来取肉。于是屠夫就用钩子钩住肉，翘起脚（将带肉的钩子）挂在树上，然后把空空的担子拿给狼看。狼这才停下来，不再紧随屠夫。屠夫便快步跑回家中。第二天早晨，天刚亮的时候，屠夫前去取肉，从远处便望见树上挂着一个体积很大的东西，好像一个人在树上吊死的样子，屠夫大为吃惊。他小心翼翼地向树的方向挪动，等走到跟前一看，原来吊着的是一匹死狼。屠夫抬头细看，只见狼的嘴里含着肉，挂肉的钩子刺破了狼的前腭，就好像鱼儿吞了鱼钩一样。当时狼皮很值钱，价值十几两银子，屠夫不经意间发了一笔小财。狼到树上吃肉如同爬到树上捉鱼一样可笑，吃肉不成反遭大难。这真是可笑啊！

有一个屠户天色昏黑时往家走，担子里的肉已经卖没了，只剩下几块骨头。半路遇到两只狼，紧紧地跟在后面走了很远。屠户非常害怕，就朝狼扔过去一块骨头。一只狼得到骨头便啃了起来，另一只狼仍然紧随其后。屠户又扔过去一块骨头，后面的狼又停下来啃骨头，但是先吃到骨头的那只狼又追上来了。屠夫担子里的骨头已经扔没了，两只狼同刚才一样肩并肩紧跟在屠夫后面。屠户的情况很窘迫，恐怕被狼前后夹击。他环顾四周，看到野地里有个打麦场，场主人在场院中堆着麦秸，形状似小山丘。屠户就跑过去，倚靠在柴草堆下面，放下担子手持屠刀。两只狼都不敢向他靠近，虎视眈眈地盯着屠夫。不一会儿，一只狼径直走开了，另一只狼像狗似的卷着尾巴坐在屠夫前面。过了很久，那只狼的眼睛似闭不闭，神情很悠闲。屠户猛然跳起来，挥起屠刀向狼头劈去，又劈了好几刀把狼杀死了。屠户刚要往回走，绕到柴草垛后面去看，只见另一只狼正在柴草堆里掏洞，打算钻到洞里，从身后攻击屠户。狼身体的大部分已经钻进洞里了，只露着屁股和尾巴。屠户从后面把狼的后腿砍断了，狼被杀死了。屠夫这才反应过来，前面那只假装睡觉的狼的目的是诱惑他。狼实在很狡猾，但是顷刻间两狼都被杀死了，禽兽能有多少欺诈的招数呢？只能给人增添笑料罢了。

有一个屠夫，晚上在路上行走，被狼紧紧地追赶着。路边儿有个农民留下的地窝棚，他跑进去藏了起来。狼从草帘中伸进一只爪子。屠夫趁机捉住狼爪，不让它抽回去，但是无法把它杀死。身边只有一把不到一寸长的小刀儿，就用它把爪子下面的狼皮割破，用吹猪的方法往里吹气。（屠夫）竭尽全力吹了一会儿，觉得狼不怎么动弹了，就用绳子将狼腿捆起来了。出去一看，只见狼浑身膨胀，很像一头牛。四条腿挺直不能回弯，张着大嘴没办法闭上。屠夫就把它背回去了。（如果）不是屠夫，谁能想出这样的办法呢？

这三个故事都发生在屠夫身上，那么屠户的残忍，杀狼还是可以用的。

胡四娘

〔题解〕

《聊斋志异》里有很多关于花妖狐魅的描写,但此篇《胡四娘》的故事与鬼狐精怪无关,讲述的是科举制度下的人心世态,人情冷暖,读来让人心生悲凉,比不上那些鬼怪狐妖的故事让人读来备感温暖。现实生活通常比故事更冷酷无情,趋炎附势者比比皆是。出身低微又嫁得低贱的胡四娘,被亲兄弟姊妹看不起,更不要说亲朋好友了。胡四娘洞察人性,端重隐忍,不因情忧,不为难惧,失意泰然,得意淡然。程孝思忍辱含垢,发达后不计前嫌,慷慨仗义,知恩图报,不忘亲情。这个故事具有持久的教育意义,现实生活中如何应对势利小人的冷眼相待,在逆境中如何保持独立人格,赢得尊严,使自我不断强大完善?胡四娘夫妇做出了完美的答卷,是人们学习的榜样。

〔原文〕

程孝思,剑南人[①]。少惠,能文。父母俱早丧,家赤贫,无衣食业,求佣为胡银台司笔札。胡公试使文,大悦之,曰:"此不长贫,可妻也。"银台有三子四女,皆襁中论亲于大家。止有少女四娘,孽出[②],母早亡,笄年未字[③],遂赘程[④]。或非笑之,以为惛髦之乱命[⑤],而公弗之顾也。除馆馆生[6]，供备丰隆。群公子鄙不与同食，婢仆咸揶揄焉。生默默不较短长，研读甚苦。众从旁厌讥之，程读弗辍；群又以鸣钲锽聒其侧[7]，程携卷去，读于闺中。

初，四娘之未字也，有神巫知人贵贱，遍观之，都无谀词；惟四娘至，乃曰："此真贵人也！"及赘程，诸姊妹皆呼之"贵人"以嘲笑之。而四娘端重寡言，若罔闻之。渐至婢媪，亦率相呼。四娘有婢名桂儿，意颇不平，大言曰："何知吾家郎君，便不作贵官耶？"二姊闻而嗤之曰："程郎如作贵官，当抉我眸子去[8]！"桂儿怒而言曰："到尔时，恐不舍得眸子也！"二姊婢春香曰："二娘食言，我以两睛代之。"桂儿益恚，击掌为誓曰："管教两丁盲也[9]！"二姊忿其语侵，立批之[10]。桂儿号哗。夫人闻知，即亦无所可否，但微哂焉。桂儿噪诉四娘。四娘方绩，不怒亦不言，绩自若[11]。会公初度[12]，诸婿皆至，寿仪充庭[13]。大妇嘲四娘曰："汝家祝仪何物？"二妇曰："两肩荷一口[14]！"四娘坦然，殊无惭怍。人见其事事类痴，愈益狎之[15]。独有公爱妾李氏，三姊所自出也，恒礼重四娘[16]，往往相顾恤[17]。每谓三娘曰："四娘内慧外朴[18]，聪明浑而不露[19]，诸婢子皆在其包罗中，而不自知。况程郎昼夜攻苦，夫岂久为人下者？汝勿效尤[20]，宜善之，他日好相见也。"故三娘每归宁，辄加意相欢。

是年，程以公力得入邑庠[21]。明年，学使科试士[22]，而公适薨[23]，程缞哀如子[24]，未得与试。既离苫块[25]，四娘赠以金,使趋入遗才籍[26]。嘱曰:"曩久居,所不被呵逐者,徒以有老父在,今万分不可矣!倘能吐气,庶回时尚有家耳。"临别,李氏、三娘赂遗优厚[27]。

程入闱,砥志研思[28],以求必售。无何,放榜,竟被黜。愿乖气结,难于旋里,幸囊资小泰[29],携卷入都。时妻党多任京秩[30],恐见诮讪,乃易旧名,诡托里居,求潜身于大人之门。东海李兰台见而器之[31],收诸幕中,资以膏火[32],为之纳贡[33],使应顺天举;连战皆捷[34],授庶吉士[35]。自乃实言其故。李公假千金,先使纪纲赴剑南,为之治第。时胡大郎以父亡空匮,货其沃墅,因购焉。既成,然后贷舆马,往迎四娘。

先是,程擢第后,有邮报者[36],举宅皆恶闻之。又审其名字不符,叱去之。适三郎完婚,戚眷登堂为馔[37],姊妹诸姑咸在,独四娘不见招于兄嫂。忽一人驰入,呈程寄四娘函信。兄弟发视,相顾失色。筵中诸眷客,始请见四娘。姊妹惴惴,惟恐四娘衔恨不至。无何,翩然竟来[38]。申贺者,捉坐者,寒暄者,喧杂满屋。耳有听,听四娘;目有视,视四娘;口有道,道四娘也。而四娘凝重如故[39]。众见其靡所短长[40],稍就安帖,于是争把盏酌四娘。方宴笑间,门外啼号甚急,群致怪问。俄见春香奔入,面血沾染。共诘之,哭不能对。二娘呵之,始泣曰:"桂儿逼索眼睛,非解脱,几抉去矣!"二娘大惭,汗粉交下。四娘漠然[41]。合座寂无一语,各始告别。四娘盛妆,独拜李夫人及三姊,出门登车而去。众始知买墅者,即程也。

四娘初至墅，什物多阙。夫人及诸郎各以婢仆、器具相赠遗，四娘一无所受，惟李夫人赠一婢，受之。居无何，程假归展墓[42]，车马扈从如云。诣岳家，礼公柩，次参李夫人。诸郎衣冠既竟[43]，已升舆矣[44]。胡公殁，群公子日竞资财，柩之弗顾。数年，灵寝漏败[45]，渐将以华屋作山丘矣[46]。程睹之悲，竟不谋于诸郎，刻期营葬，事事尽礼。殡日，冠盖相属[47]，里中咸嘉叹焉。

程十余年历秩清显[48]，凡遇乡党厄急[49]，罔不极力。二郎适以人命被逮，直指巡方者[50]，为程同谱[51]，风规甚烈[52]。大郎浼妇翁王观察函致之[53]，殊无裁答[54]，益惧。欲往求妹，而自觉无颜，乃持李夫人手书往。至都，不敢遽进，觇程入朝，而后诣之。冀四娘念手足之义，而忘睚眦之嫌[55]。阍人既通，即有旧媪出，导入厅事，具酒馔，亦颇草草。食毕，四娘出，颜色温霁[56]，问："大哥人事大忙，万里何暇枉顾？"大郎五体投地[57]，泣述所来。四娘扶而笑曰："大哥好男子，此何大事，直复尔尔？妹子一女流，几曾见呜呜向人？"大郎乃出李夫人书。四娘曰："诸兄家娘子，都是天人[58]，各求父兄，即可了矣，何至奔波到此？"大郎无词，但顾哀之。四娘作色曰："我以为跋涉来省妹子，乃以大讼求贵人耶[59]？"拂袖径入。大郎惭愤而出。归家详述，大小无不诟詈。李夫人亦谓其忍。

逾数日，二郎释放宁家。众大喜，方笑四娘之徒取怨谤也。俄而四娘遣价候李夫人[60]。唤入，仆陈金币，言："夫人为二舅事，遣发甚急，未遑字覆[61]。聊寄微仪，以代函信。"众始知二郎之归，乃程力也。

后三娘家渐贫，程施报逾于常格。又以李夫人无子，迎养若母焉。

〔注释〕

①剑南：唐太宗年间设置剑南道，辖四川剑阁以南广大地区，治所位于四川成都，因在剑门关以南，故名。开元年间置剑南节度使。

②孽出：庶出，妾生。

③笄(jī)年未字：年已及笄，尚未婚配。字，女子出嫁。

④赘程：招程孝思为赘婿。旧时男女结婚后男到女家成亲落户叫"入赘"。

⑤惛髦(mào)：衰老，老迈，神志不清。乱命：指人临死前神志昏迷时所留下的遗言，后泛指荒谬无理的命令。

⑥除馆馆生：整理打扫馆舍，让程生居住。后一"馆"字用做动词。

⑦鸣钲(zhēng)：犹言敲击钲或锣，古代常用作起程的信号，这里指敲锣喧闹。钲，古打击乐器，形似钟，有长柄可执，口向上。锽(huáng)聒：锽锽地吵闹。锽，钟鼓声。聒，嘈杂。

⑧抉：挖掉。

⑨两丁：两个。指春香及二姊两人。

⑩批：手击，打耳光。

⑪绩：捻麻线。

⑫初度：生日。

⑬寿仪：祝寿的礼物。

⑭两肩荷一口：两个肩膀扛一张嘴，比喻只吃饭不干事。这里讽刺其贫穷不送寿礼而白吃白喝。

⑮愈益狎之：更加轻侮她。狎，轻侮。

⑯礼重：敬重；以礼相待。

⑰顾恤：照顾体恤。

⑱内慧外朴：内心聪慧而外表纯朴。

⑲浑而不露：浑厚不露锋芒。

⑳效尤：学人坏样。效，仿效。尤，过错。

㉑入邑庠：进县学读书成为生员，也称入泮。

㉒科试：也称科考，清代每届乡试前，各省学政巡回举行考试，选拔优秀生员参加乡试。

㉓薨（hōng）：古代诸侯或有爵位的大官的死，叫薨。后来则用以恭维有地位的官员之死。

㉔缞（cuī）哀如子：穿重孝服，如同亲生儿子般哀痛哭泣。缞，古代用粗麻布做的丧服，披于胸前。为最重的孝服，父母丧服缞。

㉕既离苫（shān）块：指居丧期满。苫块，"寝苫枕块"的略语。苫，草席。块，土块。古礼，居父母之丧时，以草荐为席，以土块为枕。

㉖入遗才籍：指参加录科考试，以取得参加乡试的资格。清代科举制度，生员因故未参加科试者，在科考完毕后可集中在省城举行一次补考。这种考试叫"录科"，也称"遗才"试。考试合格者册送参加乡试。这种名册称"遗才籍"。

㉗赂遗：赠送财物。

㉘砥志研思：专心致志，深思钻研，指用心为文。砥和研，都是细致琢磨的意思。

㉙小泰：比较充足。泰，侈，丰足。

㉚妻党：妻方的家族。任京秩：做京官。秩，官吏的职位或品级。

㉛兰台：御史。东汉时称御史台为兰台寺，后世因以"兰台"作为御史的代称。

㉜膏火：灯油，代指学习费用。

㉝纳贡：明清时代，准许纳资入监（国子监），获得监生的资格，由生员纳捐的称"纳贡"，没有生员身份的也可纳捐入监，称"例监"。纳贡者有资

格参加乡试。

㉞连战皆捷：指在乡试及次年考选进士的会试、殿试中都胜利通过，既中了举人，又中了进士。

㉟庶吉士：明清官名，明初有六科庶吉士，永乐时隶属于"翰林院"，以进士擅长文学及书法者充任。清代于翰林院设庶常馆，进士殿试后，以朝考选拔优秀者，被选拔的进士称为庶吉士。三年后再经考试，根据成绩另授官职。

㊱邮报：传送喜信。邮，寄递。

㊲为馔(nuǎn)：也称"馔女"，古代有一种礼仪，女儿嫁后三日，母家馈送食物。

㊳翩然竟来：竟然大方、爽快地来了。翩然，轻盈潇洒的样子。

㊴凝重：庄重。

㊵靡所短长：无所计较。靡，无。

㊶漠然：淡漠，若无其事。

㊷展墓：扫墓。

㊸衣冠既竟：穿戴完毕。此处指换上冠服，准备出迎。既竟，完成。

㊹升舆：上轿。升，登上。

㊺灵寝：寄放灵柩的内堂。古时往往停柩屋内，择吉待葬。

㊻以华屋作山丘：意谓临时寄放灵柩的内堂，将毁败成为埋葬灵柩的荒丘。华屋，华丽的房屋，活人所居的地方。山丘，死人埋葬的地方。

㊼冠盖相属：冠服和车盖连续不断。冠盖，官员的冠服和车盖，代指贵官。相属，连续不断。

㊽历秩清显：历任清贵的要职。秩，职位。清显，指官位显贵、政事不繁。

㊾乡党：指乡里。厄急：急难。

㊿直指巡方者：受命为巡按御史的这位官员。直指，也称直指使者，汉代官名。朝廷直接派往地方专门执行司法案件的官员，因其衣绣衣，也称"绣衣直指"。明清时，则有巡按御使分至各地巡察。巡方，巡行地方考察。

㉛同谱:同宗。谱,记述宗族世系的谱牒。又,同时进士及第者称“同兰谱”。

㉜风规甚烈:执法甚严。风规,风教法规。烈,刚正。

㉝观察:观察使。

㉞裁答:裁笺答复,指回信。

㉟睚眦之嫌:小的怨仇。睚眦,怒目而视。嫌,仇怨。

㊱温霁:喻脸色温和。霁,天气晴朗。

㊲五体投地:双膝、双肘及头额着地。本是佛教最敬重的礼节,这里指伏地磕头。

㊳天人:天上的人。此嘲讽曾依恃高门、欺侮四娘夫妇的嫂子们。

㊴以大讼求贵人:因为吃了大官司而求助于贵人。当初胡家曾以“贵人”嘲笑四娘,此时四娘自称“贵人”,有反讥之意。

㊵价(jiè):送信、传话的仆人。

㊶未遑字覆:没来得及写信回复。

〔译文〕

程孝思,是四川剑南人。从小聪明,会写文章。父母很早就去世了,家里非常贫困,没有用来维持生计的办法,他请求做胡银台的秘书,帮着他干点文书差事。胡银台让程生写了篇文章,看了文章后很高兴,说:“这个人不会一直贫困下去,可以考虑把女儿嫁给他。”胡银台有三子四女,都还在怀抱中时就跟有权势的人家定了亲。只有小女儿四娘,是小妾生的,母亲很早就死了,到十五六岁还没有定亲,胡银台就招程生为入赘女婿。有人讥笑胡银台,认为他是老糊涂了,才定下这门亲事。胡银台不顾别人的非议,打扫了一间房子,让程生住下,还给程孝思提供优厚的日用物品。胡家公子们看不起程生,不愿和他同桌吃饭,连仆人、奴婢们也经常嘲弄程生。程生默默无语,毫不计较,只是更加刻苦读书。众人在一边挖苦讽刺他，程生仍旧读书，停也不停；那些人又打鼓鸣锣，给他捣乱，影响他读书，程生就拿着书本离开，到卧室里去读。

当初，四娘还没定亲时，有个神巫能预知人的贵贱。神巫看了胡银台家的所有子女，没有一句奉承的话，只等见到四娘后，才说："这才是真正的贵人啊！"等到程生入赘后，姊妹们都管她叫"贵人"，以此嘲笑她。但四娘端重寡言，对这些嘲笑声置若罔闻。渐渐地连丫鬟、婆子们也都这么叫她。四娘有个小丫鬟名叫桂儿，为四娘感到不平，大声说："怎么知道我家姑老爷就不能当大官呢？"二姐听到桂儿的话后，嗤之以鼻，说："程姑爷如果当了大官，你就把我眼睛挖去！"桂儿气呼呼地说："到那时，恐怕你就舍不得那两颗眼珠子了！"二姐的丫鬟春香说："如果二娘食言，就把我的双眼挖去代替！"桂儿听了春香的话更加愤怒，拍着巴掌发誓说："准叫你们两个都变成瞎子！"二姐认为桂儿言语冲撞，就给了桂儿几巴掌，桂儿大哭起来。胡夫人听到这件事后，也什么都没说，只是微微地笑了一下。桂儿吵嚷着将这事告诉了四娘。四娘正纺线呢，听后没生气也不说话，照旧纺线。正赶上胡银台过生日，女婿们都来了，庭院里摆满了女婿们带来的贺礼。大媳妇嘲笑四娘说："你家带来了什么寿礼呀？"二媳妇就说："两个肩上扛着一张嘴呗！"四娘听后面色坦然，一点也不感到羞惭。人们见她遇到任何事情都是这样的态度，像傻子一样，就更加欺负她。只有胡大人的爱妾李氏，是三小姐的亲生母亲，一直对四娘礼敬有加，经常照顾体恤她。还经常对三小姐说："四娘外表憨厚，内里聪慧，精明不外露，这些丫鬟们都在她的包罗之下，自己还不知道。何况程郎昼夜苦读，怎会一直居于人下？你不要跟他们学，要好好对待四娘，将来也好见她。”所以每次三小姐回娘家，总是和四娘特别交好。

这年，程生在胡大人的帮助下，考中了秀才。第二年，学使举行科考，正好赶上胡大人去世了。程生像儿子一样为胡大人披麻戴孝，为此程生没能赶考。孝满以后，四娘赠给程生银子，让他参加“录遗”考试。四娘嘱咐说：“过去你长时间在这里住着，之所以没被撵走，只因为老父亲还健在，现在是万万不可以了！倘若这次你去能考中举人，回来大概还能有个家。”临别，李氏、三小姐赠送给程生很多银钱。

程生进了考场，仔细揣摩试卷，精心构思，以求考中。不久后得知他竟榜上无名。程生夙愿没有实现，心中郁闷，没脸回家，好在银子还多，就带着行李进了京城。当时，四娘家的亲戚大都在京城当官，程生怕被他们讥笑，就改了名字，编了个籍贯，托人在大官家谋了个差事做。有个东海的姓李的御史大夫，见了程生后对他很器重，把他留在府中做幕僚，资助他生活用度，还给程生捐了个“贡生”，让他参加顺天府考试。这次，程生连连取得好成绩，被皇帝授予“庶吉士”的官职。这时，程生把自己的经历跟李公讲了。李御史借给他一千两银子，先派了个仆人去剑南，帮程生购买宅子。这时，胡大郎因父亲去世，家里亏空，出售一处很好的田宅，这个仆人就买了下来。房屋安排好后，就派车马去接四娘。

原先，程孝思科考登第后，喜报到了家中，胡家人都不愿意听到这种消息。又发觉喜报上的名字不符，把报喜的人赶走了。正好赶上胡家三儿子结婚，亲戚朋友们都来喝喜酒，众姊妹都在，只有四娘没接到兄嫂邀请。这时，忽然有个人跑进来，呈上一封写给四娘的信。兄弟们打开一看，都傻眼了，脸上失色。此时酒宴上的女眷们才请见四娘。姊妹们惴惴不安，唯恐四娘恼怒不来。不一会儿，四娘竟翩然而至。大家纷纷凑上去，有祝贺的，有搬座的，有寒暄的，屋里一片闹闹嚷嚷。耳朵听着的是四娘，眼睛看着的是四娘，嘴里说的也是四娘。而四娘仍一如既往地凝重端庄。众人见她不计较过去，这才安下心来，争着给四娘奉茶敬酒。正在大家谈笑时，忽听门外传来哭声，众人都觉得很奇怪。忽见春香跑了进来，满脸是血。大家一起追问，春香哭着说不出话来。二小姐大声呵斥她，春香才哭着说："桂儿逼着要挖我的眼睛，要不是我挣脱了，眼珠子就被她挖去了！"二小姐大为羞惭，汗流满面，把脸上擦的脂粉都冲下来了。四娘依旧不动声色，凝重如故。满座的人都静悄悄的，接着客人陆续告别离开了。四娘身着盛装，只拜了李夫人和三小姐，然后出门，登上车走了。这时大家才知道买田宅的人就是程孝思。

四娘刚到新买的房子，日常用的东西都很缺少。老夫人和哥哥送来了仆人、丫鬟和器具，四娘一概不接受，只留下了李夫人赠送的一个小丫鬟。过了不久，程孝思请假回家扫墓，车马随从如云。到了岳父家，先去祭拜岳父的灵柩，然后参拜了李夫人。胡家兄弟们穿好礼服来拜见程生，程孝思已坐上车打道回府了。胡大人死后，他的儿子们天天争夺财产，不管父亲的灵柩。过了几年，棺木朽烂，渐渐地简直要把屋子当作坟墓了。程生见到这种情形十分伤心，也没和胡家兄弟们商量，自己出钱，选了个适宜的日子把棺木下葬了，事事依礼而行，隆重安葬。下葬那天，来送葬的车马接连不断，家乡的人都赞叹不已。

程生当了十几年清廉显要的官，乡亲们遇到难事，他没有不竭力帮助的。胡家老二因人命案被逮捕入狱，主管这个案件的官员，是和程生同榜考中的，秉公严厉。胡家老大央求岳父王观察给官员写了一封信求情，没有收到回信。胡家老大更加害怕，想去向四娘求情,又觉得没有脸面面对四娘,就让李夫人帮忙给四娘写了封亲笔信,自己拿着去了。来到京城,胡家老大不敢贸然进入程家,看见程孝思上朝走后,才进门求见妹妹。希望四娘能够念手足情深,忘记过去的怨恨。门人通报后,只见原来的一个女仆出来,把他领到内厅,草草地准备了简单的酒菜。吃完饭,四娘才出来,面色温和,问道:"大哥有那么多事情需要处理,怎么有空不远万里来看我啊?"胡老大匍匐在地,哭着向四娘说明来由。四娘将他扶起,笑着说:"大哥是个好男子,这是什么大事,值得这个样子?妹妹就是个女流之辈,你什么时候看见我跟人呜呜哭泣了?"大郎就拿出李夫人的亲笔信,四娘看了后说:"各位哥哥的夫人,都是些了不起的人物,各自去求求自己的娘家,就可以了,何必大老远跑到这里?"胡老大无言以对,只是一再哀求。四娘变了脸色,说:"我还以为你千里跋涉是来看望妹妹的,原来是为了一件大案求'贵人'来了!"一甩袖子,进了里屋去了。大郎既羞又怒地走了。回家后向大家详细地说了求四娘的情形,一家老小没有不痛骂四娘的。连李夫人也认为四娘心太硬了。

过了几天,胡老二竟被释放回家了。全家都很高兴,还讥笑四娘不肯出手相救,白白地落了个被大家怨恨。不久,有人来报,四娘派了仆人来问候李夫人。李夫人把仆人叫进来,那人送上带来的银子,说:"我家夫人忙着料理二舅爷的事情,没顾上写回信给您。让我带来少许银钱,以代信函。"此时,众人这才知道,胡老二平安归来是程生和四娘努力相救的结果。

后来,三小姐家逐渐贫困了,程生更加竭力地帮助她。又因为李夫人没有儿子,程孝思就把她接到自己的家里赡养,像对待自己的母亲一样。

乔 女

〔题解〕

与《聊斋志异》中众多娇艳美丽的女子相比，乔女虽然相貌丑陋，形体有缺陷，但她一生的所作所为令人心生敬佩。长相不美丽，身体也有残疾，她并不为此感到羞愧，而是因为自己几乎拥有封建社会妇女应有的所有美好德行而自信。她严格恪守“好女不侍二夫”的封建伦理道德，并以此为由拒绝孟生的求婚。孟生死后，她前去哭悼，见孟家遭到凌辱，她无所畏惧，挺身而出，帮助孟生打理家业，抚育幼子。乔女的德行之美远胜过那些人的面容之美，也让那些自恃貌美而内心丑陋的人汗颜。乔女和孟生虽然始终没能修成正果，但她对孟生发自内心的知己之爱，却超越了所有世俗男女之情。以一种“士为知己者死”的情怀和精神，诠释了人世间最美好最崇高最纯洁的真爱和最善良最无私的人性。

〔原文〕

平原乔生，有女黑丑：壑一鼻[①]，跛一足。年二十五六，无问名者[②]。邑有穆生，年四十余，妻死，贫不能续，因聘焉[③]。三年，生一子。未几，穆生卒，家益索[④]，大困，则乞怜其母。母颇不耐之。女亦愤不复返，惟以纺织自给。

有孟生丧偶，遗一子乌头，裁周岁，以乳哺乏人，急于求配，然媒数言，辄不当意。忽见女，大悦之，阴使人风示女。女辞焉，曰："饥冻若此，从官人得温饱，夫宁不愿？然残丑不如人，所可自信者，德耳，又事二夫，官人何取焉！"孟益贤之，向慕尤殷，使媒者函金加币而说其母[⑤]。母悦，自诣女所，固要之[⑥]。女志终不夺。母惭，愿以少女字孟，家人皆喜，而孟殊不愿。居无何，孟暴疾卒，女往临哭尽哀。孟故无戚党[⑦]，死后，村中无赖悉凭陵之，家具携取一空，方谋瓜分其田产。家人亦各草窃以去[⑧]，惟一妪抱儿哭帷中。女问得故，大不平。闻林生与孟善，乃踵门而告曰："夫妇、朋友，人之大伦也[⑨]。妾以奇丑，为世不齿，独孟生能知我。前虽固拒之，然固已心许之矣。今身死子幼，自当有以报知己。然存孤易[⑩]，御侮难。若无兄弟父母，遂坐视其子死家灭而不一救，则五伦中可以无朋友矣。妾无所多须于君[⑪]，但以片纸告邑宰。抚孤，则妾不敢辞。"林曰："诺。"女别而归。林将如其所教，无赖辈怒，咸欲以白刃相仇。林大惧，闭户不敢复行。女听之数日，寂无音，及问之，则孟氏田产已尽矣。

女忿甚，锐身自诣官。官诘女属孟何人，女曰："公宰一邑，所凭者理耳，如其言妄，即至戚无所逃罪；如非妄，即道路之人可听也。"官怒其言戆[⑫]，呵逐而出。女冤愤无以自伸，哭诉于搢绅之门。某先生闻而义之，代剖于宰。宰按之,果真,穷治诸无赖,尽反所取。

或议留女居孟第,抚其孤,女不肯。扃其户,使媪抱乌头,从与俱归,另舍之。凡乌头日用所需,辄同妪启户出粟,为之营办,己锱铢无所沾染,抱子食贫[13],一如曩日。积数年,乌头渐长,为延师教读,己子则使学操作。妪劝使并读,女曰:“乌头之费,其所自有。我耗人之财以教己子,此心何以自明?”又数年,为乌头积粟数百石,乃聘于名族,治其第宅,析令归。乌头泣要同居[14],女乃从之,然纺绩如故。乌头夫妇夺其具,女曰:“我母子坐食,心何安矣。”遂早暮为之纪理,使其子巡行阡陌[15],若为佣然。乌头夫妻有小过,辄斥谴不少贷[16];稍不悛[17],则怫然欲去。夫妻跪道悔词,始止。未几,乌头入泮,又辞欲归。乌头不可,捐聘币[18],为穆子完婚。女乃析子令归。乌头留之不得,阴使人于近村为市恒产百亩而后遣之。后女疾求归。乌头不听。病益笃,嘱曰:“必以我归葬[19]!”乌头诺。既卒,阴以金啖穆子,俾合葬于孟。及期,棺重,三十人不能举。穆子忽仆,七窍血出[20],自言曰:“不肖儿[21],何得遂卖汝母!”乌头惧,拜祝之,始愈。乃复停数日,修治穆墓已,始合厝之[22]。

异史氏曰:“知己之感,许之以身[23],此烈男子之所为也。彼女子何知,而奇伟如是?若遇九方皋,直牡视之矣[24]。”

〔注释〕

①壑一鼻:鼻翼的一侧有缺损。壑,山沟,这里指低凹,欠缺。

②问名：中国古代婚姻礼仪之一，男方请媒人到女家，问女方的名字和生辰八字。

③聘：娶为妻子。

④索：萧索，衰败。

⑤函金加币：封送银两，作为彩礼。函，用拜盒装盛。币，缯帛，纳彩所用礼品。说(shuì)：劝说。

⑥固要(yāo)之：一再迫使女儿改嫁。固，坚持。要，强迫。

⑦戚党：亲族戚属。

⑧草窃：掠夺，盗窃。谓乘机窃掠。

⑨大伦：伦常大道。指古代社会关于人与人之间的行为准则。

⑩存孤：保全、抚育孤儿。

⑪须：期待。

⑫戆(zhuàng)：忠厚耿直而愚。

⑬食贫：居贫。贫穷自守。

⑭要：苦求。

⑮巡行阡陌：谓督理稼穑之事。

⑯斥谴：斥责，责罚。贷，宽容。

⑰不悛(quān)：不悔改，不停止。

⑱捐聘币：代纳聘礼。捐，捐助，出资助人。

⑲归葬：指人死后将尸体运回故乡安葬。归，返回，回到本处。

⑳七窍：人体眼、耳、口、鼻共七处孔穴，称七窍。

㉑不肖儿：不孝之子。不肖，谓不类其父。

㉒合厝(cuò)：合葬。夫妻同葬一个墓穴。厝，把棺材停放待葬。

㉓"知己之感"二句：感戴知己，以身相许。即"士为知己者死"之意。

㉔"若遇"二句：谓如果遇到慧眼善识之士，也会把她看作一个有情有义的烈男子看待。九方皋，春秋时善相马的人，见《列子·说符》。后常以九方皋喻善识贤才之士。牡，雄马，喻男子。

〔译文〕

平原县乔生家的女儿不仅黑丑，还豁鼻子、瘸腿。二十五六岁了也无人来说亲。同县的穆生年龄四十多岁，死了妻子，家里没钱续弦，就把乔家的女儿娶回家了。乔女过门三年后生了一个儿子。不久，穆生去世了，从此乔女更加穷苦了，生活十分艰难，于是她去乞求母亲资助。母亲很不耐烦。乔女很是气愤，就再也不回娘家了，只靠纺织维持生计。

有一个姓孟的书生，他的妻子死了，留下个才满周岁的儿子乌头，因孩子无人抚养，所以孟生着急续娶，但媒婆连着给他介绍了好多人，他都不满意。有一天，孟生偶然遇见乔女，十分中意她，暗中找人向乔女表示愿意娶她。乔女拒绝了他的好意，说道："我现在潦倒穷困到这种境地，如果跟着官人吃饱穿暖，当然好，但是我相貌丑陋，身有残疾，比常人差多了，能让我自信的只有品德了，如果嫁了两个丈夫，那么就连德也亏了，官人您为什么要娶呢？"孟生非常敬佩她的贤良，对她的思慕之情更加深厚，于是他让媒人带着礼物和财帛去找乔女的母亲商量。乔母非常欢喜地来到女儿家里，劝乔女嫁给孟生。但她坚决守节。乔母感到很惭愧，她表示愿意把小女儿嫁给孟生，孟家人都很高兴，而孟生却不同意了。不久，孟生得了急病死了，乔女去孟家哀哭吊丧。孟生原本没有什么亲戚朋友，他死后，村里的无赖都乘机来掠夺他家产，不仅把他家里的东西搬空了，还阴谋瓜分他的田产。孟家的用人也趁乱搜刮一番跑了，只剩一个老妈子抱着乌头在灵堂帐子中悲泣。乔女问清了原委，心中愤愤不平。她听说孟生生前和林生关系很好，就去拜访林生，说："夫妇、朋友是世间最重要的关系。因我相貌丑陋，别人都看不起我，只有孟生敬重我。我先前虽毅然拒绝嫁给他，可是我已经把心给他了。如今孟生不在了，他的儿子尚且年幼，我应该做些事情报答孟生的知遇之恩。但养活孤儿容易，防范贼人很难。如果因为孟生没有父母兄弟，就眼看着他的儿子饿死、家产被抢光，袖手旁观，那么五伦之中就没有朋友这一项了！我没有更多的事情麻烦你，只求你写张状子告到县里。孟生的儿子由我来抚养。”林生答应了她的要求，乔女辞别林生回去了。林生准备好了乔女嘱托的状子，却激怒了村中的无赖，想要对林生刀刃相见。林生十分恐惧，闭门不出。乔女等了好几天也不见音信，直到她到处打听才知道孟家的田产已经全没了。

乔女非常气愤，她挺身而出，独自去衙门告状。县令问乔女是孟家的什么亲戚，乔女说：“您凭着公理来管理一个县，如果妄言虚假，我即使是他的亲戚也不能逃脱诬告的罪名；如果我说的是实情，即使是不相干的路人前来状告，官府也应该受理。”县官因她说话太直白难听而生气，把她呵斥了一顿赶出去了。乔女无处申冤述屈，就到当地的大户人家里哭诉。一位先生听了此事，义愤填膺，代替她去和县官说。县官查明实情后，把无赖们都治了罪，他们夺取的东西也都返还给孟家了。

有人建议乔女留在孟家抚养孤儿，乔女没有同意。她把孟家的房门锁上，让老妈子抱着乌头跟她一起回家，在穆家另找房间安顿他们住下。只要是乌头的日常开销，乔女都是和老妈子一起去孟家开门取钱粮，为乌头安置，自己分文不取，仍旧和从前一样，带着儿子过穷苦日子。几年后，乌头渐渐长大了，乔女给他请了老师来教他读书，她自己的儿子则让他学着干活。老妈子劝乔女让两个孩子一起读书，乔女说：“乌头念书的费用是他自己的。我花费别人家的钱财教自己的孩子，怎么能证明我没有私心呢？”又过了几年，乔女为乌头攒了上百石粮食，聘娶了名门望族的女儿，整修了孟宅，让他回到自己的家里过日子。乌头哭着请乔女和他同住孟宅，乔女答应了，但她仍然和从前一样每日纺织。乌头夫妇搬走了织布机，让她颐养天年，乔女说："我母子俩白吃白喝的，怎么能心安理得呢？"于是她起早贪黑地做起了乌头的管家，还让她的儿子去田里监工，如同孟家的一个用人。她连乌头夫妻的小过错都不会轻易纵容，一定严加训斥；若不悔改，乔女气得要走。直到二人跪地认错，十分悔过才行。不久，乌头入县学读书，乔女又想回到穆家，乌头不允，他出钱给乔女之子娶亲。乔女就让儿子回穆家过日子，乌头留不住他，就暗地里派人在附近的村里买了百亩良田给了乔女的儿子，这才让他走了。后来，乔女生病了，想回穆家去。乌头依旧不同意。乔女病情加重弥留时对乌头说："我一定要归葬穆家！"乌头应允。乔女死后，乌头暗中送给乔女的儿子很多钱，想将乔女和自己的父亲合葬。出殡的时候，乔女的棺椁异常沉重，三十个人都抬不动。乔女的儿子忽然摔倒在地，七窍流血，说："不孝的儿子，怎么能把你的母亲卖了呢！"乌头吓坏了，连忙伏地参拜祝祷，他才恢复了。乔女又停灵数日，等穆生的坟修葺好了才一同下葬。

异史氏说："感激别人的知己之遇，用性命来报答这份知己恩德的行为是刚猛壮烈的男子汉所为。这个女子何曾知道'士为知己者死'的道理，如此了不起！如果遇到善识良马的九方皋，也会把她看作一个有情有义、性烈如火的男子！"

神　女

〔题解〕

《神女》是《聊斋志异》中人神婚恋的典型代表。米生因莫名其妙的官司被冤入狱，在他最穷困潦倒的时候，神女慷慨相助，为身处窘境的落魄书生解决各种生活难题，帮他走出人生困境。《聊斋志异》中的这些女性美丽、勇敢、机智、坚毅，不仅在物质上给予帮助、送去温暖，还丰富了男人们的情感生活，为他们解决子嗣问题，帮助他们升官发财。她们主要依据男子的才学和品德选择婚恋对象，其中还有很多因为恩情而以身相许的。在像《神女》一类的故事中，偶遇的神鬼狐仙和这种突如其来的幸福，在很大程度上使落魄书生在精神上得到补偿，情感上得到慰藉。现实生活中的各种不如意和缺憾，让人们更加期待和渴望这些美好的事情发生，也更加彰显了这些女性身上的珍贵品质。这些清新脱俗、善解人意的女性，是灰暗生活中少见的光明。

〔原文〕

米生者闽人①，传者忘其名字、郡邑。偶入郡，醉过市廛，闻高门中箫鼓如雷。问之居人，云是开寿筵者，然门庭殊清寂。听之笙歌繁响，醉中雅爱乐之，并不问其何家，即街头市祝仪[②]，投晚生刺焉[③]。或见其衣冠朴陋，便问："君系此翁何亲？"答言："无之。"或言："此流寓者侨居于此，不审何官，甚贵倨也[④]。既非亲属，将何求？"生闻而悔之，而刺已入矣。

无何，两少年出逆客，华裳炫目，丰采都雅，揖生入。见一叟南向坐，东西列数筵，客六七人，皆似贵胄[⑤]，见生至，尽起为礼，叟亦杖而起[⑥]。生久立，待与周旋[⑦]，而叟殊不离席。两少年致词曰："家君衰迈，起拜良艰，予兄弟代谢高贤之见枉也[⑧]。"生逊谢而罢。遂增一筵于上，与叟接席。未几，女乐作于下。座后设琉璃屏，以幛内眷。鼓吹大作，座客不复可以倾谈。筵将终，两少年起，各以巨杯劝客，杯可容三斗。生有难色，然见客受，亦受。顷刻四顾，主客尽釂，生不得已，亦强尽之。少年复斟；生觉惫甚，起而告退。少年强挽其裾。生大醉遢地[⑨]，但觉有人以冷水洒面，恍然若寤。起视，宾客尽散，惟一少年捉臂送之，遂别而归。后再过其门，则已迁去矣。

自郡归，偶适市，一人自肆中出，招之饮。视之不识，姑从之入。则座上先有里人鲍庄在焉。问其人，乃诸姓，市中磨镜者也[⑩]。问："何相识？"曰："前日上寿者，君识之否？"生言："不识。"诸言："予出入其门最稔[⑪]。翁，傅姓，不知其何省、何官。先生上寿时，我方在墀下，故识之也。"日暮，饮散。鲍庄夜死于途。鲍父不识诸，执名讼生[⑫]。检得鲍庄体有重伤，生以谋杀论死，备历械梏；以诸未获，罪无申证[13]，颂系之[14]。年余，直指巡方[15]，廉知其冤[16]，出之。

家中田产荡尽，衣巾革褫[17]，冀其可以辨复[18]，于是携囊入郡。日将暮，步履颇殆，休于路侧。遥见小车来，二青衣夹随之。既过，忽命停舆。车中不知何言。俄一青衣问生："君非米姓乎？"生惊起诺之。问："何贫窭若此？"生告以故。又问："安之？"又告之。青衣去，向车中语，俄复返，请生至车前。车中以纤手搴帘。微睨之，绝代佳人也。谓生曰："君不幸得无妄之祸[19]，闻之太息[20]。今日学使署中，非白手可以出入者[21]。途中无可解赠……"乃于髻上摘珠花一朵，授生曰："此物可鬻百金。请缄藏之。"生下拜，欲问官阀，车行甚疾，其去已远，不解何人。执花悬想，上缀明珠，非凡物也。珍藏而行。至郡，投状，上下勒索甚苦。出花展视，不忍置去[22]，遂归。归而无家，依于兄嫂。幸兄贤，为之经纪，贫不废读。

过岁，赴郡应童子试[23]，误入深山。会清明节，游人甚众。有数女骑来，内一女郎，即曩年车中人也。见生停骖[24]，问其所往。生具以对。女惊曰："君衣顶尚未复耶[25]？"生惨然于衣下出珠花，曰："不忍弃此，故犹童子也[26]。"女郎晕红上颊。既嘱坐待路隅，款段而去[27]。久之，一婢驰马来，以裹物授生，曰："娘子言：今日学使之门如市[28]：赠白金二百，为进取之资[29]。"生辞曰："娘子惠我多矣！自分掇芹非难[30]，重金所不敢受。但告以姓名，绘一小像，焚香供之，足矣。”婢不顾，委地下而去。生由此用度颇充，然终不屑夤缘[31]。后入邑庠第一。以金授兄。兄善居积，三年旧业尽复。

适闽中巡抚为生祖门人，优恤甚厚，兄弟称巨家矣。然生素清鲠[32]，虽属大僚通家，而未尝有所干谒[33]。

一日，有客裘马至门[34]，都无识者。出视，则傅公子也。揖而入，各道间阔[35]。治具相款，客辞以冗，然亦不竟言去。已而肴酒既陈，公子起而请间[36]。相将入内，拜伏于地。生惊问何事。怆然曰：“家君适罹大祸，欲有求于抚台[37]，非兄不可。”生辞曰：“渠虽世谊，而以私干人，生平所不为也。”公子伏地哀泣。生厉色曰：“小生与公子，一饮之知交耳，何遂以丧节强人[38]！”公子大惭，起而别去。越日，方独坐，有青衣人入，视之，即山中赠金者。生方惊起，青衣曰：“君忘珠花耶？”生曰：“唯唯，不敢忘。”曰：“昨公子，即娘子胞兄也。”生闻之，窃喜，伪曰：“此难相信。若得娘子亲见一言，则油鼎可蹈耳[39]；不然，不敢奉命。”青衣出，驰马而去。更半复返，扣扉入曰：“娘子来矣。”言未几，女郎惨然入，向壁而哭，不作一语。生拜曰：“小生非卿，无以有今日。但有驱策，敢不惟命！”女曰：“受人求者常骄人，求人者常畏人。中夜奔波，生平何解此苦，只以畏人故耳，亦复何言！”生慰之曰：“小生所以不遽诺者[40]，恐过此一见为难耳。使卿夙夜蒙露，吾知罪矣！”因挽其袪[41]，隐抑搔之。女怒曰：“子诚敝人也[42]！不念畴昔之义，而欲乘人之厄[43]。予过矣[44]！予过矣！”忿然而出，登车欲去。生追出谢过，长跪而要遮之。青衣亦为缓颊。女意稍解，就车中谓生曰：“实告君：妾非人，乃神女也。家君为南岳都理司[45]，偶失礼于地官[46]，将达帝听[47]；非本地都人官印信[48]，不可解也。君如不忘旧义，以黄纸一幅，为妾求之。”言已，车发遂去。

生归，悚惧不已。乃假驱祟，言于巡抚。巡抚谓其事近巫蛊[49]，不许。生以厚金赂其心腹，诺之，而未得其便。既归，青衣候门，生具告之，默然遂去，意似怨其不忠。生追送之曰：“归语娘子，如事不谐，我以身命殉之！”既归，终夜辗转，不知计之所出。适院署有宠姬购珠[50]，生乃以珠花献之。姬大悦，窃印为之嵌之[51]。怀归，青衣适至。笑曰：“幸不辱命。但数年来贫贱乞食所不忍鬻者，今还为主人弃之矣！”因告以情。且曰：“黄金抛置，我都不惜。寄语娘子：珠花须要偿也。”

逾数日，傅公子登堂申谢，纳黄金百两。生作色曰：“所以然者，为令妹之惠我无私耳；不然，即万金岂足以易名节哉！”再强之，声色益厉。公子惭而去，曰：“此事殊未了！”翼日，青衣奉女郎命，进明珠百颗，曰：“此足以偿珠花否耶？”生曰：“重花者，非贵珠也。设当日赠我万镒之宝[52]，直须卖作富家翁耳。什袭而甘贫贱[53]，何为乎？娘子神人，小生何敢他望，幸得报洪恩于万一，死无憾矣！”青衣置珠案间，生朝拜而后却之。越数日，公子又至。生命治肴酒。公子使从人入厨下，自行烹调，相对纵饮，欢若一家。有客馈苦糯[54]，公子饮而美之，引尽百盏。面颊微赪[55]，乃谓生曰："君贞介士[56]，愚兄弟不能早知君，有愧裙钗多矣[57]。家君感大德，无以相报，欲以妹子附为婚姻，恐以幽明见嫌也[58]。"生喜惧非常，不知所对。公子辞而出，曰："明夜七月初九，新月钩辰[59]，天孙有少女下嫁[60]，吉期也，可备青庐[61]。"次夕，果送女郎至，一切无异常人。三日后，女自兄嫂以及婢仆大小，皆有馈赏。又最贤，事嫂如姑。

数年不育，劝纳副室，生不肯。适兄贾于江淮，为买少姬而归。姬，顾姓，小字博士，貌亦清婉，夫妇皆喜。见髻上插珠花，甚似当年故物；摘视，果然。异而诘之，答云："昔有巡抚爱妾死，其婢盗出鬻于市，先人廉其值，买而归。妾爱之。先父无子，生妾一人，故所求无不得。后父死家落，妾寄养于顾媪之家。顾，妾姨行，见珠，屡欲售去，妾投井觅死，故至今犹存也。"夫妇叹曰："十年之物，复归故主，岂非数哉。"女另出珠花一朵，曰："此物久无偶矣！"因并赐之，亲为簪于髻上。姬退，问女郎家世甚悉，家人皆讳言之。阴语生曰："妾视娘子，非人间人也，其眉目间有神气。昨簪花时得近视，其美丽出于肌里，非若凡人以黑白位置中见长耳。"生笑之。姬曰："君勿言，妾将试之。如其神，但有所须，无人处焚香以求，彼当自知。"女郎绣袜精工，博士爱之，而未敢言，乃即闺中焚香祝之。女早起，忽检箧中，出袜，遣婢赠博士。生见而笑。女问故，以实告。女曰：

"黠哉婢乎！"因其慧，益怜爱之。然博士益恭，昧爽时，必薰沐以朝[62]。

后博士一举两男，两人分字之[63]。生年八十，女貌犹如处子。生抱病，女鸠匠为材[64]，令宽大倍于寻常。既死，女不哭。男女他适，女已入材中死矣。因并葬之。至今传为"大材冢"云。

异史氏曰："女则神矣，博士而能知之，是遵何术欤？乃知人之慧，固有灵于神者矣！"

〔注释〕

①闽：福建省的简称。因秦设闽中郡而得名。

②市：买。祝仪：贺礼。

③晚生刺：自称晚生的名帖。晚生，旧时后辈对前辈的谦称。刺，名帖，类似名片。

④贵倨(jù)：尊贵倨傲。

⑤贵胄：指贵族子弟。胄，后代。

⑥杖而起：扶着拐杖站起。

⑦周旋：交际应酬。

⑧枉：枉驾；光临。

⑨踢(dàng)地：倒地。踢，跌倒。

⑩磨镜者：磨镜人。古时用铜镜，镜用久发黯，需磨洗使之发亮。

⑪稔(rěn)：熟悉。

⑫执名：犹言"指名"。

⑬申证：明白的证据。申，明白。

⑭颂(róng)系：关押在狱，不加刑具。颂，宽容。系，被拘困。

⑮直指：也称直指使者，汉代官名。朝廷直接派往地方专门执行司法案件的官员，因其衣绣衣，也称"绣衣直指"。明清时，则有巡按御使分至

各地巡察。巡方:巡行地方考察。

⑯廉:考察,查访。

⑰衣巾革褫(chǐ):褫夺衣冠。指革除功名。褫,依法剥夺。旧时生员犯罪,须先由学官报请革除功名,然后才能逮捕动刑。

⑱辨复:科举时代革除功名的生员,后因申辩无罪,而得以恢复功名,称“辨复”。

⑲无妄之祸:意外的灾祸。无妄,意外,不期然。

⑳太息:叹息。

㉑白手:空手。

㉒置去:指卖掉。置,弃置。

㉓应童子试:参加初级考试。这里指米生放弃“辨复”,欲重新考取生员资格。

㉔停骖:此谓停马。骖,本指一车三马中的边马。

㉕衣顶:清代标志功名等级的衣服和顶戴,借指功名。此指生员冠服,代指生员资格。

㉖童子:即“童生”。明清科举制度,未考取生员资格的读书人,不论年龄大小,都称“童生”或“儒童”。

㉗款段:马行走迟缓的样子。

㉘如市:如同贸易的场所。隐指学使之门贿赂公行。

㉙进取:努力争取。此指“辨复”功名,努力上进。

㉚掇芹:科举时代称考取秀才为掇芹,也称“入泮”。掇,拾取,摘取。芹,喻有才学之士。

㉛夤(yín)缘:攀附上升,喻攀附拉拢权要,向上巴结,以求仕进。此指贿赂学使,准予辨复。

㉜清鲠(gěng):清高刚直。鲠,骨鲠,鲠直(同“耿直”)。

㉝干谒(yè):求取拜见,指请托。干,求取。谒,拜见,拜访。

㉞裘马:衣轻裘、策肥马,形容阔绰。

㉟间(jiàn)阔:远隔,久不相见,指久别之情。

㊱请间:请避开他人,单独谈话。间,隙。

㊲抚台：对巡抚的敬称。

㊳丧节：丧失品节。强人：逼人。

㊴油鼎可蹈：烹人的油锅也可以跳下去，喻不计生死。蹈，跳。

㊵遽诺：立即应允。

㊶袪(qū)：衣袖。

㊷敝人：薄德之人，心术不正的人。

㊸乘人之厄：犹言乘人之危。厄，危难。

㊹过：错。

㊺南岳都理司：道教神名。道教崇奉五岳，谓每岳皆有岳神，治理其地。南岳衡山岳神，叫司天王。都理司，当系司天王的属官。

㊻地官：道教所信奉的神。道教以天官、地官、水官为三官。传说天官赐福，地官赦罪，水官解厄。

㊼帝：指天帝。

㊽本地都人官：此指该省巡抚。都，总领。印信：官印。

㊾巫蛊(gǔ)：巫术和毒蛊，指用以加害于人的巫术。

㊿院署：指巡抚衙门。院，抚院。巡抚例兼都察院右副都御史衔，故称"抚院"。

51嵌：盖印。

52万镒(yì)之宝：价值万金的宝物。镒，古时一镒为一金，一金为二十四两。

53"什袭"句：意谓珍藏珠花，甘心贫贱，而不忍变卖。什袭，层层包裹，指珍藏。

54苦糯：一种米酒。

55赪(chēng)：浅红色。

56贞介士：方正耿介、不依附权势的读书人。

57裙钗：代指女子。此谓神女。

58幽明：幽为阴，明为阳。这里指人神隔绝。

59新月钩辰：谓新月与钩辰星间现，为佳期之兆。钩辰，星名，在河汉之中。谓盼佳期如等待钩辰星出，故以隐指佳期。

⑥⓪天孙：星名，即织女星。

⑥①青庐：代指新房。青布搭成的帐篷，是举行婚礼的地方。东汉至唐，有此风俗。北方一带，拜堂有在青庐举行的。

⑥②薰沐：熏香沐浴，消除浊秽，表示虔诚。朝：拜见。

⑥③字：养育。

⑥④鸠匠：召集工匠。鸠，集。材：棺材。

〔译文〕

米生是福建人，写这篇故事的人忘了他的名讳和县镇。有一次，他偶然来到郡城，醉酒时路过一处集市，听到一大户人家院内有喧闹的鼓乐之声。他问当地人是怎么回事，人们告诉他说这户人家正在开寿宴，但是门庭十分清静。米生听见乐声嘹亮动听，醉中十分喜爱向往，也不问问这户人家是什么人，就在街市上买了份寿礼，向门内投了晚生的名帖。有人见他穿戴简陋寒碜，就问："你与这家老翁有什么亲戚关系吗？"米生回答："没有。"那人说："这家就是暂住在这儿的过路人家，不知是什么高官厚爵，很傲慢的。你既不是他家的亲属，来凑什么热闹啊？"米生听闻，见名帖已经投进去了，悔之晚矣。

不一会儿，两位少年出迎，他们穿着炫目华丽的服饰，面貌丰神典雅，给米生作揖，请他进来。米生进屋见到一老翁坐北朝南，东西两边的几桌酒席上有六七位客人，好像都是富贵人家的子弟，他们看见米生进来都起立行礼，就连老翁也拄着拐杖站了起来。米生站了很久，想过去和老翁寒暄一番，想不到老翁一直不离座。那两个少年温和地说："家父年老体衰，起来回礼有些不便，我们弟兄二人代家父感谢您大驾光临！"米生谦逊地谢过。于是就在老翁旁边加了一席请米生入座。不多时，宴席下方女子乐队开始奏乐。酒席座后设有琉璃屏风遮挡内眷。鼓乐声响起，客人们不再彼此交谈。宴席尾声时，那两个少年起身，每人拿一个巨大的酒杯劝客，每一个杯子都能容纳三斗酒。米生面露难色，但见别人都喝了，他也就喝了。少年再次给他倒酒，米生不胜酒力，忙起身告辞，少年拽着他的衣服让他再留一会儿。米生醉倒在地，感到有人用冷水泼他脸，迷迷糊糊地醒来，站起来一看，宾客都走了，只有少年扶着他的胳膊送他，于是他告辞回家。后来，他再路过那家时，他们已经搬走了。

从郡城回来后，适逢集市，有个人从酒铺中出来，招呼米生进去喝酒。米生不认识他，心想姑且进去看看吧。入座后，他看见同村的鲍庄也在。米生问那人是谁，才知道他姓诸，是个磨铜镜的。米生问："你怎么认识我呢？"姓诸的人反问道："您认识前几天做寿的老翁吗？"米生说："不认识。"姓诸的解释说："我经常去他家，非常熟悉。老翁姓傅，不知道他的省籍、官职。你祝寿时我也正好在那儿，所以认识你。"他们一直喝到傍晚才散。鲍庄当夜在路上猝死，他父亲不认识姓诸的，指名要告米生。官府检查出鲍庄身负重伤，以谋杀罪判了米生死刑，挨过了各种刑具的折磨。因为姓诸的人一直没有抓获，米生的罪没有明证，只能把他关押在狱。一年之后，直指来考察巡视，查访得知米生的冤屈，他才被释放出来。

回家后，米生已经倾家荡产，功名被革。米生认为自己是被冤枉的，还希望能恢复被革除的功名，就带上行囊赶到郡城中。走到天将黑的时候，米生步履维艰，疲惫不堪，无法继续前进，就坐在路边休息。望见远处驶来一辆小车子，车两边各有一个丫鬟把车子夹在中间,跟着往前走。车子已经过去了,忽然听到车里有人命令停车。车中不知都说了些什么。过了一会儿,一个丫鬟过来问米生:“您姓米吗?”米生惊讶地起身应答。丫鬟惊问:“怎么穷成这样呀?”米生告诉她事情的原委。丫鬟又询问他打算到哪里去,米生把想恢复功名的想法告诉了丫鬟。丫鬟回去向车里的人禀告,不一会儿,又返回来,请米生去车子跟前。车里的人用纤细的小手掀开车帘。米生偷瞥了一眼,只见一位绝世美人坐在车里。她对米生说:“您不幸遭受了意外之祸,我听说后十分慨叹!现在的学使衙门,不是两手空空就能随便去的。我在路上也没有什么可以解囊相送的礼物……”于是从发髻上摘下一朵珠花,送给米生说:“把这东西卖了,能得到百金。请你妥善保藏好。”米生下拜,想问问她的来历,可车子走得很快,早就远去了,他不知道她是什么人。米生手握珠花,苦思冥想,见上面装饰着明珠,不像凡间的东西,就把珍贵的珠花藏起来,继续赶路。来到了郡城中,向学使衙门投上诉状,衙门上下横征暴敛,米生苦不堪言。他拿出珠花看了看,不忍心卖掉,于是就回去了。米生流离失所,只能依附兄嫂。幸亏哥哥心善人贤,帮他筹划生活,虽然经济拮据,但他始终没有忘记读书。

一年过去了,米生赶赴郡城去参加童生的考试,在深山之中迷了路。正赶上清明节,来游览的人非常多。突然有几个骑马的女子来到面前,其中一个女子正是去年送珠花的那个美人。女子看见米生,便勒住缰绳,停马问他到什么地方去。米生把事情详细地告诉了女子。女郎惊奇地问:“你的秀才功名还没有恢复吗?”米生从衣服里拿出那朵珠花,凄惨地说:“我不忍心卖掉它,所以现在依旧是童生。”女郎一听,不自觉地脸颊红润了起来。然后，让米生坐在路边等候，自己骑马缓慢地走了。过了很长时间，一个丫鬟骑马奔来，送给米生一个包裹，还告诉米生说："我家娘子有话：学使衙门门庭若市，公开收受贿赂。现在特地赠送给你二百两白银，作为你争取功名的用度。"米生辞谢说："娘子给予我太多的恩惠了，我认为凭我的才能考取秀才没什么困难，我怎敢接受这么多钱财！只希望娘子能够告知我姓名，画一幅肖像，然后焚香供奉，便知足了。"丫鬟没有理他，把包裹放到地上就径自离开了。从此米生生活费用非常充足，但始终不肯为了功名利禄去攀附权贵。后来他以第一名的成绩考上了秀才。他把女子赠送的白银交给了哥哥。哥哥擅长经营钱财，三年的工夫，把从前的家业全部恢复了。

恰巧当时福建省的巡抚大人是米生先祖的门徒，很照顾米生，兄弟俩堪称世家大户了。但米生素来清正廉洁，虽与巡抚大人是世交，却从没为了功名利禄去巡抚家拜访过。

一天，有一位轻裘快马的客人来到米生门前，家人都不认识他。米生出来一看，感到很意外，原来是傅公子。相互行礼，请入屋内，互诉离情。米生急忙通知丫鬟准备酒菜款待，客人以有很多事情需要处理为借口推辞，但却没有立刻就走。过了一会儿，酒菜摆上桌，傅公子站起来请求和米生单独说话，有要事相告。二人进入内室，傅公子跪在地上给米生磕头。米生甚是惊讶，问："您遇到什么困难了？"傅公子悲痛地说："家父正遭遇大难，想请求抚台大人帮忙，要想办成这件事，非你不可。"米生推辞说："他虽然是我的世交，但因为私事去麻烦别人，是我这一生也不会做的事情！"傅公子跪在地上痛哭流涕，苦苦哀求。米生拉下脸来，声色俱厉地说："我和公子只是喝过一次酒罢了，你怎么就能拿丧失名节的事来强迫我呢?”傅公子十分惭愧,自己站起来走了。过了一天,米生一个人在书房中坐着,一个青衣侍女走进房中。米生一看,是深山中赠送给他银子的那个丫鬟。米生感到非常惊讶,站起身来,侍女责备他说:“您难道不记得那朵珠花了吗?”米生连忙说:“不敢不敢,怎么能忘记!”侍女又说:“昨天来向你寻求帮助的傅公子,是娘子的亲哥哥。”米生听到这话,心里暗自高兴,却又假装说:“这令我难以相信。如果见到娘子,她亲自前来,说明此事,就是赴汤蹈火我也在所不辞;否则,绝不敢奉命。”侍女听后,快马扬鞭地回去了。天刚放亮的时候,侍女又赶回来了,敲开房门进来说:“娘子来了!”话还没有说完,女郎已面带泪花走进室内,默默无语。米生向娘子行礼并说:“没有娘子的相助,就没有我的今天。有什么差遣,不敢不听从命令!”女郎哭着说:“受到别人求助的人,经常很傲慢,求人办事的人,往往对人心生敬畏。我半夜里长途奔波,生来没遭受过这般苦楚,只是畏惧要相求的人罢了,还有什么话能够说出口!”米生安慰女郎说:“我之所以没马上答应帮忙,是害怕错过这个机会,以后就很难相见了。让你黑夜奔波,历经苦楚,我已经知罪了。”说完便拉住女郎的袖口,偷偷地捏摸了一下她的手腕。女郎气愤地大骂道:“你实在不是一个好人!不想从前我给你的恩惠,却要乘人有难,达成你的目的。我真是看错人了!我真是看错人了!”气愤地走出门,上了车就准备离开。米生赶紧追出去承认错误,直溜溜地跪在地上阻挡她的车子,侍女也在一旁为他说情,女郎的怒气这才稍稍减轻了一些,就在车子里对米生说:“实话告诉你:我不是凡人,而是神女。我父亲是南岳衡山都理司,无意间对地官有失礼的地方,地官要禀告给玉帝,家父将要受到惩处,没有本地最高长官的印信,没法解除这次的危难。你如果没有忘记我过去的恩惠,就拿一张黄纸,帮我求得印信!"说完,车子便离开了。

米生回到书房后十分害怕,吓得哆哆嗦嗦直冒冷汗。他假借驱邪的名义,向巡抚请求借给他官印一用。巡抚认为这事类似旁门左道,没有答应米生的请求。于是米生用重金去贿赂巡抚的心腹,心腹虽然答应了他的要求,却总是找不到合适的机会。米生回到家时,侍女早就在门口等着他了,米生把事情的经过给使女细讲一番,使女听后默然离开,神情好似埋怨米生没有用心办事。米生追了出去,跟在她身旁边走边说:"你回去告诉娘子,若我没有办妥这件事情,我愿意献出自己的身家性命!"回家后,米生彻夜辗转,也没有想出什么好办法。恰巧赶上巡抚的一个备受宠爱的小妾要买珠子,他就把那朵珠花献给小妾了。小妾很喜欢这珠花,帮米生偷出印信来,给他盖到黄纸上。米生把黄纸揣进怀中,急忙返回家中,侍女刚好也到了。米生笑着说:"幸亏没有辜负你们的使命。但一直以来我宁可受穷讨饭都没忍心出卖的东西,最终还是为了它的主人而不得不舍弃了。"他把自己用珠花换印信的事情告诉了侍女,又说:"即使扔掉黄金我都不觉得可惜。麻烦你帮我给娘子带句话:献出去的珠花是需要偿还给我的!"

几天后,傅公子登门致谢,又恭恭敬敬地送上黄金百两。米生很生气地说:"我之所以帮忙,是出于你妹妹曾经无私地帮助过我;否则,即使你送我万两黄金,也不能使我改变气节!"傅公子恳请他收下,米生严加拒绝。傅公子只好惭愧地走了,说:"这件事不能就这么算了。"第二天,侍女又奉女郎之令,给米生送来上百颗明珠,并问米生:“这些明珠足够赔偿你的珠花了吧?”米生回答:“我所珍重的是那朵珠花,并非这些明珠。假如神女当年赠给我的是价值连城的宝物,卖了也只能当个富翁罢了。我宁愿贫穷,却把珠花珍藏起来,为的是什么呢?女郎是神仙,我不敢有其他奢望,只希望能有机会报答娘子万分之一的恩惠,也就死而无憾了。”侍女将明珠放到桌子上,米生朝向明珠施礼,然后将明珠全部退还了。过了几天,傅公子又来拜访米生。米生叫人去准备酒菜款待傅公子。傅公子让他的随从去厨房烹饪菜肴。二人对坐,开怀畅饮,像一家人一样和美。以前有个客人送给米生一坛子名叫“苦糯”的米酒,傅公子品尝后,觉得味道极好,不由得连喝了上百盅。他面颊微微红润,对米生说:“您是一个诚实耿直的读书人,可惜我们弟兄没能早点了解您,这一点与我家小妹相比起来深感惭愧!我父亲感激您的大恩大德,无以回报,想把小妹许配给您,又担心因为阴阳路隔,让您见弃。”米生既惊喜万分,又忐忑不安,不知道该如何回答了。傅公子辞别说:“明晚七月初九,一弯新月对着北极星的时候,织女星有个小女儿下嫁人间,正是良辰吉期,你应该准备好青庐接待。”第二天晚上,神女果然被送来了,婚礼仪式照常举行,一切都和常人一样。三天后,神女拿出礼品赏赐给米生的哥哥嫂子及家里的丫鬟众人,每个人都有礼物。而且神女性情贤惠,像侍奉婆母一般对待嫂子。

又过了几年,他们没有孩子,女神劝米生纳妾,米生不允。恰巧米生兄长在江浙经商,他给米生买回一个年轻的小妾,名叫顾博士,长得十分清丽,米生夫妻二人都很喜欢她。神女见小妾头上戴着一朵珠花,很像当年的那朵珠花,摘下来仔细一看,果真是那朵珠花。神女觉得奇怪，便追问小妾珠花的来历，小妾说："从前有个巡抚的爱妾死后，她的丫鬟偷出这朵珠花到市上出卖，先父觉得价钱很合适，就买回来了。我非常喜欢这朵珠花。先父无子，只有我这么一个女儿，所以我想要什么都会得到。后来父亲去世，家道中落，我寄养在姨母顾老太家里。姨母多次意图卖掉珠花，我坚决不允，用跳井寻死相威胁，才保住了珠花。"米生夫妇感叹道："十年前失去的东西，现在还能物归原主，这真是天意！"神女又拿出一朵珠花说："这朵花很久没配成双了！"说着就把另一朵珠花赠给了小妾，并亲手给她戴到头上。小妾从房间里出来，向人细细地打听神女的家世，但家人们都避而不谈。小妾私下对米生说："我觉得娘子不像凡人，她的眉宇间散发着仙气。昨天帮我给发髻插花时，我有机会近距离观察，她的美来自肌理，不同于普通人的那种眉眼适中的好看。"米生听完笑了笑，不置可否。妾又说："你别告诉她，我去试试她。在无人处烧香祷告，向她提出要求，如果她是神仙，她马上就能知道。"神女刺绣的袜子非常精美，小妾非常喜欢，但不敢当面向她要，便在闺房中烧香祈祷，暗自提出所求。次日清晨，神女早早起床，翻检针线箱子，拿出一双绣袜，打发身边的丫鬟去送给小妾。米生一看，忍不住笑了起来。神女问他为什么笑，米生就把实情告诉神女了。神女也笑着说："这个丫头真是狡猾啊！"因为小妾很聪慧，神女越发喜爱她，小妾也更加恭敬地对待神女。天色方明便熏香沐浴，很虔诚地去拜见神女。

后来，博士生下一对双胞胎男孩，两人分别养育着。米生八十岁的时候，神女的相貌依然宛如少女。后来米生卧病不起，神女找来木匠给他打了一副比正常尺寸大一倍的棺材。米生死后，神女也没有痛哭悲泣。趁家人不留意的时候，她已经躺进棺材里死了。家人回来后发现后，就将他们合葬了。至今还流传着“大材坟墓”的传说。

异史氏说：“傅女是位神仙，小妾能够了解她，是借用的什么法术呢？由此可知，人的智慧本来就比神仙要灵验啊！”

席方平

〔题解〕

《席方平》是《聊斋志异》中揭露封建社会政治黑暗的篇章之一。席方平是作者精心塑造的英雄形象，抒发了作者满腔的悲愤之情。主人公席方平替被人陷害的父亲申冤，不顾人世、幽冥的阻隔，魂入城隍、郡司、冥府，历尽艰辛与贪官污吏做斗争。席方平凭借坚强不屈的精神，通过与黑暗势力艰苦的抗争，最终成功为父亲申冤，冤案得以昭雪。席方平为父申冤并不只是简单的复仇，而是正义与邪恶的抗争。同时，席方平所面对的阴阳两界贪污受贿、不顾王法、草菅人命，更能影射出现实社会司法机关的黑暗腐化。现实生活中令人痛彻心扉的冤案，却要通过祈求借助神力，在二郎神的帮助下得以昭雪。官吏系统的腐化，政府部门的偏袒，法律条文的形同虚设，让含冤者无处申冤，无路申冤。要想人间充满正气，阴司没有冤魂，官府就要秉公执法，遵章办事。这个故事对当今社会有重要的启迪作用和教育意义，值得人们深思。

〔原文〕

席方平，东安人[①]。其父名廉，性戆拙[②]。因与里中富室羊姓有郤[③]，羊先死；数年，廉病垂危，谓人曰："羊某今贿嘱冥使搒我矣[4]。”俄而身赤肿，号呼遂死。席惨怛不食，曰：“我父朴讷[5]，今见凌于强鬼；我将赴地下，代伸冤气耳。”自此不复言，时坐时立，状类痴。盖魂已离舍矣[6]。

席觉初出门，莫知所往，但见路有行人，便问城邑。少选[7]，入城。其父已收狱中。至狱门，遥见父卧檐下，似甚狼狈。举目见子，潸然流涕，便谓：“狱吏悉受赇嘱[8]，日夜搒掠，胫股摧残甚矣！”席怒，大骂狱吏：“父如有罪，自有王章，岂汝等死魅所能操耶！”遂出，抽笔为词[9]。值城隍早衙[10]，喊冤以投。羊惧，内外贿通，始出质理。城隍以所告无据，颇不直席[11]。席忿气无所复伸，冥行百余里，至郡，以官役私状，告诸郡司[12]。迟之半月，始得质理。郡司扑席，仍批城隍复案[13]。席至邑，备受械梏，惨冤不能自舒[14]。城隍恐其再讼，遣役押送归家。役至门辞去。

席不肯入，遁赴冥府，诉郡邑之酷贪。冥王立拘质对[15]。二官密遣腹心与席关说[16]，许以千金。席不听。过数日，逆旅主人告曰：“君负气已甚，官府求和而执不从，今闻于王前各有函进，恐事殆矣。”席以道路之口[17]，犹未深信。俄有皂衣人唤入。升堂，见冥王有怒色，不容置词[18]，命笞二十。席厉声问：“小人何罪？”冥王漠若不闻。席受笞，喊曰：“受笞允当[19]，谁教我无钱也！”冥王益怒，命置火床。两鬼捽席下，见东墀有铁床，炽火其下，床面通赤。鬼脱席衣，掬置其上，反复揉捺之。痛极，骨肉焦黑，苦不得死。约一时许，鬼曰："可矣。"遂扶起，促使下床着衣，犹幸跛而能行。复至堂上，冥王问："敢再讼乎？"席曰："大冤未伸，寸心不死，若言不讼，是欺王也。必讼！"又问："讼何词？"席曰："身所受者，皆言之耳。"冥王又怒，命以锯解其体。二鬼拉去，见立木高八九尺许，有木板二，仰置其上，上下凝血模糊。方将就缚，忽堂上大呼"席某"，二鬼即复押回。冥王又问："尚敢讼否？"答云："必讼！"冥王命捉去速解。既下，鬼乃以二板夹席缚木上。锯方下，觉顶脑渐辟，痛不可禁，顾亦忍而不号。闻鬼曰："壮哉此汉！"锯隆隆然寻至胸下。又闻一鬼云："此人大孝无辜，锯令稍偏，勿损其心。"遂觉锯锋曲折而下，其痛倍苦。俄顷，半身辟矣；板解，两身俱仆。鬼上堂大声以报。堂上传呼，令合身来见。二鬼即推令复合，曳使行。席觉锯缝一道，痛欲复裂，半步而踣。一鬼于腰间出丝带一条授之，曰："赠此以报汝孝。"受而束之，一身顿健，殊无少苦。遂升堂而伏。冥王复问如前；席恐再罹酷毒，便答："不讼矣。"冥王立命送还阳界。

隶率出北门，指示归途，反身遂去。席念阴曹之昧暗尤甚于阳间，奈无路可达帝听。世传灌口二郎为帝勋戚[20]，其神聪明正直，诉之当有灵异。窃喜二隶已去，遂转身南向。奔驰间，有二人追至，曰："王疑汝不归，今果然矣。"捽回复见冥王。窃意冥王益怒，祸必更惨；而王殊无厉容，谓席曰："汝志诚孝。但汝父冤，我已为若雪之矣。今已往生富贵家,何用汝鸣呼为[21]。今送汝归,予以千金之产、期颐之寿于愿足乎[22]?"乃注籍中[23],嵌以巨印,使亲视之。席谢而下。鬼与俱出,至途,驱而骂曰:"奸猾贼!频频翻复,使人奔波欲死!再犯,当捉入大磨中细细研之!"席张目叱曰:"鬼子胡为者!我性耐刀锯,不耐挞楚!请反见王,王如令我自归,亦复何劳相送。"乃返奔。二鬼惧,温语劝回。席故蹇缓[24],行数步,辄憩路侧。鬼含怒不敢复言。

约半日,至一村,一门半辟,鬼引与共坐。席便据门阈[25],二鬼乘其不备,推入门中。惊定自视,身已生为婴儿。愤啼不乳,三日遂殇[26]。魂摇摇不忘灌口。约奔数十里,忽见羽葆来[27],幡戟横路[28]。越道避之,因犯卤簿[29],为前马所执[30],絷送车前。仰见车中一少年,丰仪瑰玮[31]。问席:"何人?"席冤愤正无所出,且意是必巨官,或当能作威福[32],因缅诉毒痛[33]。车中人命释其缚,使随车行。俄至一处,官府十余员,迎谒道左,车中人各有问讯。已而指席谓一官曰:"此下方人,正欲往诉,宜即为之剖决。"席询之从者,始知车中即上帝殿下九王,所嘱即二郎也。席视二郎,修躯多髯[34],不类世间所传。

九王既去,席从二郎至一官廨,则其父与羊姓并衙隶俱在。少顷,槛车中有囚人出[35],则冥王及郡司、城隍也。当堂对勘[36],席所言皆不妄。三官战栗,状若伏鼠。二郎援笔立判;顷之,传下判语,令案中人共视之。

判云:"勘得冥王者:职膺王爵,身受帝恩。自应贞洁,以率臣僚,不当贪墨[37],以速官谤[38]。而乃繁缨棨戟[39],徒夸品秩之尊[40];羊狠狼贪[41],竟玷人臣之节。斧敲斫,斫入木,妇子之皮骨皆空[42];鲸吞鱼,鱼食虾,蝼蚁之微生可悯[43]。当掬西江之水,为尔湔肠[44];即烧东壁之床,请君入瓮[45]。城隍、郡司:为小民父母之官,司上帝牛羊之牧[46]。虽则职居下列,而尽瘁者不辞折腰[47];即或势逼大僚,而有志者亦应强项[48]。乃上下其鹰鸷之手[49],既罔念夫民贫;且飞扬其狙狯之奸[50],更不嫌乎鬼瘦。惟受赃而枉法,真人面而兽心!是宜剔髓伐毛[51],暂罚冥死;所当脱皮换革,仍令胎生[52]。隶役者:既在鬼曹,便非人类。只宜公门修行,庶还落蓐之身[53];何得苦海生波,益造弥天之孽[54]?飞扬跋扈,狗脸生六月之霜[55];隳突叫号,虎威断九衢之路[56]。肆淫威于冥界,咸知狱吏为尊;助酷虐于昏官,共以屠伯是惧[57]。当于法场之内,剁其四肢;更向汤镬之中,捞其筋骨。羊某:富而不仁,狡而多诈。金光盖地,因使阎摩殿上尽是阴霾[58];铜臭熏天[59],遂教枉死城中全无日月。余腥犹能役鬼,大力直可通神[60]。宜籍羊氏之家[61],以赏席生之孝。即押赴东岳施行[62]。”又谓席廉:“念汝子孝义,汝性良懦,可再赐阳寿三纪[63]。”因使两人送之归里。

席乃抄其判词,途中父子共读之。既至家,席先苏,令家人启棺视父,僵尸犹冰,俟之终日,渐温而活。又索抄词,则已无矣。自此,家日益丰,三年间,良沃遍野。而羊氏子孙微矣,楼阁田产尽为席有。里人或有买其田者，夜梦神人叱之曰："此席家物，汝乌得有之！"初未深信；既而种作，则终年升斗无所获，于是复鬻归席。席父九十余岁而卒。

异史氏曰："人人言净土，而不知生死隔世，意念都迷，且不知其所以来，又乌知其所以去；而况死而又死，生而复生者乎？忠孝志定，万劫不移，异哉席生，何其伟也！"

〔注释〕

①东安：旧府县名"东安"者甚多，此或指山东沂水县南旧东安城。

②戆(zhuàng)拙：憨厚刚直、鲁莽冒失而不识利害顾忌。

③郤(xì)：同"隙"，嫌隙，仇恨。

④冥使：阴间的官吏。搒：搒掠、拷打。

⑤朴讷：老实巴交，不善言谈。朴，质木无文。讷，口笨。

⑥舍：指躯体。迷信认为肉身是灵魂的宅舍。

⑦少选：同"少旋"，一会儿。

⑧赇(qiú)嘱：犹"贿嘱"。赇，贿赂。

⑨抽笔为词：提笔撰写讼状。词，指讼词。

⑩城隍：本指护城河，后指民间和道教信奉的守护城池的神。这里指县邑城隍。早衙：旧时官员每天早晚坐衙处理政务，叫作"坐衙"。早衙，指上午坐堂问事。

⑪不直席：认为席方平投诉无理。

⑫郡司：郡府的长官。

⑬复案：重审。案，考察。

⑭不能自舒：谓冤屈无处可伸。舒，伸。

⑮冥王：民间传说中的阎王。

⑯腹心：心腹之人，贴身的亲信。

⑰道路之口：道路上的传闻。

⑱置词：说话，申辩。

⑲允当：公允、恰当。这里是反语。

⑳灌口二郎：也称灌口神，又称二郎神、二郎真君。《西游记》《封神演义》称二郎神为杨戬。道教俗神，天庭大将，传说是玉帝的外甥。灌口即今四川都江堰。勋戚：有功于王业的亲戚。

㉑何用汝鸣呼为：哪里用得着你去喊冤。

㉒期（jī）颐之寿：百岁的寿数。期，期待。颐，供养。意谓百岁老人需要供养或照顾。《礼记·曲礼上》："百年曰期颐。"

㉓注籍：指记在生死簿。籍，簿册。

㉔蹇（jiǎn）缓：行路艰难迟缓。

㉕门阈（yù）：门槛。

㉖殇：夭亡，没有成年就死去。

㉗羽葆：以鸟羽为饰的仪仗。

㉘幡戟：长幡、棨戟等仪仗。幡，长幅下垂的旌旗。戟，即后文所说的"棨戟"，附有套衣的木戟，用作仪仗。横路：遮路。

㉙卤（lǔ）簿：古时帝王或贵官出行时的仪仗队。

㉚前马：仪仗队的前驱。

㉛丰仪瑰玮：丰姿仪态奇伟不凡。

㉜作威福：指当权者擅用威权，独断专横。

㉝缅诉：备述，追诉。

㉞修躯多髯：身材高大，胡须很多。修，长。髯，络腮胡子。

㉟槛车：囚车。

㊱对勘：对质审讯。勘，审问，核对。

㊲贪墨：贪污，《左传·昭公十四年》"贪以败官为墨"，以其不洁。

㊳速：招致。官谤：居官不称职而受到责难和非议。

㊴繁（pán）缨：古时天子、诸侯的马饰。繁，通"鞶"，马腹带。缨，马颈饰。棨戟：有缯衣或涂漆的木戟，用为仪仗。唐制，三品以上官员，得门列棨戟。

㊵品秩：官品与俸秩，即官阶品级。秩，次序，等第。

㊶羊狠狼贪：比喻冥王的凶狠与贪婪。

㊷“斧敲”三句：意谓层层敲剥、勒索，妇孺的骨髓全被榨干。恃强凌弱，百姓的生命实在可怜。斫(zhuó)，砍削，此借作名词之“凿”。

㊸“鲸吞”三句：意谓鲸吞、鱼食，以强凌弱，细弱小民受害最烈，实堪怜悯。鲸，鲸鲵，喻凶恶之人。

㊹“当掬”二句：意谓当用长江之水，洗涤冥王肮脏的肚肠。指涤刷其罪。西江，西来之江，指长江。湔(jiān)，清洗。

㊺“即烧”二句：应当用烧红的铁床，让冥王尝尝作法自毙的滋味。意谓以其人之道还治其人之身，叫冥王也受酷刑。东壁之床，指火床。请君入瓮，比喻以其人之道还治其人之身。

㊻司上帝牛羊之牧：职掌代替天帝管理人民之事。此意喻地方官吏应解除民困。牧，治理，管理。

㊼“尽瘁”句：虽说职位低微，但是鞠躬尽瘁的人就不避折腰。谓应当为国事竭尽心力。不辞折腰，指委屈奉公。此意谓应该屈身奉公。

㊽强项：不低头，喻刚直不阿。项，脖颈。

㊾上下其鹰鸷之手：意谓上下勾结，枉法作弊，颠倒是非，像凶残的鹰鸷一样。鹰鸷，鹰和鸷，都是猛禽，比喻凶狠。

㊿飞扬：飞扬跋扈，肆意妄为。狙(jū)狯之奸：狡猾的奸谋。

51剔髓伐毛：剔掉骨髓，刮去毛发，犹言脱胎换骨，使之改恶从善。原为修道者之言，此指致死的酷刑。

52“所当”二句：意谓罚其转世投胎成牲畜，不得为人。

53“只宜公门”二句：既然在阴曹地府当差，便不是人类，就应在衙门里做善事，或许会转世为人。公门，衙门。修行，修身行善，指不枉法害民。落蓐之身，指人身。落蓐，指人的降生。蓐，产蓐。

54“何得苦海”二句：怎么可以在苦海中兴风作浪，作恶多端。苦海，佛家语，谓人间烦恼，苦深如海。弥天之孽，天大的罪孽。弥，满，广大。

55“飞扬”二句：隶役横行霸道，冷酷无情，满面杀气，迫害无辜。狗脸，指隶役的面孔。生六月之霜，谓狗脸布满杀气，将使无辜受冤。

㊻“隳(huī)突”二句：隶役横冲直撞，狂呼乱叫，像猛虎一样阻断申冤大道。九衢，指四通八达的道路。衢，大路。

㊼屠伯：宰牲的能手，屠夫，喻指滥杀的酷吏。伯，长。

㊽“金光”二句：用金钱笼罩地府，使得阎罗殿上都是昏暗的浊雾。意谓贿赂公行，致使官府昏暗不明，公理不彰。金光，喻金钱的魔力。阎摩殿，阎王殿。阴霾，昏暗的浊雾。

㊾“铜臭”二句：意同上句。谓收买官府，遂使阴间世界暗无天日。枉死城，指地狱。

㊿“余腥”二句：谓小额金钱可以役使鬼吏，而巨额金钱则可买通神灵。余腥，钱的余臭。大力，指巨额金钱的威力。

(61)籍：没收。

(62)东岳：泰山。迷信传说，东岳泰山之神总管天地人间的生死祸福，并施行赏罚。

(63)纪：古代以十二年为一纪。

〔译文〕

席方平是东安县人。他的父亲席廉生性耿直憨厚。席廉和同乡姓羊的财主发生矛盾后，姓羊的先死了；几年后，席廉也病倒在床上，去世前对家人说：“阴间官吏被姓羊的买通了，就要来拷打我了。”片刻后，他果然全身红肿，哀号几声就死了。席方平见父亲惨死，悲痛万分，吃不下饭，说：“我父亲老实巴交，钝嘴钝舌的，如今遭受恶鬼欺凌，我要去阴曹地府替父亲申冤去。”从此不再说话，一会儿呆呆地坐着，一会儿又傻傻地站着，表现出痴呆的神情。原来，他的魂魄已经脱离身体了。

席方平觉得好像刚走出家门，茫然不知该到何处去找父亲。只要见到路上的行人，就向人打听如何才能到县城。不一会儿，就到了县城。这时，得知他的父亲已经被押进监狱了。他匆忙赶到监狱门口看望父亲，远远地就看到父亲躺在屋檐下，样子狼狈不堪。席廉抬眼见儿子来了，热泪盈眶，眼泪簌簌地往下掉，便对席方平说："监狱里的官吏全都收到了姓羊的贿赂，没日没夜地用鞭子抽打我，我的两条腿都被打残了。"席方平怒气冲天，对狱吏大骂道："我父亲即使有罪，自有王法秉公处置，你们这伙死鬼怎么能乱来呢？"说完，从监狱里走出，挥笔写了一张状子，准备起诉。正赶上城隍坐早堂，席方平一边喊冤一边闯进衙门，把状子递上去。姓羊的很害怕，先用钱里里外外打通关节，然后出庭和席方平对质。那城隍因为收受贿赂，就说席方平告的不是事实，没有凭证，不准他的状。席方平冤气没处申诉，连夜赶了一百多里路来到郡府，把县城里徇私枉法的事上诉给郡司。郡府一直拖了半个月才审理。郡司把席方平毒打一顿，把状子批给城隍重新审理。席方平回到县城，受尽了各种刑罚，凄惨万分，申冤无门，一筹莫展。城隍怕他再上告，就派衙役押送他回家，差役把他送到家门口就回去了。

席方平不肯进家门，又偷偷返回阎王殿，控告郡司、城隍残暴贪婪。阎王立即把郡司、城隍传来对质。他俩暗地里派心腹跟席方平讲情求和，答应送给他一千两银子，叫他撤回上诉状子，席方平根本不理睬。又过了几天，旅店老板对席方平说："先生你太固执了。当官的跟你讲和，你却执意不答应，现在听说两位长官都给阎王送了礼物，恐怕事情有些危险。"席方平认为旅店老板道听途说，不是很相信他的话。过了一会儿，一个黑衣差役来传他去见阎王。上了公堂，席方平发现阎王满面怒气，不容他说话，就命令衙役打他二十大板。席方平高声问道："小人到底犯了什么罪？"那阎王装作没听见不理睬。席方平接着大声喊："活该挨打，谁叫我没有钱呢！"阎王更加愤怒，命令带他下去受火床的刑罚。两个鬼把他拽下公堂，只见东面的高台上有架铁床，底下生着熊熊烈火，把铁床烤得通红通红的。两个鬼剥光席方平的衣服，然后把他提起来放到火床上，又翻来覆去地踩蹦他。席方平感到疼痛万分，骨肉全被烧焦了，恨不得马上死去。折磨了大约一个时辰，鬼役说："可以了。"把他扶起来，催促他下床穿上衣裳，侥幸的是，一瘸一拐地还能走动。席方平又来到公堂上。阎王问："还敢再控告吗？"席方平凛然地说："大冤还没昭雪，我的心就不会死的，如果说不再控告，那是在欺骗大王。一定控告！"阎王又问："再控告时说什么呢？"席方平说："把我蒙受的冤屈都要说出来。"阎王更加气愤，命令用大锯锯开他的身子。席方平被两个小鬼拉出去，只见一根高八九尺的木柱子立在那儿，还有两块木板在柱子下面冲上放着，木板上下血迹模糊。鬼卒刚要将席方平捆起来，忽然堂上高喊："席方平！"两个小鬼重新把他押回堂上。阎王问说："你还敢再告吗？"席方平回答："我一定会告！"阎王命令小鬼马上把他捉起来锯开。下了殿堂，小鬼就用那两块木板夹住席方平，然后将他捆在木头柱子上。锯子刚拉下时，他只觉得脑壳渐渐裂开，痛得实在忍受不了；但他还是硬忍住，不喊出声来。只听见小鬼称赞他说："这真是条硬汉子！"锯子隆隆地一会儿就锯到胸口，又听到一个小鬼说："这个人很孝顺，没犯什么罪，锯得稍微偏一点，别弄坏了他的心脏。"席方平就觉得锯锋歪斜着往下锯，更觉得痛苦不堪。过了一会儿，身子已经被锯成两半。小鬼解开木板，两半身子都跌倒在地上。小鬼上堂去大声禀报。堂上传话来，让把席方平的身子合起来再去受审。两个小鬼将两半身子推合起来，拖着他就走。席方平觉得身上从上到下那条裂缝，痛得好像要重新裂开，刚走了半步就跌倒了。一个小鬼从腰里抽出一条丝带递给他，说："这条带子送给你，以表彰你的孝行。"席方平接过来系到身上，当即觉得浑身舒服，一点也不痛苦了。于是走上公堂趴倒在地，阎王还用方才那话问他。席方平害怕再遭毒手，就说："不告了。"阎王马上下令将他送回人间。

差役带着他出了北门，给他指点回去的路，然后转身离开了。席方平心想，这阴曹地府比阳间还要黑暗啊，可惜没有办法让玉皇大帝知道这些。传说灌口的二郎神是玉皇大帝的亲戚，他聪明正直，如果去他那里告状一定有效果。他暗自高兴那两个差役已经回去，就转身子向南走。席方平正匆忙赶路呢，只见那两个差役又追回来了，说："大王怀疑你不会回去，如今看来果然没错。"说着就抓他回去见阎王。席方平心想：阎王这回将更加恼火了，自己肯定会遭受一场更残酷的刑罚；没想到阎王脸上没有一点儿怒意，对他说："你确实是个大孝子！只是你父亲的冤屈，我已经替他昭雪了。如今他已经去富贵人家投胎了，不用你到处鸣冤了。现在送你回家，赏给你千金家产，百岁的寿命，能够满足你的愿望吗？"说完，便把这些话记在生死簿上，盖上大印，让他亲自过目。席方平道谢后下了堂。差役和他一起出门，到了路上，就赶他快点儿往前走，嘴里还骂道："你这奸猾的家伙，频频生出事端，害得我们跟着来回奔波，累死了。如果再敢这样，就把你放到大磨盘里，细细地将你碾成粉末。"席方平瞪圆双眼，怒斥道："你们这些鬼东西要做什么？我生性就喜欢刀砍锯扯，受不了辱骂。现在我们一起回去见阎王，如果他让我自己回家，哪里还劳烦你们送我。"说完就要往回走。那两个小鬼害怕了，好言好语地央求他转回来。席方平故意装作脚不便，慢吞吞地走，才走了几步，就停在路边休息。那小鬼虽然心中有怒火，却也不敢再说什么。

大概走了半天，来到一个村庄，有一家门半开着，差役拉席方平一起坐下休息。他就坐在门槛上，两个小鬼趁他不提防，就把他推进门里去了。席方平惊魂刚定，看看自己，已经变成一个婴儿了。婴儿放声啼哭，一滴奶也不吃，才三天就死了。他的魂魄飘飘荡荡，念念不忘要到灌口去。跑了几十里地，忽然看到一辆用五彩装饰的车子开过来，旌旗如云，剑戟林立，横在路上。席方平穿过大路想避开车队，不料还是冲犯了仪仗队，被开路的马队抓住，捆起来送到车前。他抬头一看，看到车里坐着一个少年，仪表堂堂，神采焕发。那人问席方平："你是什么人？"席方平满腔冤屈愤怒正没地方发泄，又推测这少年一定是个大官，或许他的权势能决定人的祸福，能够替自己申冤雪恨，因此，就把自己遭受的苦楚，详细地说给他听。车里的少年听后便命令人给席方平松绑，让他跟在车队后面走。不一会儿，到了一个地方，路旁有十多名官员前来迎接拜见。车上那少年一一和他们打过招呼。然后指着席方平对一个官员说："这是下方的人，正想到你那儿告状去呢，应该马上替他解决。"席方平私下询问侍从人员，才知道车里坐的是玉皇大帝的皇子九王爷。他所嘱咐的官员就是二郎神。席方平仔细打量那二郎神，只见他身材修长，满脸胡须，并不像世间传说的那样。

九王爷离开后，席方平跟着二郎神来到一处衙门，只见他父亲和姓羊的以及那些阴曹地府的差役全都在这里了。过了一会儿，来了一辆囚车，走出几个犯人，原来是阎王、郡城隍和县城隍。经过当堂对质，席方平所说的话句句属实。三个官员吓得战战兢兢，那丑态就像趴在地上的老鼠。二郎神提起笔来马上做出判决。没多久，堂上传下判决书，命令和这个案子有关的人一同来看。

判决词写道："查得阎王，担任王侯爵位，身受玉皇大帝恩赐。本来应廉洁奉公，作为官僚们的表率，不应贪赃枉法招来非议，却耀武扬威，徒然夸耀自己爵位的尊贵；狂毒贪妄，竟然玷污人臣的操守。剥削敲诈，弱小百姓的骨髓全被榨干了；恃强凌弱，蝼蚁般的生命实在可怜。只当引来长江之水，为你洗涤肮脏的肚肠，应当烧红东墙的铁床，让你尝尝作法自毙的滋味。城隍、郡司：身为百姓的父母官，奉上帝命令来管理民众。虽说职位低微，但是鞠躬尽瘁的人就不避折腰；即使被上司的势力逼迫，有志气的人也决不应该屈服。而你们却上下勾结，像凶残的鹰鸷一样，完全不顾及民众的贫困；又飞扬跋扈，像狙狯那样狡猾，甚至连穷鬼也不放过。只会贪赃枉法，真是人面兽心啊！应该剔掉你们的骨髓，刮去你们的毛发，暂且判处你们阴间的死刑；还应剥去人皮，换上兽皮，让你们转世投胎成牲畜。鬼役：既然在阴曹地府当差，便不是人类。就应在衙门里做善事，或许会转世为人；怎么可以在苦海中兴风作浪，又犯下弥天大罪？横行霸道，脸上像蒙上了霜一样冷酷无情；横冲直撞，狂呼乱叫，像猛虎一样阻断申冤大道。在人间大发淫威，人人都知道狱吏的厉害；助长昏官的残酷暴虐，让大家像怕刽子手一样不寒而栗。应当在法场上，剁掉你们的四肢；再扔进汤锅中熬煮，捞取你们的筋骨。姓羊的：为富不仁，狡猾多诈。用黄金的光芒笼罩整个地府，使得阎罗殿上弥漫着阴暗的风沙；铜臭熏天，使屈死鬼城昏暗沉沉，全无日月的光华。残余的铜臭还能驱使鬼役，神通广大简直能够通神。必须查抄没收羊氏家产，来嘉奖席方平的孝顺。马上将人犯押往东岳大帝那里施行刑罚。"二郎神又对席廉说："顾念你的儿子既孝顺，又有义气，你也生性善良忠厚，就再赐给你阳寿三十六年。"然后派两个差役送他们父子回家。

席方平便抄下判决书，一路上父子两人共同阅读。到了家，席方平先苏醒过来，让家里人打开父亲的棺盖来看，见尸体依旧僵直像冰一样，等了一天，身体才渐渐温暖，苏醒过来。等再寻找那份抄录的判决词，已经没有了。从此，席家渐渐富裕起来，三年的工夫，遍地良田。而羊家的子孙后代却衰败了，楼房田产，都落到席方平家了。乡里的人有想买羊家田地的，夜里梦见神灵呵斥道："这是席家的产业，你怎么能够占有它？"开始还不大相信；等到播种后，一年下来颗粒无收，就只好转卖给席方平家。席方平的父亲活到九十多岁才去世。

异史氏说："人人都说西方有极乐世界，却不知道生与死是两个世界，意识全都模糊，况且一个人不知道他从什么地方来，又不知道他离开这个世界的原因；何况还有死了再死，活了再生的变化呢？忠孝的意志确定了，永远也不会改变，真奇特啊，席方平，他是多么伟大呀！"

书 痴

〔题解〕

古人认为通过读书可以实现治国平天下的政治理想，能够求得功名利禄，愉悦身心，净化心灵。从《论语》中的“学而时习之，不亦说乎”可知，孔圣人是把读书当成了愉悦身心的途径，而并非升官发财的工具。受“万般皆下品，唯有读书高”思想的影响，读书入仕被认为是人生的不二选择，考取功名后便能收获财富，得到美女。书痴郎玉柱认为读书就自会得到“千钟粟”“黄金屋”“颜如玉”，以致痴迷，不明人情世故，不懂生产生活，痴信书中产黄金，书中有美女。知识就是力量，读书能够改变命运，但仅凭对读书的痴迷，不经历社会这座大熔炉的历练和成长终将变成一无是处的书呆子。在当代社会，我们应该把“读书”当成一种兴趣爱好。偶得一本好书“悦读”，自然会心情舒畅。读书不仅能够丰富我们的物质生活，更是一种锻炼思维的娱乐活动。让我们从现在开始，从自己做起，读书吧！迈向更美好的生活，享受更愉悦的人生。

〔原文〕

彭城郎玉柱[①]，其先世官至太守，居官廉，得俸不治生产，积书盈屋。至玉柱，尤痴：家苦贫，无物不鬻，惟父藏书,一卷不忍置[2]。父在时,曾书《劝学篇》[3],粘其座右[4],郎日讽诵;又幛以素纱,惟恐磨灭。非为干禄[5],实信书中真有金粟[6]。昼夜研读,无问寒暑。年二十余,不求婚配,冀卷中丽人自至。见宾亲不知温凉[7],三数语后,则诵声大作,客逡巡自去。每文宗临试[8],辄首拔之[9],而苦不得售[10]。

一日,方读,忽大风飘卷去。急逐之,踏地陷足。探之,穴有腐草,掘之,乃古人窖粟,朽败已成粪土。虽不可食,而益信"千钟"之说不妄[11],读益力。一日,梯登高架,于乱卷中得金辇径尺[12],大喜,以为"金屋"之验[13],出以示人,则镀金而非真金。心窃怨古人之诳己也。居无何,有父同年,观察是道[14],性好佛。或劝郎献辇为佛龛[15]。观察大悦,赠金三百、马二匹。郎喜,以为金屋、车马皆有验[16],因益刻苦。然行年已三十矣。或劝其娶,曰:"'书中自有颜如玉',我何忧无美妻乎?"又读二三年,迄无效,人咸揶揄之。时民间讹言:天上织女私逃。或戏郎:"天孙窃奔[17],盖为君也。"郎知其戏,置不辨。

一夕,读《汉书》至八卷,卷将半,见纱翦美人夹藏其中[18]。骇曰:"书中颜如玉,其以此应之耶?"心怅然自失。而细视美人,眉目如生;背隐隐有细字云:"织女。"大异之。日置卷上,反复瞻玩,至忘食寝。一日,方注目间,美人忽折腰起,坐卷上微笑。郎惊绝,伏拜案下。既起,已盈尺矣。益骇,又叩之。下几亭亭[19],宛然绝代之姝。拜问："何神?"美人笑曰："妾颜氏，字如玉，君固相知已久。日垂青盼[20]，脱不一至[21]，恐千载下无复有笃信古人者。"郎喜，遂与寝处。然枕席间亲爱倍至，而不知为人[22]。

每读，必使女坐其侧。女戒勿读，不听。女曰："君所以不能腾达者，徒以读耳。试观春秋榜上[23]，读如君者几人?若不听，妾行去矣。"郎暂从之。少顷，忘其教，吟诵复起。逾刻，索女，不知所在。神志丧失，嘱而祷之，殊无影迹。忽忆女所隐处，取《汉书》细检之，直至旧所，果得之。呼之不动，伏以哀祝。女乃下曰："君再不听，当相永绝!"因使治棋枰、樗蒲之具[24]，日与遨戏。而郎意殊不属。觑女不在，则窃卷流览。恐为女觉，阴取《汉书》第八卷，杂溷他所以迷之[25]。一日，读酣[26]，女至，竟不之觉；忽睹之，急掩卷，而女已亡矣。大惧，冥搜诸卷，渺不可得；既，仍于《汉书》八卷中得之，叶数不爽。因再拜祝，矢不复读。女乃下，与之弈，曰："三日不工[27]，当复去。"至三日，忽一局赢女二子。女乃喜，授以弦索[28]，限五日工一曲。郎手营目注[29]，无暇他及；久之，随指应节，不觉鼓舞。女乃日与饮博，郎遂乐而忘读。女又纵之出门，使结客，由此倜傥之名暴著。女曰："子可以出而试矣。"

郎一夜谓女曰："凡人男女同居则生子，今与卿居久，何不然也?"女笑曰："君日读书，妾固谓无益。今即夫妇一章[30]，尚未了悟，枕席二字有工夫。"郎惊问："何工夫?”女笑不言。少间,潜迎就之。郎乐极曰:“我不意夫妇之乐,有不可言传者。”于是逢人辄道,无有不掩口者。女知而责之。郎曰:“钻穴逾隙者,始不可以告人;天伦之乐[31],人所皆有,何讳焉。”过八九月,女果举一男,买媪抚字之[32]。

一日,谓郎曰:“妾从君二年,业生子,可以别矣。久恐为君祸,悔之已晚。”郎闻言,泣下,伏不起;曰:“卿不念呱呱者耶?”女亦惨然,良久曰:“必欲妾留,当举架上书尽散之。”郎曰:“此卿故乡,乃仆性命,何出此言!”女不之强,曰:“妾亦知其有数,不得不预告耳。”

先是,亲族或窥见女,无不骇绝,而又未闻其缔姻何家,共诘之。郎不能作伪语,但默不言。人益疑,邮传几遍[33],闻于邑宰史公。史,闽人,少年进士。闻声倾动,窃欲一睹丽容,因而拘郎及女。女闻知,遁匿无迹。宰怒,收郎,斥革衣衿[34],梏械备加,务得女所自往。郎垂死,无一言。械其婢,略能道其仿佛[35]。宰以为妖,命驾亲临其家。见书卷盈屋,多不胜搜,乃焚之。庭中烟结不散,暝若阴霾。

郎既释,远求父门人书,得从辨复[36]。是年秋捷,次年举进士。而衔恨切于骨髓。为颜如玉之位[37]。朝夕而祝曰:“卿如有灵,当佑我官于闽。”后果以直指巡闽[38]。居三月,访史恶款[39],籍其家。时有中表为司理[40],逼纳爱妾,托言买婢寄署中。案既结,郎即日自劾[41],取妾而归。

异史氏曰："天下之物，积则招妒[42]，好则生魔。女之妖，书之魔也。事近怪诞，治之未为不可。而祖龙之虐[43]，不已惨乎！其存心之私，更宜得怨毒之报也。呜呼！何怪哉！"

〔注释〕

①彭城：古县名，秦置，清改为铜山县。治所在今江苏省徐州市。

②置：弃置。

③劝学篇：指宋真宗赵恒所作的《劝学文》。文曰："富家不用买良田，书中自有千钟粟。安居不用架高堂，书中自有黄金屋。出门莫恨无人随，书中车马多如簇。娶妻莫恨无良媒，书中自有颜如玉。男儿欲遂平生志，五经勤向窗前读。"

④粘其座右：贴在书桌的右边，意谓当作"座右铭"，以鞭策自己。

⑤干禄：求取禄位。干，求取。

⑥金粟：指《劝学文》所说的"黄金屋""千钟粟"。

⑦不知温凉：不知嘘寒问暖，谓不解应酬交际。温凉，犹言"寒暄"。

⑧文宗临试：学使案临考试。文宗，明清对各省提督学政的尊称。学政按期至所属府县巡回考试，称"案临"，意在考查生员的学业。

⑨首拔之：此指岁试或科试选拔他为第一。

⑩不得售：此指乡试不中。售，达到。

⑪"千钟"之说：指《劝学文》中"书中自有千钟粟"之说。钟，古代的量器，十釜为一钟，可容六斛四斗。

⑫金辇（niǎn）：人力拉挽的饰金之车；秦汉以后专指帝王的车子。

⑬以为"金屋"之验：当作"书中自有黄金屋"的验证。辇车车盖如屋，故当作"金屋之验"。

⑭观察是道：彭城这个地方的观察使。清代一省分为数道，于藩、臬之下，设使守巡各道。"观察"则为守巡各道者的专称。

⑮佛龛：供奉佛像、神位等的小阁子，一般为木制。

⑯车马:指“书中车马多如簇”之说。

⑰天孙:即织女。

⑱“读《汉书》至八卷”三句:《汉书》:“父子之亲,夫妇之道,天性也。虽有患祸,犹蒙(冒)死而存之。诚爱结于心,仁厚之至也,岂能违之哉!”这里指夫妇之道应相互忠诚,即要忠诚于“颜如玉”。

⑲亭亭:高耸直立的样子。这里是站立的意思。

⑳日垂青盼:天天盼着能得到重视。《晋书·阮籍传》载,阮籍能为青白眼,对其所喜欢的以青眼(黑眼珠)视之。后世遂以“青盼”“垂青”,表对人的重视和喜爱。

㉑脱:假如。

㉒为人:指性生活。

㉓春秋榜:春榜和秋榜。春榜,指春试考中进士之榜。秋榜,指秋试考中举人之榜。

㉔樗(chū)蒲之具:泛指赌具。樗蒲,古博戏的一种,后指赌博。

㉕溷:同“混”。

㉖读酣:读兴正浓。

㉗工:精通。

㉘弦索:指弦乐器。

㉙手营目注:亲眼观察,亲手试验。指意趣专注。营,操作。

㉚夫妇一章:泛指经书中论述夫妇之道的章节。

㉛天伦之乐:这里指夫妇乐趣。天伦,指父子、兄弟、夫妇等天然的亲属关系。

㉜抚字:抚育。字,养育。

㉝邮传:旧时传递文书的驿站。这里指传播各地。

㉞斥革衣衿:褫夺生员衣冠。指取消生员资格。斥革同“褫革”,依法剥夺。旧时生员犯罪,须先由学官报请革除功名,然后才能逮捕动刑。

㉟道其仿佛:说出其事的大致情况。仿佛,不太真切。

㊱得从辨复:申辩恢复功名的请求得到批准。

㊲位:指牌位,灵位。

㊳以直指巡闽：谓以御史衔巡察福建。直指，朝廷直接派往地方专门执行司法案件的官员。这里指御史。

㊴恶款：作恶的条款。

㊵司理：主管司法的州官。

㊶自劾(hé)：上书检举自己的过失，请求免职。劾，弹劾，揭发罪过。

㊷积：积聚，聚敛。

㊸祖龙之虐：指秦始皇焚书坑儒的暴政。喻指邑宰尽焚郎生之藏书。祖龙，秦人对秦始皇的特指，出自《史记·秦始皇本纪》。

〔译文〕

彭城人郎玉柱，父亲曾经担任过太守，政治清廉，得到俸禄后，也不置办土地，就喜欢买书，收藏了一屋子的书。等到了玉柱这一代，对书更加痴迷；即使穷困潦倒，家产都变卖光了，也不忍心卖掉一本父亲的藏书。父亲活着的时候曾抄录过《劝学篇》，贴在郎玉柱书桌的右边。玉柱每天多次诵读，上面还盖上一层白纱，唯恐磨坏了。玉柱不为做官而读书，心中怀有书中自有“千钟粟”“黄金屋”的信念。一年四季，没日没夜地勤学苦读。二十多岁了，也不寻思娶妻生子，整天盼望着书中的“颜如玉”能够自己找上门来。有时亲戚朋友登门拜访，他也不知道盛情招待客人。只说几句话，就不理人家了，自己就高声朗读。客人没意思，只好待一会儿就走了。每次科考，学使都是先让他作头名，但他一直没考中。

一天，玉柱正在读书，突然一阵大风把书刮跑了。玉柱急忙跟在书的后面追，一不小心，双脚踏空陷到地里了。他低头一看，发现是个大坑，有一层烂草覆盖在上面，把烂草拨开看，发现是个古人窖藏粮食的地窖，里面的粮食全都腐化成土了。即使粮食不能食用了，但玉柱更加坚定了“书中自有千钟粟”的信念。因此，读书愈加勤奋刻苦了。又有一天，玉柱爬上梯子到书架高处找书，在一堆乱书中发现一个小金车，尺把那么长，非常高兴，以为“书中自有黄金屋”的话应验了，就拿出去向别人显摆，结果发现原来小车是镀金的，并不是真金。玉柱伤心欲绝，私下里埋怨古人说谎话，把自己骗了。几天后，有人劝玉柱把金车献给本道的观察当佛龛，这人信佛，是同父亲一起考中的。观察非常开心，赏赐给玉柱三百两银子、两匹马。玉柱也很欢喜，以为“书中车马多如簇”“书中自有黄金屋”都应验了，每天读书读到废寝忘食。玉柱已经三十多岁了，有人劝他该娶妻了。玉柱说：“‘书中自有颜如玉’，我还用担心娶不到漂亮的媳妇吗？”两三年后，书里还是没有漂亮的姑娘出来找他，大家都戏弄嘲讽他。这时，民间有谣传说织女私自逃跑来到人间。有人拿这件事和他开玩笑说：“织女不会是为了你才私自逃跑的吧？”玉柱清楚大家都在嘲讽自己，也不放在心上。

一天夜里，玉柱正好读到《汉书》的第八卷，读到一半，看到书页里夹着个用纱剪成的漂亮姑娘。玉柱惊讶地感叹：“难道这就是书中的颜如玉吗？”心里闷闷不乐。他再细看那纱剪的美人，眉眼跟活人一样，脊背上隐约有两个小字：“织女。”玉柱惊喜万分，把美人放到书上，每天反复观赏，废寝忘食。一天，正专心地观赏那纱美人，美人突然弯腰起身，坐在书上朝他笑。玉柱感到很惊骇，忙拜倒在桌下。美人坐起身，身高有一尺多。玉柱更加疑惑了，连连跪拜。美人从书上走下来，长得亭亭玉立，天下无双。玉柱边拜边问：“你是哪里下凡的神仙？”美人笑着说：“你早就认识我呀，我是颜如玉啊。承蒙你天天盼望着见到我，我如果一次都不来，恐怕后代就没人听信古人言了！”玉柱欣喜若狂，就和她同床共枕了。虽然枕席上极尽欢爱，可玉柱并不知道男女间正常的夫妻生活。

此后，玉柱读书身边一定要有那女子在一旁陪同。女子劝他别再疯狂读书了，玉柱不听。女子说："你不能飞黄腾达的原因就是只会死读书！试看那些科考成功的人，有几个跟你一样只会这么死读书的？你要是不听我的劝告，我就走了！"玉柱只好暂时按女子说的做。没过多久就又忘了，照读如旧。不一会儿，再去找女子，女子已经消失了。玉柱吓得魂飞魄散，连忙跪下祷告，仍然不见女子的影子。忽然想到之前女子待的地方，急忙仔细翻检《汉书》，果然在之前的地方找到了她。叫她也不答应，就向女子下跪请求。女子这才下来说："你要是再不听我的劝告，你我永不相见！"然后让玉柱买来棋盘、纸牌，天天和他一起游戏。但玉柱的心思完全不在游戏上，趁女子不在的时候，就偷偷地看几页书。害怕她知道后又走了，偷偷地把她藏身的《汉书》第八卷夹在别的书中，让她找不到回去的路。一天，玉柱正入迷地读书，女子飘飘然地进来了，他一点儿也没感觉到。猛一抬头看见女子，急忙把书合上了，抬头再看已经见不到女子了。玉柱内心突然慌乱起来，翻遍了藏书，一直没能找到她。最终还是在《汉书》第八卷里找到了，连页数都和原来一样。然后，玉柱就再一次苦苦哀求女子，向女子发誓再也不读书了。女子这才答应从书上下来，和他下棋，说："你要是三天内不能达到棋艺精湛，我还会走的！"到了第三天，二人再下棋时，玉柱竟然赢了女子两子，女子非常满意。女子又交给他一架琴，限他五天内学会一支曲子。玉柱把手眼的精力都放在琴上，再也顾不上别的；练的时间长了，竟弹得悦耳动听，自己也抑制不住内心的兴奋。女子整天陪着他喝酒、玩乐，玉柱每天兴奋地不顾读书。女子又让他多出去和朋友交际，郎玉柱就凭借风流潇洒、多才多艺的才情名声远扬了。女子说:“现在你可以去参加科考了!”

一天晚上,玉柱问颜如玉:“别的男女在一起居住,都会怀孕生子,咱俩同居这么久了,为什么还没有孩子呢?”颜如玉笑着回答:“我之前就说过你一天只知道读书没用。现在就是夫妻生活这门学问,你都没学明白。夫妻床上生活是有功夫的!”玉柱好奇,便问:“床上有什么功夫啊? 女子只顾痴痴地笑,默默不语。过了一会儿,颜如玉主动往玉柱身上凑,玉柱很享受,说:“以前都不知道夫妻之间还有这样快乐的生活!”于是见到人就告诉,逗得大家遮口大笑。女子知道后责怪他,他说:“钻墙越院干偷盗的事情,才不能跟别人说;夫妻生活的快乐,人人都会经历,有什么怕别人知道的呢?”八九个月后,颜如玉就生了个男孩,玉柱雇了个老妈妈帮着抚养婴儿。

一天,女子突然对玉柱说:“我和你一起生活两年了,也生了儿子,我们现在可以分手告别了。再拖延下去,我怕会给你带来祸患,到时候后悔就晚了!”玉柱听说,泪流满面地跪在地上,说:“不为我,难道你还不念我们的孩子吗?”女子也很伤心,过了很久,说:“你如果一定要我留下来,就得扔了书架上的所有书。”玉柱不答应,说:“这些书是你的故乡,我的命根子,你怎么能说这种话呢!”女子也不勉强玉柱,说:“我知道一切都是命中注定,不得不提前告诉你了!”

之前,玉柱的亲朋好友里有人发现了女子,都惊骇万分,但也没听说他和哪个女孩结婚了,就一起问他。玉柱不会说谎,只是沉默不说话。大家就更疑心了,结果这事传遍四方,也被县令史某听到了。史某,是福建人,少年时就考中了进士。得知玉柱家藏有美人,就动了邪恶的念头,想瞧瞧女子的芳容,就立刻打发衙役去把玉柱和女子带到衙门来。女子听说，逃得不见踪影。史县令勃然大怒，将玉柱逮捕下狱，除去功名，严刑拷打，一定要他说出女子的去向。玉柱快要被打死了，也始终没说。县令又对丫鬟施以酷刑，丫鬟也不知道太多事情，只说了个大概。史县令认定那女子是妖魔鬼怪，亲自骑马到玉柱家捉拿女子。见屋子里的书多得无法搜查，就下令放火烧书。院子上方浓烟滚滚，像乌云一样，长时间不能散去。

玉柱被释放后，就去找父亲的一个远方门人，请求帮忙上书求情，最后得以平反昭雪。这年秋天玉柱考中了举人，第二年又进士及第。玉柱一直非常痛恨史县令。他给颜如玉立了个牌位，每天早晚祷告说："请你显灵，保佑我到福建去做官！"后来郎玉柱果然被朝廷任命为巡按，派到福建去视察。三个月后，史县令的各种卑劣行为被郎玉柱全盘查出，就抄了他全家。那时候，玉柱有个表亲担任司里官，逼着郎玉柱娶了个小妾，假称是买了个婢女寄住在官衙里。等这件案子一了结，玉柱立即上书辞职，带着小妾回老家了。

异史氏说："所有东西积累多了，就会招引别人忌妒，过分喜爱就会衍生出妖魔一类的事情。颜如玉就是个妖女、书魔。事情听起来可能有些怪诞，也不是不可以治办。可是像秦始皇那样一把火把书全烧了，不是太残酷了吗？就冲那县官私心严重，日后也活该得到狠毒的报应，这也没什么好奇怪的。"

毛大福

〔**题解**〕

《毛大福》描写了狼报恩的感人故事。医生毛大福尽心尽力给一狼治病，后医生因事蒙冤，得到狼的竭力救援。此篇与写虎报恩的《二班》主题内容相似。《聊斋志异》中有近百篇动物报恩的故事，像《赵城虎》《青凤》《小翠》等等。生为动物都知道报恩，充满人情味，当今社会的一些忘恩负义的人，连动物都不如。《义犬》中，作者感叹："呜呼！一犬也，而报恩如是，世无心肝者，其亦愧此犬也夫！"现今社会中一些知恩不报，甚至恩将仇报的人更加突显了这些动物身上具有的美好品质。不仅如此，这些故事中懂得报恩的动物或使施恩主人财源滚滚、家业兴盛，或使其遇美人，喜结良缘。作者以此来赞扬品德高尚的人，并呼唤世间真情。

〔**原文**〕

太行毛大福，疡医也[①]。一日，行术归，道遇一狼，吐裹物，蹲道左。毛拾视，则布裹金饰数事[②]。方怪异间，狼前欢跃，略曳袍服，即去。毛行，又曳之。察其意不恶，因从之去。未几，至穴，见一狼病卧，视顶上有巨疮，溃腐生蛆。毛悟其意，拨剔净尽，敷药如法，乃行。日既晚，狼遥送之。行三四里，又遇数狼，咆哮相侵，惧甚。前狼急入其群，若相告语，众狼悉散去。毛乃归。

先是，邑有银商宁泰[3]，被盗杀于途，莫可追诘[4]。会毛货金饰，为宁氏所认，执赴公庭。毛诉所从来，官不信，械之[5]。毛冤极不能自伸，惟求宽释，请问诸狼。官遣两役押入山，直抵狼穴。值狼未归，及暮不至，三人遂反。至半途，遇二狼，其一疮痕犹在。毛识之，向揖而祝曰："前蒙馈赠，今遂以此被屈。君不为我昭雪，回去搒掠死矣！"狼见毛被絷，怒奔隶。隶拔刀相向。狼以喙拄地大嗥。嗥两三声，山中百狼群集，围旋隶[6]。隶大窘。狼竞前啮絷索[7]，隶悟其意，解毛缚，狼乃俱去。归述其状，官异之，未遽释毛。后数日，官出行，一狼衔敝履委道上[8]。官过之，狼又衔履奔前置于道。官命收履，狼乃去。官归，阴遣人访履主。或传某村有丛薪者，被二狼迫逐，衔其履而去。拘来认之，果其履也。遂疑杀宁者必薪，鞫之果然[9]。盖薪杀宁，取其巨金，衣底藏饰，未遑收括，被狼衔去也。

昔一稳婆出归[10]，遇一狼阻道，牵衣若欲召之。乃从去，见雌狼方娩不下。妪为用力按捺，产下放归。明日，狼衔鹿肉置其家以报之。可知此事从来多有。

〔注释〕

①疡（yáng）医：治疗创伤肿毒的外科医生。

②金饰：金银饰物。数事：数件。

③银商：制造或贩卖金银饰物的商人。

④追诘：盘查，问罪。

⑤械：刑具。这里用做动词。

⑥围旋：围绕旋转。

⑦絷索：捆绑的绳索。

⑧敝履：破旧的鞋。

⑨鞫：审问。

⑩稳婆：接生婆。

〔译文〕

太行山有个叫毛大福的人，是专治疮伤的外科医生。一天，他外出行医归来，路上遇到一匹狼，那狼见到毛大福便把嘴上叼着的小包裹吐在地上，然后蹲在路边。毛大福把包裹捡起来一看，见里面有几件金首饰。他感到很怪异，狼欢快地跃上前跳到他前面，轻轻拽了拽毛大福的衣角便走开了。毛大福刚要走，狼又来拽了拽他的衣服，好像要他跟着它走。毛大福觉察到狼没有恶意，便跟在它后面去了。不一会儿，他们来到一处洞穴，见一只生病的狼正躺在地上。仔细一看，发现狼头顶上长了个大疮，已经溃烂生蛆了。毛大福当即明白了狼的心思，就为病狼仔细刮净脓血蛆虫，像给人治病一样又为狼敷上药，然后走了。这时，天色已经晚了，狼在后面远远地跟着送他。走了三四里路，又遇到几匹狼，咆哮着要侵害毛大福。毛大福非常害怕，正在危急的时候，后面跟着的狼急忙跑到那些狼面前，好像在狼群中说了些什么，群狼便都散去了，毛大福这才能够安全回家。

此前，毛大福居住的县里有个银商叫宁泰，在路上被强盗杀死了，一直没有抓到凶手。恰巧毛大福在出售从狼那儿得来的首饰，宁家人认出这些是宁泰的物品，就将毛大福扭送到了衙门。毛大福讲明了首饰的由来，县官不信他的话，用严刑拷打他。毛大福感到冤枉极了，但又没法替自己申辩，只恳求县官能够宽限几天，让他去向那匹狼说清楚。县官派了两个衙役押送毛大福进山，径直去了狼窝。狼外出没有回来，天都黑了也不见狼的踪影，三人只好返回。走到半路，迎面遇到两匹狼，其中一只狼头上还有疤痕，毛大福认出了这只狼，便走上前向它作揖说："上次承蒙您赠送礼物给我，现在我因为那些礼物被冤枉杀人。你们如果不为我申辩昭雪，回去我会被打死的！"狼见毛大福被捆着，就愤怒地扑向衙役，衙役忙拔出刀和狼对峙。狼看这情形，便用嘴拄着地，长声嗥叫起来。刚叫了两三声，就看见上百匹狼从山中蜂拥而至，将差役团团包围起来。差役的境况十分窘迫。有疮疤的狼扑上前，去咬捆着毛大幅的绳索。差役明白了这些狼的意思，替毛大福松绑，狼群这才一起散去了。回来后，差役详细地讲述了事情的经过，县官深感惊异，但也没有马上释放毛大福。过了几天，县官出巡，看到一只狼叼着只破鞋，放在路上。县官径直走过去，狼又把鞋叼起来跑到前头，放到地上。县官很奇怪，命人收起鞋子，狼这才走了。回到衙门，县官派人暗中查访鞋子的失主。有人传说某村有个叫丛薪的人，在山中被两只狼追赶，狼叼跑了他的鞋子。县官将丛薪拘捕来认鞋子，果然是他的鞋子。县官便怀疑杀死银商宁泰的凶手是丛薪，一审问，凶手果然是他。原来是丛薪杀死宁泰后，偷走了他许多银子，宁泰藏在衣服里的首饰还没来得及搜刮，就逃走了，结果首饰被狼叼走了。

从前，有个接生婆外出归来，遇到一只狼挡在路上，拉住她的衣角，好像要请她去什么地方。接生婆就跟着狼走了。到了地方，看见一只母狼正在生产，但是生不下来。接生婆替它用力按捺，帮着它生下小狼，狼就放她回家了。第二天，狼叼着鹿肉放到接生婆家的院子里，报答她的恩情。由此可见，这类事情自古以来就时常发生。